新编21世纪高等职业教育精品教材
公共基础课系列

体育与健康

Tiyu yu Jiankang

主 编
袁 泓 齐 豹 路银芝 张红霞

副主编
谢 宾 卞 防 陈世成 柯万立
李怀磊 李伟民 石颖杰 叶家良
张英杰 陈家恒

中国人民大学出版社
· 北京 ·

图书在版编目（CIP）数据

体育与健康 / 袁泓等主编. -- 北京：中国人民大学出版社，2023.2
新编21世纪高等职业教育精品教材·公共基础课系列
ISBN 978-7-300-31342-9

Ⅰ. ①体… Ⅱ. ①袁… Ⅲ. ①体育－高等职业教育－教材 ②健康教育－高等职业教育－教材 Ⅳ. ①G807.4 ②G717.9

中国国家版本馆 CIP 数据核字（2023）第 008074 号

新编 21 世纪高等职业教育精品教材·公共基础课系列
体育与健康
主　编　袁　泓　齐　豹　路银芝　张红霞
副主编　谢　宾　卞　防　陈世成　柯万立　李怀磊
　　　　李伟民　石颖杰　叶家良　张英杰　陈家恒
Tiyu yu Jiankang

出版发行	中国人民大学出版社		
社　址	北京中关村大街 31 号	邮政编码	100080
电　话	010-62511242（总编室）		010-62511770（质管部）
	010-82501766（邮购部）		010-62514148（门市部）
	010-62515195（发行公司）		010-62515275（盗版举报）
网　址	http:// www. crup. com. cn		
经　销	新华书店		
印　刷	固安县铭成印刷有限公司		
开　本	787 mm × 1092 mm　1/16	版　次	2023 年 2 月第 1 版
印　张	17.5 插页 1	印　次	2024 年 8 月第 4 次印刷
字　数	386 000	定　价	39.80 元

前言

PREFACE

二十大报告指出：“加快建设体育强国。”体育承载着国家强盛、民族振兴的梦想。体育强则中国强，国运兴则体育兴。

体育运动是健康生活方式的重要体现，《“健康中国2030”规划纲要》指出：“建立完善的针对不同人群、不同环境、不同身体状况的运动处方库，继续制定实施全民健身计划，普及科学健身知识和健身方法，推动全民健身生活化。实施国家体育锻炼标准，丰富和完善全民健身体系。大力发展群众喜闻乐见的运动项目，鼓励开发适合不同人群、不同地域特点的特色运动项目，推广民族民俗民间传统运动项目。”

为全面贯彻《中共中央国务院关于深化教育改革 全面推进素质教育的决定》精神，适应高等学校特别是高职高专院校体育课程改革和教材建设的需要，培养与21世纪经济、社会、科技发展相适应的高素质人才，依据《全国高等学校体育课程教学指导纲要》，我们组织编写了这本公共体育课规划教材。

本书集理论与实践于一体，针对普通高校公共体育课程的现状和教学的需要编写完成。首先从理论方面系统阐述了大学体育、运动与健康、营养与健康、运动损伤与保健等知识，其次从技术技能层面对体能训练、田径运动、球类运动、武术运动、形体舞蹈、休闲娱乐体育、民间体育进行了详细的分述。

本书旨在使学生了解体育与健康知识，了解体育运动对增强体质、促进健康、建立良好生活习惯等方面的作用，掌握科学锻炼身体的方法和技能，养成终身体育锻炼的习惯，为大学生体育锻炼提供理论知识和技能指导。

本书力求遵循知识的科学性、时代性，学习的实用性、趣味性，参考的选择性、价值性，重在加强各知识点的宽域和深度，力求全面而深刻。本书可作为高等学校体育公共课程的教材，也适合于广大体育工作人员及体育爱好者阅读。

本书由袁泓、齐豹、路银芝、张红霞担任主编，谢宾、卞防、陈世成、柯万立、李怀磊、李伟民、石颖杰、叶家良、张英杰、陈家恒担任副主编。其具体编写分工如下：袁泓负责第三章第一节和第二节；齐豹负责第三章第三节和第四节；路银芝负责第六章第三节；张红霞负责第七章第一节；谢宾负责第六章第六节和第十章第四节；卞防负责第二章第一节和第五章第三节；陈世成负责第四章第一节和第六节；柯万立负责第八章第一节和第二节；李怀磊负责第十章第二节；石颖杰负责第二章第二节；叶家良负责第五章第一节和第十章第一节；张英杰负责第四章第二节；陈家恒负责第五章第四节；其余章节由牛海涛、陈永战、郑同伟、杨光、张兰、崔益梵、尚大海、王蒙、王雅茹、乔晨溪、郜惠伦、云畅、周佺、王季、周岱琦、张洋洋、汤曼青共同参与完成。全书由袁泓和齐豹负责构思、统筹，路银芝和张红霞负责统稿。

本书在编写过程中参考并借鉴了相关资料和研究成果，在此对原作者一并表示感谢。

由于时间仓促，编者水平有限，本书难免有不妥之处，恳请广大师生和专家提出宝贵意见和建议。

编者

目录
CONTENTS

基础篇

第一章　大学体育

健康知识篇

第二章　运动与健康

运动技能篇

第三章　体能训练

营养保健篇

休闲体育篇

基础篇

第一章 大学体育

导读

体育是以身体活动为媒介，以谋求个体身心健康、全面发展为直接目的，并以培养完善的社会公民为终极目标的一种社会文化现象或教育过程。

学校体育是指以学生为对象，通过学校教育进行的有计划、有组织地对受教育者的身体施加一定的影响，为培养合格人才服务的一种教育过程，包括各类学校的体育教学和课外体育活动等。

第一节 大学体育概述

一、大学体育开设情况

（一）大学体育开设目的

大学体育的目的就是以运动和身体练习为基本手段，对大学生机体进行科学的培育，在提高大学生的生物潜能、心理潜能的过程中促进德、智、体、美全面发展，达到身心健康、全面发展的教育总目的。

（二）大学体育形势

1. 素质教育与大学体育

（1）素质教育的基本要求。素质教育即为人生做准备的公民教育，使受教育者学会做人、学会学习和学会生活。人的素质是在先天遗传和后天获得的基础上形成的。

（2）大学体育与素质教育的关系。大学体育正在从知识传授型教育向素质型教育转变。

2. 大学体育的发展方向

（1）教育指导思想——健康第一。

（2）教育目标——培养适应现代化生产和生活的人。

（3）教学内容——丰富多彩。

（4）教学方法——灵活多样。

（5）教学组织形式——全员化。

（6）考核方式——科学化。

（7）大学体育与社会体育接轨。

二、高等院校体育学习的目标

高等院校体育学习的目标是：了解体育与健康的基本知识；掌握自身从事体育活动的基本能力；理解体育活动在促进人类健康中的作用；形成健康的生活方式，并拥有健康的体魄。

大学生在体育学习过程中，应有意识地做到以下几点：

（1）掌握体育和健康的基本知识，提高体育活动的能力；

（2）养成坚持锻炼身体的习惯，形成健康的行为生活方式；

（3）培养自身的道德修养、合作精神和坚强毅力。

第二节　高职高专学校体育

健康、和谐、快速发展是当前高职教育的主流，高职教育面临着严峻的挑战与发展的机遇。因此，高职体育教育的发展必须反映时代特征，必须立足素质教育，突出自身发展的特点和规律，以培养学生“终身体育”思想为原则。

高职院校培养的是国家经济建设和科技发展所需的技术应用型人才，学生毕业后即走上工作岗位，面临着生活与工作压力，如果没有强健的体魄和良好的心理素质，就很难适应未来社会的需要。健身性的、趣味性的、快乐性的、艺术性的体育可使学生从体育活动中得到美感、得到享受、得到放松，同时消除心理压力和心脑紧张。在校的学习生活是高职学生学习知识的黄金时期，而学校体育又是学生掌握体育知识、锻炼身体、培养体育意识和习惯的最佳时机。因此，高职体育教学的发展趋势不但要增强学生的体质，而且要培养学生终身体育锻炼的理念和能力，培养学生良好的心理素质，培养学生制定运动“处方”和制定运动计划的能力，使学生能从容应对社会的挑战。

一、高职教育的主要特点及高职体育发展立足点

（一）高职教育的主要特点

第一，高职教育以适应社会需要为目标、以培养技术应用能力为主线设计学生的知识、能力、素质结构和培养方案，毕业生应具有基础理论知识适度、技术应用能力强、知识面较宽、素质高等特点。

第二，高职教育应以“应用”为主旨和特征构建课程和教学内容体系。

第三，高职教育实践教学的主要目的是培养学生的技术应用能力，并在教学计划中占有较大比重。

第四，学校与社会用人部门结合、师生与实际劳动者结合、理论与实践结合是高职院校人才培养的基本途径。

（二）高职体育发展立足点

1. 高职体育的发展必须立足素质教育

我国高职院校都在全方位强化素质教育，一方面为了构筑 21 世纪高职院校人才培养的蓝图，提高大学生的文化素养，营造校园文化氛围；另一方面，科学技术的迅猛发展对从业人员的知识、能力、素质提出了更新、更高的要求。长期受应试教育的影响，学校教育始终将传授知识放在最重要的位置。体育教学则过多地注重向学生传授体育运动的技术、技能、知识和提高运动成绩，忽视了对学生素质的全面教育。要实施素质教育，培养学生的竞争意识、合作精神和坚强毅力，就必须从体育教学模式入手，改变体育教学仅仅将学生的发展局限在生理学的范畴之内的模式，把出发点转移到提高学生的身心潜力和智能水平上。新课程标准着重强调学生在教学中的主体地位，将以往教学中教师单纯的“教”“灌”以及肤浅的引导等教学手段，转化为学生的“乐”“思”“会”过程。充分重视学生的主体作用，激发和维持学生的学习兴趣、动机，让学生以“发现者”“探索者”的身份积极投身到练习活动中，让学生带着问题，通过亲身探索体验，培养创作的热情，获得成功的喜悦，不再把上体育课作为一种负担。高职的体育教育要发展，必须立足素质教育。

2. 立足于教学目的，理论结合实际

确定高职体育教学目的，要根据社会需要、学科特点和学生发展“三个基本要素”制定。

第一，高职体育教学目的要根据社会需要制定。高职体育教学对学生所做的要求是完成或达到一定标准，它不同于竞技运动训练对运动员的要求。

第二，高职体育教学目的要根据学科特点制定。体育作为一门学科教育，同其他学科教育一样，具有自己独特的学科特点。

第三，高职体育教学目的要根据学生发展制定。在体育教学中应抓住育人的总目标，分阶段、分层次进行。从学生的实际出发，通过体育教学方法、手段的特殊性，促进学生

探究与实践的身心发展。特别是在体育活动和体育锻炼的过程中，达到改进学生健康状况（包括心理健康）、增强体质的目的。体育教学不仅重视在校学生参加体育活动，而且还重视培养学生终身体育的理念。通过体育活动对学生自身的发展起到促进作用。

二、高职体育教育的特点及基本要求

（一）高职体育教育的特点

高职体育是中学体育的延续，旨在通过体育健身知识的学习和运动技能的掌握，培养高职学生良好的体育运动习惯，为终身体育奠定坚实的理论与技术基础。高职体育课程教学与其他课程教学相比，具有显著的学科特点。

1. 体育教学目标的全面性

健身是体育教学的目标之一。高职学生身体发育正处于青春后期，虽然身体形态、机能已接近成人，但其身体仍处于不完全成熟的阶段。在这一时期，通过有目的、有计划、有组织的体育教学活动，能帮助高职学生树立正确的体育价值观，培养良好的姿态，练就强健的身体，促使体型、体态、肌肉线条向和谐方面发展，为健康快乐的工作和生活奠定基础。

体育运动是人类文化的组成部分，体育教学也是体育文化学习的过程，是培养个性、提高人文素养的过程。所以，高职学生通过体育健身知识学习和亲身实践，不仅能够拓展知识面，促进人文素质的提高，而且在体育学习过程中，学生的个性得到了发展，体育健身兴趣得以培养，运动能力也获得了提高，自我健身的习惯也逐渐养成。

2. 体育教学内容的选择性

高职体育自实行“自主选择学习内容、自主选择上课时间、自主选择上课教师”的“三自主”以来，不仅增加了体育教学的活力，也为满足学生的学习兴趣提供了机会。高职学生在选择体育学习内容时，通常会选择适合自己专业特点以及与未来职业相结合的学习内容，以发展自己的职业体能。可见，高职体育提高了教学内容的针对性和实效性，对发展学生体能、满足学生体育需要、培养体格健壮的专业人才起到了积极的作用。图 1–1 为“职业体能”课程。

图 1–1 “职业体能”课程

3. 体育教学模式的多样性

现代高职体育因为地域差异、学校类型以及专业设置不同，其教学模式纷繁，呈现多样化的格局。目前，应用比较广泛的体育教学模式是在一、二年级同时开设基础课和专项选修课。其优点是注意对体育基础不同的学生区别对待、因材施教，并兼顾学生的兴趣、爱好，满足不同运动水平学生的需求，有利于调动学生的学习积极性。但是，对师资力量要求较高，学习进度和难易程度不易同步。

4. 体育教学方法的针对性

现代教学论认为，教学中采用多种多样的教学方法，有助于激发学生参与学习的兴趣、爱好、自觉性、积极性，有利于促进学生的智力、能力、创造力和非智力因素的发展。在高职体育教学中，教师能够根据各专业学生的身心特点和教学目标、内容，采用针对性较强的教学方法，把教法、学法、练法和评价方法有机地综合运用，激发学生的学习动机，调动学生参与练习的自觉性和积极性，达成学生身心全面发展和个性形成的目标。

5. 体育教学过程的自主性

以往的高职体育都是普修课，每一名学生在规定的时间学习相同的内容。现在，只要是有利于学生良好体育观念、意识的建立，有利于学生体质的增强，有利于学生运动习惯的养成和学生体育能力的提高，各校都可根据自身特点，开设普修课、选修课、保健课和专项训练等多种不同类型的课程。体育教学组织形式也灵活多样，从“以教师的教为中心”向“以学生自主学习”转变，由单向传导变为多向交流，充分发挥学生的主体作用。图 1–2 为学生在体育普修课中练习核心力量。

图 1–2　学生在体育普修课中练习核心力量

（二）高职体育教育的基本要求

高职体育课程是高职课程体系的重要组成部分，是高职院校体育工作的中心环节。高职体育教育在坚持国家教育方针的前提下，不但要遵守教学的一般规律和基本原则，还要满足高职教育的基本要求。

1. 高职体育是必修课

高职体育课程是学生以身体练习为主要手段，通过合理的体育教育和科学的体育锻炼过程，达到增强体质、增进健康和提高体育素养目标的公共必修课程。许多高等职业学校的一、二年级必须开设体育课程，四个学期共计 144 学时。修满规定学分、达到基本要求是学生毕业的必要条件之一。高职体育课程一般是每周上一次课，2 学时，分为理论课和实践课。高等职业学校对三年级及以上的学生开设体育选修课程，满足高年级学生体育健身的需要。图 1–3 为实践课程中学生练习协调性。

图 1–3　实践课程中学生练习协调性

2. 高职体育教育的要求

（1）健身性与文化性相结合；

（2）选择性与实效性相结合；

（3）科学性与可接受性相结合；

（4）统一性与差异性相结合。

三、高职体育教育的主要任务及实现途径

（一）高职体育教育的主要任务

（1）全面增进高职学生的身心健康，增强高职学生的体质。

（2）掌握体育知识与技能，培养高职学生终身的体育意识、习惯与能力。

（3）提高高职学生的运动技术水平，为国家培养高水平的优秀运动员。图 1–4 为河南经贸职业学院田径队外出参赛。

图 1–4　河南经贸职业学院田径队外出参赛

(4) 通过体育教育，向高职学生进行理想和职业道德教育。

(5) 培养良好的身体素质，提升职业综合素质。

(二) 高职体育教育主要任务实现的基本途径

为了实现高职体育的教育任务，必须提供多种多样的组织形式和具体途径。根据《学校体育工作条例》，学校体育工作是指体育课程教学、课外体育活动、课余体育训练和体育竞赛；新颁布的《普通高等学校体育课程教学指导》将课外体育纳入学校体育课程体系之中，更加重视课外体育在学校体育工作中的地位和作用。

1. 体育课程教学

图 1–5 为疫情期间线上教学时的体育理论课。图 1–6 为"健身塑形"课程。

图 1–5　疫情期间线上教学时的体育理论课

图 1–6　"健身塑形"课程

2. 课外体育活动

图 1–7 为排球社团训练。

图 1–7 排球社团训练

3. 课余体育训练

图 1–8 为校田径队日常训练。

图 1–8 校田径队日常训练

4. 课余体育竞赛

图 1–9 为学校运动会中女子 100 米栏比赛。

图 1–9 学校运动会中女子 100 米栏比赛

四、高职体育教育的未来展望

总而言之，随着素质教育的不断推行，社会对人才的要求越来越高，未来高职体育教学应向着多种功能、多种任务、多种内容、多种授课方法的方向发展，树立“健康第一”的思想，充分运用高职体育教学的集体性、竞争性、规范性、实践性、交往性和职业性等独特的教学优势，对学生的思想、道德、意志、品质、行为、心理、生理和社会能力施加良好的影响，培养学生较强的自我体育锻炼能力和终身体育锻炼的意识习惯，促进学生的一般发展和在体育方面的特殊发展，以达到社会发展的客观要求。

学思践行

挥洒汗水　礼赞青春

健康知识篇

第二章 运动与健康

导读

大量的实验研究证明，经常锻炼能防止、降低因心脏发病猝死的可能性；经常锻炼能增强心脏功能，预防和减少患高血压、高胆固醇和肥胖等疾病的危险，同时可以改善糖尿病、骨质疏松、关节炎、情绪波动等病症，所以体育锻炼已经成为现代生活方式的重要内容。

第一节 健康概述

一、健康的定义

关于健康的定义学术界有很多不同的看法，其中世界卫生组织（WHO）对健康的定义认可度较高，认为健康不仅指一个人没有疾病或虚弱现象，还指一个人生理、心理和社会适应完好的状态，而后又增加了道德健康。世界卫生组织将健康分为四个层次：(1) 生理健康（身体健康）；(2) 心理健康（心理与环境的统一、心理与行为的整体性、人格的稳定性）；(3) 道德健康（每个人对健康有责任、对社会健康承担义务）；(4) 社会适应能力（人在社会生活中的角色适应，包括职业、家庭、婚姻、工作、学习、娱乐角色的转换与人际关系）。

二、影响健康的因素

随着社会的发展、环境的变化，影响人健康的因素也随之增加，其中最主要的是行为和生活方式因素、环境因素、生物学因素、卫生医疗服务因素等。

1. 行为和生活方式因素

这是指因自身的不良行为和生活方式，直接或间接给健康带来的不利影响。如糖尿病、高血压、冠心病、结肠癌、前列腺癌、肥胖症、性传播疾病和艾滋病、精神性疾病、自杀等均与行为和生活方式有关。

行为因素：行为是影响健康的重要因素，几乎所有影响健康的因素都与行为有关。如吸烟与肺癌、慢性阻塞性肺病、缺血性心脏病及其他心血管疾病密切相关。酗酒、吸毒、婚外性行为等也严重危害人类健康。

生活方式因素：不良生活方式和行为导致了慢性非传染性疾病及性病、艾滋病的迅速增加。近年来我国恶性肿瘤、脑血管病和心血管病已占总死亡原因的61%。据美国调查，只要有效地控制行为危险因素（不合理饮食、缺乏体育锻炼、吸烟、酗酒和滥用药物等），就能减少40%～70%的早死、1/3的急性残疾、2/3的慢性残疾。

2. 环境因素

强调人体与自然环境和社会环境的统一，强调健康、环境与人类发展问题不可分割。

自然环境：保持自然环境与人类的和谐，对维护、促进健康有着十分重要的意义。若破坏了人与自然的和谐，人类社会就会遭到大自然的报复。

社会环境：包括社会制度、法律、经济、文化、教育、人口、民族、职业等，社会制度确定了与健康相关的政策、法律、法规等。

3. 生物学因素

据调查，目前全国出生婴儿缺陷总发生率为13.7%，其中严重智力低下者每年有200万人。遗传还与高血压、糖尿病、肿瘤等疾病的发生有关。

4. 卫生医疗服务因素

指社会卫生医疗设施和制度的完善状况。在影响健康的四个因素中，环境因素起重要作用，其次为行为和生活方式因素、卫生医疗服务因素，生物学因素虽影响较小，但一旦出现遗传病，则不可逆转。这四个因素彼此又相互依存。

三、衡量健康的标准

世界卫生组织对健康的十项标志：（1）有充沛的精力，能从容不迫地担负日常繁重的工作；（2）处事乐观、态度积极、勇敢承担责任，不挑剔要做的工作；（3）善于休息、睡眠良好；（4）身体应变能力强、能适应外界环境的变化；（5）能抵抗一般性的感冒和传染病；（6）体重适当、身体匀称，站立时头、肩、臂位置协调；（7）眼睛明亮、反应敏捷、眼睑不发炎；（8）牙齿清洁、无龋齿、不疼痛、牙龈颜色正常；（9）头发有光泽、无头屑；（10）肌肉丰满、皮肤富有弹性。

第二节 运动是良方

要想身体健康，适当的体育运动少不了。“运”是“身”的气的活动，锻炼人的精气神；“动”是“体”的肢体动作，锻炼人的筋骨皮。“运动”是既有“身”又有“体”，是身体同练的；既有内在又有外在，是内外兼修的。只有做好运动才能身体健康。“生命在于运动”是共识，现代社会越来越多人意识到运动能带来健康，积极参与体育运动已成为普遍现象。

一、缓解疲劳与放松

疲劳是长时间重复某项单纯的工作动作，对该工作动作逐渐从内心产生厌烦心理和疲倦的感觉，导致对该工作的积极性降低，操作效率无法提高，甚至导致人体机能减退。人在不同的时间阶段会有不一样的疲劳感，如青壮年主要的劳累感觉集中在肌肉；然而年龄在 35 岁以上的中年人往往心理疲劳会比肌肉上的疲劳更加严重些。一项科学健康的体育活动可以很轻松地缓解身体心理的劳累感，适当的活动能增强身体对外界的感知，减少肢体紧绷的状态，促使交感神经系统恢复平静，副交感神经兴奋起来，让个体状况舒缓放松，同时减轻心中的焦虑，有效地降低冠状心脏病等疾病的发病率。

二、改善心理机能

近些年来，随着大家对健康的重视，体育运动的重要性得到关注，适当的运动可以使情绪稳定，压力得到释放，因为运动可以在人体内影响和调节激素、神经传导、化学等变化，有助于人体机能对外界压力的反应、准备和适应，也可以促进脑细胞释出使人放松的脑吗啡，提升自信心、减缓焦虑情绪、释放外界压力、改善心理机能。

三、改善骨质密度

骨质疏松症是一种常见的骨质退化性疾病，其主要表现是骨矿物质密度减低，矿物质流失导致造成骨折、破碎等情况的发生。随着年龄的增长，人体内骨质中的钙质成分会逐渐流失，其中骨小梁也会缓缓地消失不见，伴随而来的是骨骼内的孔隙越来越大，而且还越来越多，最终导致骨质疏松症的发生。长期保持坐姿的办公室一族或是因长期卧床而长时间缺乏体育锻炼的人相比其他人而言就非常容易患上骨质疏松症。

四、改善外观和自我信念

运动不仅对人们肉体上的各个方面有众多好处，而且对人们心理层面也有各种益处。一个人的外形和身体结构特点，虽然大部分都受到先天的遗传因素决定，但后天的锻炼、磨炼、训练的作用也不能完全忽视。所以完全可以经过科学的体育运动、有规律的锻炼和合理的饮食营养搭配来改变身体的状态，发展出良好的精神面貌、吸引人的外貌，给人留下良好的印象，可以促进人与人之间的交往，给予人发自内心的自信心，并能够产生一种对自我的信念，这样就能够感觉到自己的价值和能力的存在。

五、增进肌力与肌耐力

肌肉系统是人体各个部位活动和运动的基础，拥有健壮的肌力和超强耐力的肌肉，再配上优秀的心脏和肺部能力，可以让我们进行高强度的工作学习和体育运动。肌肉的力量与肌肉的耐久力能够决定体育运动的最大限度。在人体众多肌肉中，其中最能够直接对运动产生影响的是骨骼肌。进行体育运动是提升肌肉力量和肌肉耐力最健康、最快捷有效的方法。肌肉力量是指肌肉组织对阻力产生单次收缩的能力。肌力的大小会直接影响机体的运动工作效率。肌肉耐久力是指肌肉在持续对抗阻力的工作下可以持续时间长短的基本能力。

六、提升心肺功能的效率

进行适当的、科学的体育运动，尤其是有氧运动，能够提升心脏和肺部的工作效率。一项健康的体育活动会提升血液系统和呼吸系统的有效供氧率，这样就能够更好地为心脏、神经系统和运动肌肉供能，通过一定时间的有氧运动后，人体的心率会降低 10 到 15 次每分钟；长时间坚持进行有氧运动还可以优化心室内腔，提高内部血液容量，增强心壁心肌在心跳时的收缩能力，使心脏收缩时对血液更有推动力，增加每一次心脏收缩血液的流出量。

七、延缓老化和改善工作能力

年长的人群由于长期缺乏体育运动导致身体各部位出现衰弱的情况，相比因为年龄造成的体质弱化更为明显；许多科学实验结果都显示，老年人进行体育活动的能力和经过科学的体能训练所获得体质的改善，与年轻人没有太大的区别。老年化是指个体的各个部位由于年龄增长而产生的功能性退化现象，科学的体育活动可以使个体血液系统和呼吸系统对氧气的携带代谢能力增强，提高单次呼吸的效率，能够使能量更好、更快地传递到身体的各个部位。由于运动使得呼吸更有效率，年纪大的人在进行体育活动的时候可以有效加强骨质密度、优化肌肉的成分，使关节更加灵活，使老年人更加年轻有活力。

八、运动是把双刃剑

总的来说，运动对健康的影响体现在“防病和治病”两个方面。运动防病需要参与全民健身运动，增强体质、预防疾病；运动治病就是通过自身的体育锻炼达到治病的目的，“运动是良医、是良方、是良药”。同时，还要注意“运动是把双刃剑”，过劳运动会带来劳损或损伤，诱导运动性疾病；不良生活方式、体力活动不足也会引起慢性病；而规律的体育运动能够防止骨质疏松、预防中风、减少慢性病的发病等。

学思践行

“爱国爱校，快乐锻炼，健康生活”一二·九爱国长跑活动

运动技能篇

第三章

体能训练

导读

体能是衡量一个人体质水平的重要标志之一，是机体在中枢神经的控制下，肌肉以不同的活动形式所表现出来的力量大小、速度快慢、关节活动范围的幅度大小等工作的能力。

从运动生理角度而言，体能一般可分为力量素质、耐力素质、速度素质、柔韧素质和灵敏素质五大类。灵敏素质是指在各种突然变换的条件下，人能够迅速、准确、协调地改变身体运动的空间位置。本章不对其做更多讲解。各项素质之间相互联系、相互影响，在发展某一项素质的同时，其他素质也相应得到发展。

全面发展体能能提高神经调节机能，有利于人体各器官、系统得到相应的发展，增强体质。同时，通过全面发展身体素质，还可以促进运动技术水平和运动成绩的提高。

第一节 发展力量素质

力量是指在肌肉紧张或收缩时所表现出来的能力，通常把人体在运动中表现出的这种机能能力称为力量素质。力量素质是人们日常身体活动所必需的素质，同时也是速度、灵敏度、耐力等素质的基础。

按照肌肉收缩形式的不同，力量可分为静力性力量和动力性力量。静力性力量是指肌肉紧张或收缩时肌肉长度未发生变化而产生的力量，这类肌肉工作可使身体各环节之间保持一定的位置，进而取得相对的平衡。动力性力量是指肌肉紧张或收缩时肌肉长度和身体环节的位置发生变化而产生的力量，它可使人体或器械产生明显的位移。

动力性力量又可分为重量性力量和速度性力量两种。重量性力量是动作的速度基本不变，由肌肉工作时所推动的器械重量来衡量力量的大小，因此，又称为绝对力量，如举重等。速度性力量是由人体或器械运动的加速度来评定的一种力量，如投掷、跳跃、球类中的击球、踢球等。这些运动中，人体或器械的重量是恒定的，所获得的加速度的大小取决于人体肌肉的快速收缩能力。

评价人体的力量素质，除了要看肌肉工作时克服阻力的能力（即肌肉所能产生的最大力量）和肌肉快速收缩的能力外，肌肉在一定负荷条件下所能持续工作的时间长短也是一项重要内容，这就是力量耐力。

第一课　发展速度力量的练习

一、跪姿头上掷实心球

跪姿头上掷实心球（见图 3–1）主要发展屈体肌群、胸大肌、三角肌前部、肱三头肌和肘肌的速度力量。

动作要点：练习者正对投掷方向跪撑，两膝左右分开至比肩略宽，双手持球屈肘后举。向后仰体、挺髋、挺胸，然后上体向前，用胸带臂将球向前上方掷出。

练习方法：两人一组，练习者面对投掷方向成跪撑，另一人站在练习者前面，接练习者投来的球，然后将球抛还练习者。如此重复若干次后，两人交换位置。两人之间的距离根据练习者投球的远度而定。

注意事项：用力前充分挺髋和后仰挺胸，拉长胸部肌肉，形成后仰的“满弓”动作，然后快速收缩投掷。强调挺髋，不能后坐，并注意挺胸抬头，形成用力前的正确姿势。

二、快速向前上方推举杠铃

快速向前上方推举杠铃（见图 3–2）主要发展胸大肌、三角肌、肱三头肌、躯干和腿部肌肉的速度力量。

图 3–1　跪姿头上掷实心球

图 3–2　快速向前上方推举杠铃

动作要点：练习者两腿前后屈膝开立，两手持杠铃于胸前，两腿蹬伸至提踵，同时两臂快速向前上推举杠铃，多次重复。

练习方法：练习时负荷重量不宜过大。每推举 10 次左右为 1 组，做 4～6 组，组间休息 2 分钟。

注意事项：练习中经常会出现的错误是，在推举时上体后仰，形成“塌腰”动作。其原因是对动作概念不明确或负荷过重，因此，必须强调上体要前顶，不要后仰，或减轻负荷重量。

三、多级蛙跳接跳远

多级蛙跳接跳远（见图 3–3）主要发展腰、腿部肌肉的速度力量，并可以有效提高跳跃能力。

图 3–3　多级蛙跳接跳远

动作要点：练习者两腿屈膝站立、两臂后摆。两腿蹬伸的同时，两臂上摆跳起，全蹲落地。

练习方法：练习者连续重复多级蛙跳 10～15 次后，用蹲踞式落入沙坑，做 2～3 组。

注意事项：跳跃时身体不能充分伸展，屈腿、弯腰是常出现的错误，其原因主要是摆臂与起跳动作配合得不协调和蹬腿不充分。可以用原地纵跳练习让练习者体会摆臂与起跳动作的协调配合及展体动作。另外，落地后不能马上跳起，停顿时间过长的问题也常出现，主要是腿部力量不足所致，可以通过减少落地时的屈腿角度和加强腿部力量的方法加以改正。

四、连续弓步抓举杠铃

连续弓步抓举杠铃（见图 3–4）主要发展背部、手臂和腿部肌肉的速度力量。

图 3–4　连续弓步抓举杠铃

动作要点：练习者两手握杠铃，两腿屈膝体前屈站立。两臂屈肘提铃至胸，两腿蹬地。同时左腿上步成弓步、两臂抓举杠铃，然后还原成开始姿势。再次重复弓步抓举动作时，换右腿上步成弓步。多次重复。

练习方法：练习时负荷重量不宜过大。每组 10 次左右，做 4～6 组，组间休息 2 分钟。

注意事项：强调提铃至胸部以后的提肘甩腕动作，杠铃要接近身体垂直向上，防止靠腰甩的动作。

五、肩负杠铃弓步交换跳

肩负杠铃弓步交换跳（见图 3–5）主要发展腿部肌肉的速度力量。

图 3–5　肩负杠铃弓步交换跳

动作要点：练习者肩负杠铃成左弓步。两腿同时蹬伸跳起之际，右腿向前成右弓步。连续重复 10～15 次。

练习方法：练习时负荷重量不宜过大。每组 10～15 次，做 4 组，组间休息 2 分钟。

注意事项：跳跃时上体不要前倾，保持垂直；双手握住杠铃，使其紧贴两肩，以免杠铃砸伤肩膀或颈椎；同时两腿充分蹬伸，上体保持垂直。尽量加大两腿分腿角度。

第二课　发展绝对力量的练习

一、仰卧推举

仰卧推举（见图 3–6）主要发展胸大肌、三角肌、前锯肌、肱三头肌的力量。窄卧夹肘卧推对发展肱三头肌有利，宽卧分肘卧推对发展三角肌、胸大肌有利。

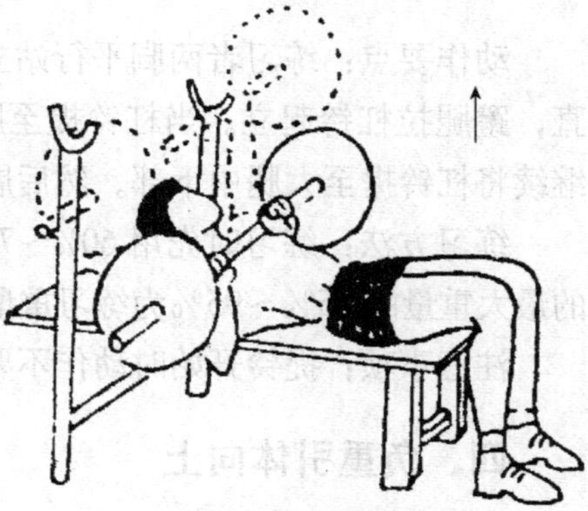
图 3–6　仰卧推举

动作要点：练习者仰卧在卧推架上，两臂伸直，将杠铃推离卧推架，慢慢将杠铃放在胸部，然后挺胸，两臂靠近体侧，向肩带上方推起杠铃至两臂伸直，也可以躺在不同角度的斜板上做。

练习方法：练习时先用 60%～70%的重量推举两组，每组 6～8 次。然后以练习者能推起的最大重量的 85%～95%为练习重量，每组 3～5 次，重复 3～5 组，组间休息 1～3 分钟。

注意事项：加强保护和帮助，防止练习者疲劳时出现伤害事故。

二、颈后蹲举

颈后蹲举（见图 3–7）主要发展股四头肌的力量。

动作要点：练习者将杠铃放置颈后，平稳屈膝下蹲，快速蹬腿起立。

练习方法：练习时先用 60%～70%的重量做两组，每组 6～8 次。然后以练习者能蹲起的最大重量的 85%～95%为练习重量，每组 3～5 次，重复 3～5 组，组间休息 1～3 分钟。

注意事项：练习者腰要收紧，挺胸、抬头。同时加强保护和帮助，防止伤害事故。

图 3–7 颈后蹲举

三、上拉

上拉（见图 3–8）主要发展躯干伸肌、伸髋肌、大腿伸肌、小腿三头肌和提肩胛肌的力量。

图 3–8 上拉

动作要点：练习者两脚平行站立，两脚距离约同肩宽。半蹲，双手握住杠铃，手臂伸直，蹬腿拉杠铃起立。当杠铃提至膝部时伸展髋部抬起上体，同时两膝向下前引和回屈，继续将杠铃提至大腿中下部。然后展体、伸髋、蹬腿、耸肩和提踵，使杠铃继续上升。

练习方法：练习时先用 60%～70%的重量做两组，每组 6～8 次。然后以练习者能拉起的最大重量的 85%～95%为练习重量，每组 3～5 次，重复 3～5 组，组间休息 1～3 分钟。

注意事项：提铃开始时动作不要过快，并要收紧腰部，防止腰部损伤。

四、负重引体向上

负重引体向上（见图 3–9）主要发展肱二头肌、肱肌、胸大肌、背阔肌的力量。

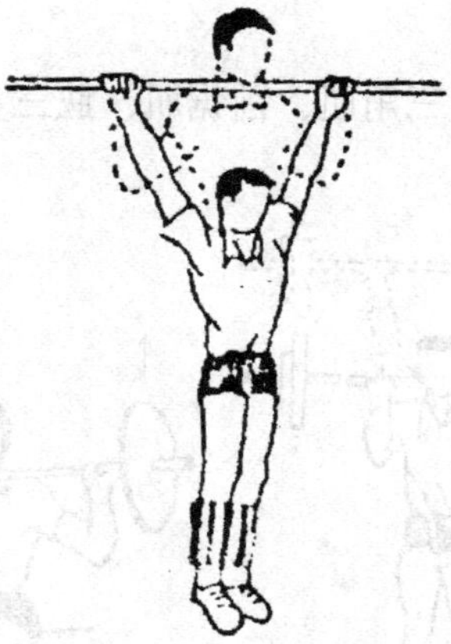

图 3–9　负重引体向上

动作要点：练习者脚上挂重物或捆上沙护腿或穿沙衣，双手正握单杠身体成悬垂姿势，手臂伸直，然后屈臂引体向上至颈部靠近单杠。也可用窄握、宽握、反握等不同握法。

练习方法：练习时用 60%～70%的重量做，每组 8～10 次，重复 3～5 组，组间休息 1～3 分钟。

注意事项：不要利用身体摆体上拉。

五、负重斜身引体（女生适用）

负重斜身引体（见图 3–10）发展肱二头肌、胸大肌、背阔肌、三角肌的力量。

动作要点：练习者腰上挂重物或穿沙衣，杠面高度与练习者胸部齐平，双手与肩同宽，正握杠，两脚前伸蹬地（或蹬垫物），使两臂与躯干成 90° 的斜悬垂，同伴压住两脚，做屈臂引体，使下颌触到或超过横杠，然后伸臂复原。此为完成一次动作。

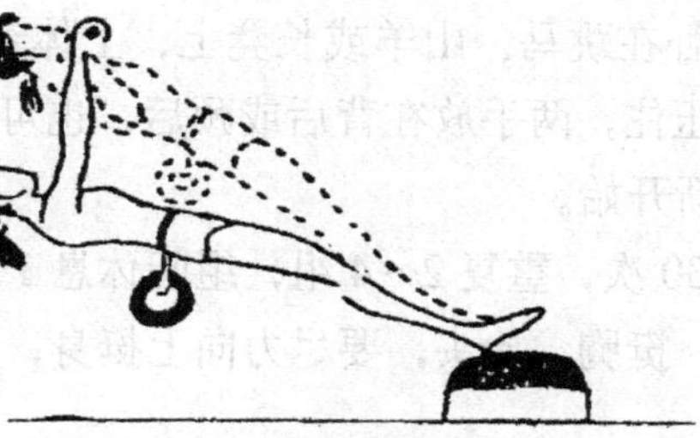

图 3–10　负重斜身引体

练习方法：练习用的重量以练习者能尽全力做起 6～8 次为宜，重复 3 组，组间休息 1～3 分钟。

注意事项：斜身引体时，身体要保持挺直，脚不能移动，也不能用臀部的上下摆动给以助力。

六、推举

推举（见图 3–11）主要发展三角肌、前锯肌、肱三头肌、斜方肌的力量。

图 3–11　推举

动作要点：练习者将杠铃从深蹲架放到颈后或胸上，采用站姿或坐姿，用两臂力量推起杠铃至两臂伸直。

练习方法：练习时先用 60%～70%的重量推举一组，6～8 次，然后以能推起的最大重量的 85%～95%为练习重量，每组 3～5 次，重复 3～5 组，组间休息 1～3 分钟。

注意事项：腰要收紧，防止过分塌腰。

第三课　发展力量耐力的练习

一、山羊挺身

山羊挺身（见图 3–12）主要发展练习者腰、背肌和伸髋肌群的力量耐力。

动作要点：练习者俯卧在跳马、山羊或长凳上，上体悬空，另一人压住练习者两腿，练习者也可利用肋木将脚压住，两手放在背后或颈后，也可手中持重物。尽力向上挺身抬体，然后慢慢地还原再重新开始。

练习方法：每组 15～30 次，重复 2～4 组，组间休息 1 分钟。

注意事项：腰要收紧，挺胸、抬头，要尽力向上挺身，还原时不要过快。

二、双臂屈伸

双臂屈伸（见图 3–13）主要发展肱三头肌、胸大肌、背阔肌、三角肌的力量耐力。

动作要点：练习者双手分别握住双杠一端，跳上成支撑，身体成悬垂姿势。然后，两臂尽量弯曲，使杠面达到胸部位置后，双臂用力迅速伸直成支撑。

练习方法：每组做到极限次数，重复 2～4 组，组间休息 1 分钟。

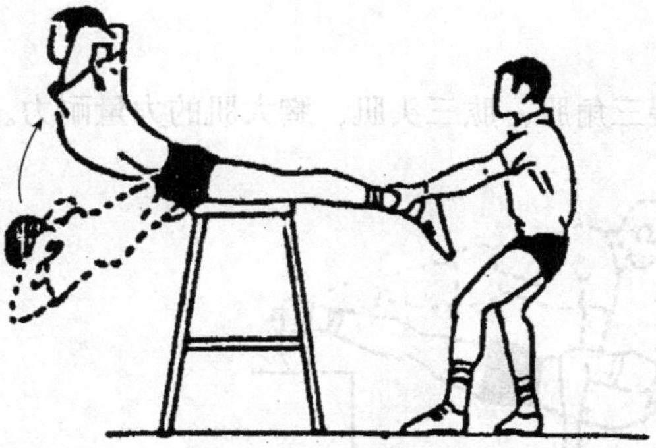

图 3–12　山羊挺身

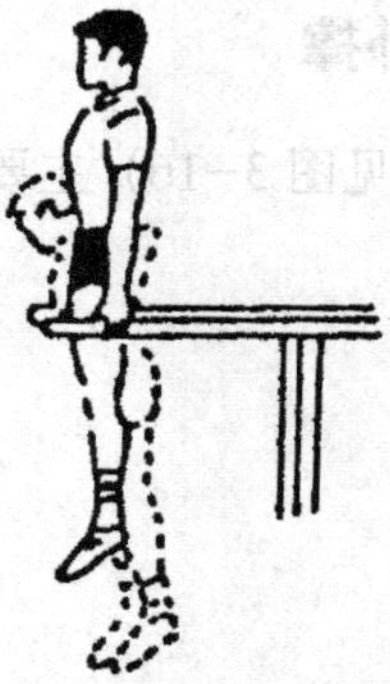

图 3–13　双臂屈伸

注意事项：双臂屈伸时，身体不能做大的摆动，也不能借用其他附加动作撑起。

三、仰卧起坐

仰卧起坐（见图 3–14）主要发展腹肌的力量耐力。

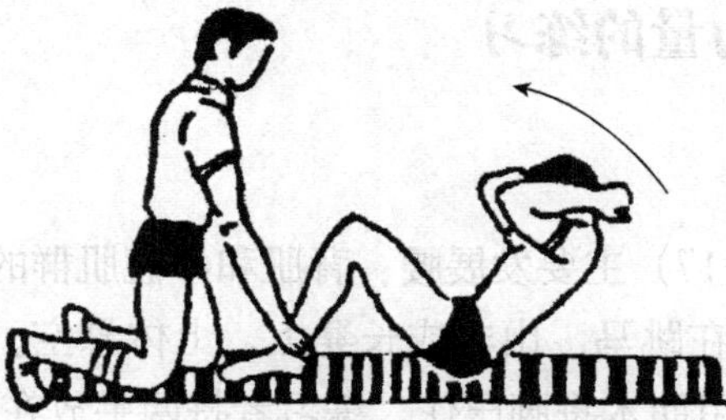

图 3–14　仰卧起坐

动作要点：练习者全身仰卧在垫上，两腿屈膝稍分开，使大小腿成直角；两手指交叉贴于头后。练习者的同伴压住练习者两踝关节处。练习者起坐时以双肘触及或超过两膝为完成一次。

练习方法：每组做到极限次数，重复 2～4 组，组间休息 1 分钟。

注意事项：仰卧时两肩胛触垫后即起。

四、壶铃蹲跳

壶铃蹲跳（见图 3–15）主要发展腰、腿部的力量耐力。

动作要点：练习者两脚开立与肩同宽，屈膝、直臂，手持壶铃做蹲跳动作。

练习方法：每组做 20～30 次，重复 2～4 组，组间休息 1 分钟。

注意事项：壶铃重量根据练习者的能力而定，也可以穿沙衣练习。

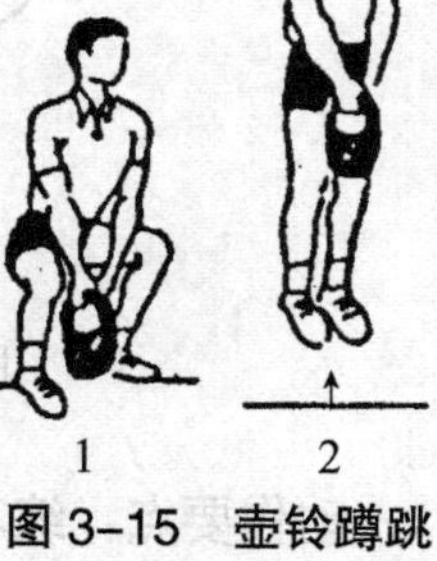

图 3–15　壶铃蹲跳

五、俯卧撑

俯卧撑（见图 3–16）主要发展三角肌、肱三头肌、胸大肌的力量耐力。

图 3–16 俯卧撑

动作要点：练习者俯卧，两臂伸直支撑与肩同宽，两脚置于地面或台阶上做俯卧撑动作。

练习方法：每组做 20～30 次，重复 2～4 组，组间休息 1 分钟。

注意事项：练习时挺直，不要塌腰。

第四课 发展静力性力量的练习

一、静力山羊挺身

静力山羊挺身（见图 3–17）主要发展腰、背肌和伸髋肌群的静力性力量。

动作要点：练习者俯卧在跳马、山羊或长凳上，上体悬空。另一人站在练习者后面，压住练习者的两腿，也可利用肋木将脚压住。练习者将两手放在背后或颈后，也可手中持重物，尽力向上挺身展体，静止用力坚持数秒。

练习方法：每组坚持 15～20 秒，重复 3～4 组，组间休息 10 秒钟。

注意事项：腰要收紧，挺胸、抬头、尽力向上抬上体。

二、屈臂悬垂

屈臂悬垂（见图 3–18）主要发展肱二头肌、肱肌、胸大肌、背阔肌的静力性力量。

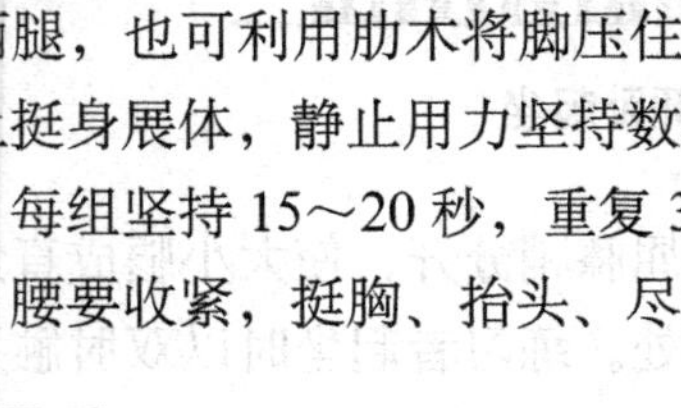

图 3–17 静力山羊挺身

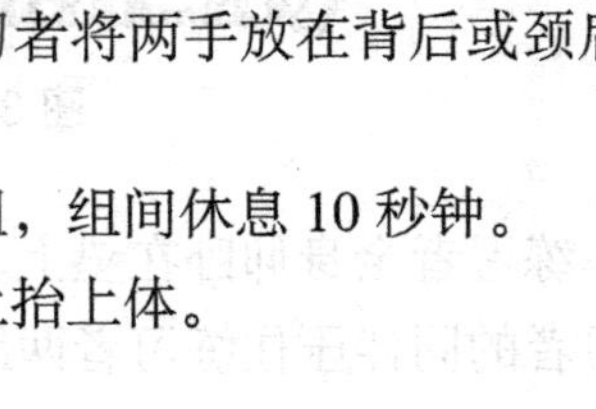

图 3–18 屈臂悬垂

动作要点：练习者跳起，双手反握单杠，两手与肩同宽。然后屈臂上引，使横杠位于颌之下，做静止用力的悬垂姿势。

练习方法：每次坚持50～60秒为一组，做2～3组。

注意事项：练习者不得用下颌挂在杠上。如练习者悬垂时身体摆动，应帮助其固定。

三、负重静力半蹲

负重静力半蹲（见图3–19）主要发展外、内侧肌、股后肌群和小腿三头肌的静力性力量。

图3–19 负重静力半蹲

动作要点：练习者将杠铃放置于颈后，平稳屈膝下蹲至大腿近与地面水平时，坚持数秒站起。

练习方法：练习时用85%的重量，每组坚持6～12秒，重复2～3组，组间休息10秒钟。

注意事项：练习者腰要收紧，挺胸、抬头。加强保护和帮助，防止出现伤害事故。

四、慢速仰卧推举

慢速仰卧推举同仰卧推举一样，主要发展胸大肌、三角肌、前锯肌、肱三头肌的力量耐力。

动作要点：练习者仰卧在卧推架上，两臂伸直，将杠铃推离卧推架，慢慢将杠铃放在胸部，然后挺胸，两臂靠近体侧，慢慢向肩带上方推起杠铃至两臂伸直。

练习方法：用60%～70%的重量，每组4～6次，重复2～3组。

注意事项：杠铃向上与向下时要慢，一般由下向上推练10秒，再由上向下练10秒，中间休息10秒。

第二节 发展耐力素质

耐力素质是指人体长时间活动与疲劳做斗争的能力。从运动生理角度讲，耐力素质可分为有氧耐力、无氧耐力和肌肉耐力三类。耐力素质是一般竞技能力的基础素质之一，不仅在耐力性运动项目中（如长跑、长距离游泳等）有着突出的意义，而且与其他运动素质的发展有着十分密切的关系。加强耐力素质的锻炼，能有效促进呼吸系统、血液循环系统功能的提高，青年时代的学生应抓紧青春发育成熟阶段，在体质发展的重要时期，以各种有效手段坚持锻炼，提高耐力素质，增强心肺功能，从而终身受益。本节共7课次，其中有氧耐力5课次、无氧耐力1课次、肌肉耐力1课次。

第一课　走、跑交替发展有氧耐力

一、方法

(1) 快、慢走交替练习（见图3–20）：
男2 400米：(400米快走 +200米慢走）×4组；
女1 500米：(200米快走 +100米慢走）×5组。
(2) 跑、走交替练习（见图3–21）：
男2 000米：(400米跑 +100米走）×4组；
女1 200米：(200米跑 +100米走）×4组；
男2 000米：(800米跑 +200米走）×2组；
女1 200米：(400米跑 +200米走）×2组。

图3–20　快、慢走交替练习

图3–21　跑、走交替练习

二、注意事项

(1) 快、慢走交替以及跑、走交替锻炼适合初练者或体质弱、基础水平低的学生，通过锻炼逐步提高心肺功能水平。

(2) 快走采用大步走，速度开始不宜太快，随着耐力素质提高，逐步增加速度、距离或组数。呼吸要有节奏，一般采用三步一呼、三步一吸或两步一呼、两步一吸的方法。

(3) 自我测定心率。一组练习后当心率恢复到120～130次／分钟时，即可进行下一组练习。

第二课　重复跑发展有氧耐力

一、方法

(1) 男300米跑、女200米跑：
(50秒～1分）×3次。每次休息3～5分钟。

（2）男 400 米跑、女 300 米跑：

（1 分 10 秒～1 分 30 秒）×3 次。每次休息 3～5 分钟。

（3）男 500 米跑、女 400 米跑：

（1 分 30 秒～2 分）×3 次。每次休息 3～5 分钟。

（4）男 600 米跑、女 500 米跑：

（2 分～2 分 30 秒）×3 次。每次休息 3～5 分钟。

（5）男 800 米跑、女 600 米跑：

（3 分～3 分 30 秒）×2 次。每次休息 4～6 分钟。

以上方法见图 3–22。

图 3–22　重复跑

二、注意事项

（1）重复跑是在相对固定的条件下，通过调整练习的跑程距离、重复次数、完成速度、休息时间的方法达到增进身体机能和改善内脏器官锻炼的目的，从而提高有氧耐力素质。

（2）采用中等速度跑，要善于评估自己的体能，培养速度的自我感觉和控制能力，以保持中等强度的运动负荷。

（3）每次休息一般控制在 3～5 分钟，心率恢复到 130 次／分钟以下时，再进行下一次练习。

第三课　变速跑发展有氧耐力

一、方法

（1）100 米中速跑—100 米慢速跑—100 米中速跑—100 米慢速跑……

（2）200 米中速跑—100 米慢速跑—200 米中速跑—100 米慢速跑……

（3）200 米中速跑—200 米慢速跑—200 米中速跑—200 米慢速跑……

（4）400 米中速跑—200 米慢速跑—400 米中速跑—200 米慢速跑……

（5）轮流领头跑（见图 3–23）。全体同学在跑道上排成一路纵队慢跑，排尾同学以较快速度从外档跑向排头位置，代替领头慢跑，然后另一排尾同学又以较快速度从外档跑向排头位置，依次反复进行。

图 3–23　轮流领头跑

二、注意事项

(1) 变速跑是通过变换跑速和距离达到发展有氧耐力素质的一种方法。练习是中等负荷强度，即运动时最大吸氧量控制在 70%～80%，心率指数 165 次/分钟左右。因此，练习者可根据各人的基础水平选择变换的跑速和距离以及组数。

(2) 中速跑段平均 100 米，男生控制在 20～25 秒，女生控制在 25～35 秒；慢速跑段平均 100 米，男生控制在 40～50 秒，女生控制在 50～60 秒。

(3) 变速跑要合理采用跑速和距离的相互变化，起到生理和心理上的相互调节，消除由于固定练习节奏引起的疲劳感和厌倦情绪，提高锻炼效果。

第四课　匀速跑发展有氧耐力

一、方法

1. 定时跑

(1) 5～8 分钟定时跑。

(2) 12 分钟定时跑。

由于练习者的基础各有差异，跑的时间和距离可参照表 3-1。

表 3-1　定时跑参照表

性别	时间（分钟）	较差者跑程（距离）	较好者跑程（距离）
男	7～8	1 500～1 600 米	1 700～1 800 米
	12	1 600～2 100 米	2 200～2 800 米
女	5～6	1 100～1 200 米	1 300～1 400 米
	12	1 500～1 800 米	1 900～2 300 米

2. 定距跑

(1) 男 1 000 米、女 800 米定距跑。

(2) 男 1 500 米、女 1 000 米定距跑。

由于练习者的基础各有差异，所跑的距离和时间可参照表 3-2。

表 3-2　定距跑参照表

性别	距程（距离）	较差者时间（分：秒）	较好者时间（分：秒）
男	1 000 米	3：50～4：45	3：10～3：45
	1 500 米	5：55～7：25	4：35～6：00
女	800 米	4：00～4：45	3：05～3：55
	1 000 米	4：55～5：55	3：55～4：50

3. 越野跑

男 3 000～5 000 米，女 2 000～3 000 米。

越野跑一般在野外或公路上进行，有条件的院校也可以围绕绿化校园结合操场进行。应创造良好的锻炼环境，使练习者不易感到疲劳，增加锻炼兴趣，达到提高耐力素质的目的。

二、注意事项

(1) 匀速跑是通常采用定时或定距，以匀速跑为主发展有氧耐力的一种方法。定时跑是指在规定时间内跑完一定距离。定距跑是指在跑完规定距离所达到规定的跑程时间。因此，运动量较一般耐力跑较大，练习者必须合理分配自己的体力，随着耐力素质的提高逐步加大运动量。

(2) 重视心理素质的培养。由于在跑到一定距离后，肌体产生氧债，会产生极点和第二次呼吸等不舒适的生理机能反应。因此，培养艰苦奋斗、刚毅坚强的心理素质对发挥潜在的耐力极为重要。锻炼者要排除各种思想干扰，培养自己的锻炼兴趣与能力，持之以恒，养成习惯，必将收到良好的效果。

(3) 在野外或公路上进行越野跑应注意安全。一般不宜在环境复杂或交通车辆多的区域进行越野跑，以免发生安全事故。应选择在环境幽静、空气新鲜的灌木林中，引起新鲜感，提高锻炼的积极性。

第五课　活动性游戏发展有氧耐力

一、方法

1. 集体做 3 ～ 5 分钟开立跳

(1) 前后开立跳。

(2) 左右开立跳。

(3) 前、后、左、右交替开立跳。

要求：

(1) 根据口令或在音乐伴奏下按节奏进行练习；

(2) 动作编排由易到难，也可交叉进行；

(3) 初练时 2～3 分钟为宜，随着耐力素质提高，逐步增加到 4～5 分钟。

2. 集体跳短绳赛（见图 3-24）

(1) 集体 1 分钟跳短绳。

(2) 集体 1 分 30 秒钟跳短绳。

要求：

(1) 分成人数相等的数队，各队每人均跳 1 分钟或 1 分 30

图 3-24　集体跳短绳赛

秒钟。

(2) 按计数，各队累计总和多的队获胜。也可根据计数多少分别排列出各队中的个人名次和班级中的个人名次。

3. 集体连续跳长绳赛（见图 3-25）

(1) 集体 2～3 分钟连续跳长绳。

(2) 集体 4～5 分钟连续跳长绳。

图 3-25　集体连续跳长绳赛

要求：

(1) 分成人数相等的数队，各队按先后排列顺序以鱼贯连续跳绳 2～3 分钟或 4～5 分钟。

(2) 按计数排列名次，总和多的队为胜者。

4. 圆圈十字接力赛（见图 3-26）

(1) 各队分别依次逆时针跑 3 圈 ×5 轮。

(2) 各队分别依次逆时针跑 4 圈 ×4 轮。

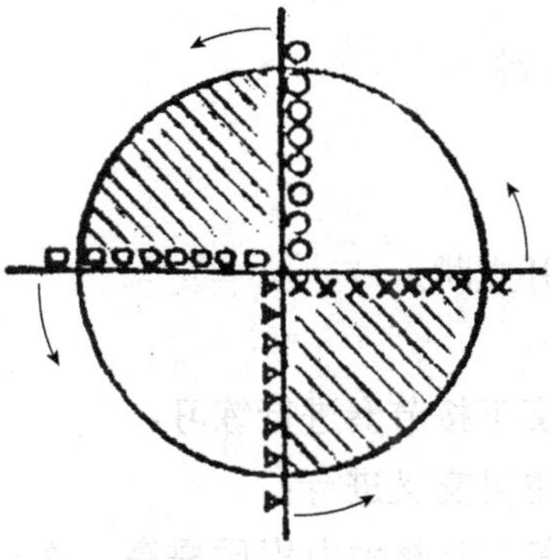

图 3-26　圆圈十字接力赛

要求：

(1) 画一个直径为 20～25 米的圆圈，把游戏者分成人数相等的 4 个队。面对圈外成十字形站立。

(2) 游戏开始，各队第一人沿圈外逆时针跑 3～4 圈后将接力棒传递给第二人，自己排到排尾，第二人也如此传递，依次进行，共做 4～5 轮，先跑完队为胜者。

（3）比赛过程中不得踏线或进入圆圈内，如要超越要跑外圈超越。

5. 打活动靶（见图 3–27）

（1）4 分钟打活动靶。

（2）5 分钟打活动靶。

图 3–27　打活动靶

要求：

（1）画一个直径为 12～14 米的圆圈，分成人数相等的甲乙两队。甲队随意排列在圈外为进攻者，乙队在圈内为目标靶。

（2）游戏开始，甲队以排球掷击圈内的乙队队员，每击中一次得一分，4～5 分钟后交换（即乙队在圈外，甲队在圈内）。得分多队获胜。

（3）击中肩部以下部位方为有效，被击中队员仍继续参加比赛，在圈内跑动、躲闪，不能走出圈外。

二、注意事项

（1）采用竞赛性的活动性游戏，必须有严格的纪律（规则）要求，裁判要秉公执法，同时要发扬“友谊第一、比赛第二”，团结友爱的集体主义精神。

（2）活动性游戏一般较为激烈，应根据学生耐力素质的提高而逐步增加活动时间、圈数、轮次等，达到发展有氧耐力的目的。

第六课　发展无氧耐力的锻炼

一、方法

1. 变速跑

男 2 000 米（200 米快 +200 米慢）×5 组；

女 1 500 米（100 米快 +200 米慢）×5 组。

2. 重复跑

男（50～100 米）×5～6 组；

女（30～60 米）×5～6 组。

3. 快速跳短绳（见图 3-28）

30 秒钟（90 次以上）×6～8 组；

1 分钟（160 次以上）×4～5 组。

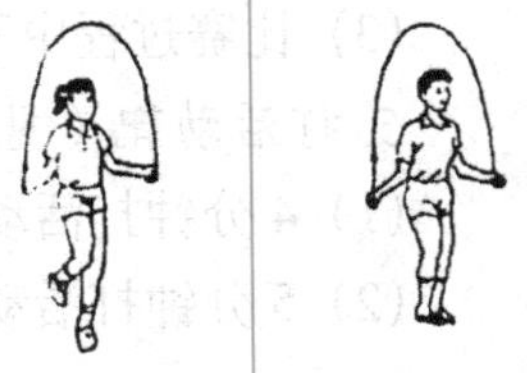

图 3-28 快速跳短绳

二、注意事项

（1）无氧耐力分非乳酸无氧耐力和乳酸性无氧耐力。无氧耐力锻炼主要采用负荷强度来调节，一般强度控制在 85%～95%，心率 160～180 次/分，就能有效地发展乳酸性无氧耐力。强度控制在 95%～100%，心率控制在 180 次/分以上，发展趋向非乳酸性无氧耐力。

（2）变速跑中的男、女 200 米慢跑，为积极性休息的放松跑。应加深呼吸，使心率恢复到 130 次/分左右，以便进入男 200 米、女 100 米快速跑。

（3）重复跑以及快速跳短绳，各组之间休息（间歇）一般为 5～7 分钟，心率恢复到 140 次/分以下，即可做下一组练习。

（4）快速跳短绳采用双脚或交换跳均可。绳的长度以一脚踏绳，两手握绳于腰间为适宜。以小臂和手腕力量快速挥动，手足协调配合。如中途失败，应立即调整动作继续计数。

第七课 发展肌肉耐力的练习

本课重点讲述发展上、下肢及躯干肌肉耐力的方法。

一、方法

（一）发展上肢肌肉耐力

1. 俯卧撑（13～15 次）×2～3 组

（1）手高于足的俯卧撑（见图 3-29 中 1）。

1　　2　　3

图 3-29 俯卧撑

（2）手足在同一水平面上的俯卧撑（见图 3-29 中 2）。

（3）足高于手的俯卧撑（见图 3–29 中 3）。

2. 引体向上

（1）单杠引体向上（见图 3–30 中 1）。

（2）斜身引体向上（见图 3–30 中 2、3）。

3. 举哑铃或杠铃

举哑铃时可一手在上一手在下，举杠铃时注意腰背挺直（见图 3–31）。

图 3–30　引体向上

图 3–31　举哑铃或杠铃

（二）发展腰腹肌肉耐力

1. 仰卧起坐

（1）双臂置于身体两侧的仰卧起坐（见图 3–32 中 1）。

（2）双臂交叉于胸前的仰卧起坐（见图 3–32 中 2）。

（3）双手抱头的仰卧起坐（见图 3–32 中 3）。

（4）不同角度的斜面器械上双手抱头的仰卧起坐（见图 3–32 中 4）。

图 3–32　发展腹肌的仰卧起坐

2. 俯卧挺身

（1）双臂置于身体两侧的俯卧挺身（见图 3–33 中 1）。

（2）双臂交叉于背后的俯卧挺身（见图 3–33 中 2）。

（3）双手抱头的俯卧挺身（见图 3–33 中 3）。

（4）手足伸直俯卧二上二下同时挺身（见图 3–33 中 4）。

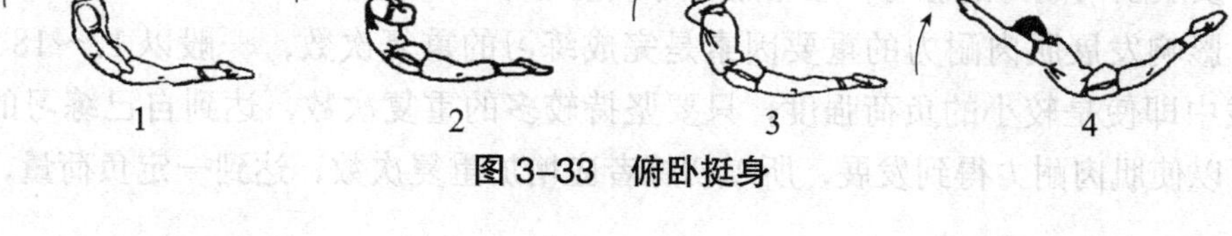

图 3–33　俯卧挺身

3. 肩负杠铃左右转体

（1）站立式肩负杠铃的左右转体（见图 3–34 中 1）。

（2）坐凳式肩负杠铃的左右转体（见图 3–34 中 2）。

1　　2

图 3–34　肩负杠铃左右转体

（三）发展下肢肌肉耐力

（1）双腿交替深蹲跳起（见图 3–35）。

（2）连续蛙跳练习（见图 3–36）。

图 3–35　双腿交替深蹲跳起

图 3–36　连续蛙跳练习

（3）负重蹲跳起（见图 3–37）。

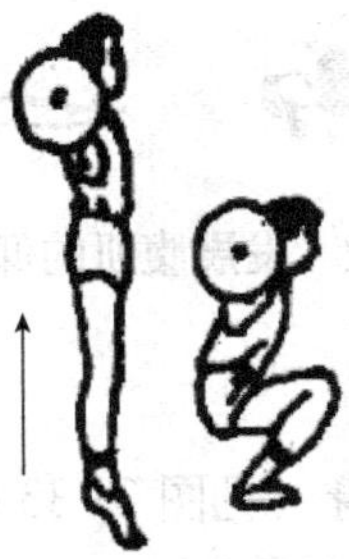

图 3–37　负重蹲跳起

二、注意事项

（1）发展肌肉耐力的练习一般采用中等或接近中等以下负荷强度为宜。

（2）影响发展肌肉耐力的重要因素是完成练习的重复次数，一般以 12～18 次为宜。但在实践中即使是较小的负荷强度，只要坚持较多的重复次数，达到自己练习的极限为止，也可以使肌肉耐力得到发展，所以初练者应增加重复次数，达到一定负荷量，随着锻炼水平的提高逐步达到中等负荷强度。

第三节　发展速度素质

速度素质是指人体或人体某一部位快速运动的能力。通常，速度素质分为反应速度、动作速度和位移速度。

反应速度是指人体对各种信号刺激（声、光、触等）的快速应答能力。动作速度是指人体或人体某部分快速完成某一个动作的能力。位移速度是指在周期性运动中，单位时间内人体快速移动的能力。

速度素质是人体基本素质之一，经常进行速度素质的锻炼有利于提高神经系统的机能，增加无氧代谢能量物质储备，改善代谢过程。本节共 6 课次。

第一课　活动性游戏发展视触觉反应速度

一、丛林追捕

方法：将参加者分为人数相等的若干排，按左右前后两臂的距离站立。两臂侧平举成为丛林行道，另选两人拉开距离站于丛林行道之间，其中一人为追捕者，另一人为被追者。作为丛林的参加者，听到教师鸣哨，全体同时向左转 90°，随之改变行道的通向。被追者和追捕者应立即从改变了的丛林行道中奔跑追捕（见图 3–38）。

图 3–38　丛林追捕

规则：（1）不论是被追者还是追捕者，均不得从手臂下面（即丛林中）钻过。（2）教师应根据情况鸣哨和换人。

二、跳越绳球

方法：参加者站成圆圈，间隔一臂。将排球装在小网兜内，系在一条绳子上。教师站在圆心，手持绳子另一端，并将球抡起平行于地面转动飞行。当球经过时，圆圈上的人必须跳起，让绳球通过（见图 3–39）。

图 3–39　跳越绳球

规则：(1) 如被绳子缠住或被球击中即为失败。(2) 绳球不要抡得太高，离地面 20～30 厘米。速度快慢酌情掌握。

三、抢球追人

方法：参加者面向外站成圆圈，每人单手平托一排球于手上。另派 1 人沿圈外逆时针或顺时针方向奔跑。奔跑者可随时趁持球者不备，从其手上夺抢球后继续奔跑，被抢者立即出追。在到原位之前追上抢球者得 1 分；如未追上，被追者（抢球人）占据追者（失球人）空位，追者改为抢球人，再去抢别人手中的球（见图 3–40）。

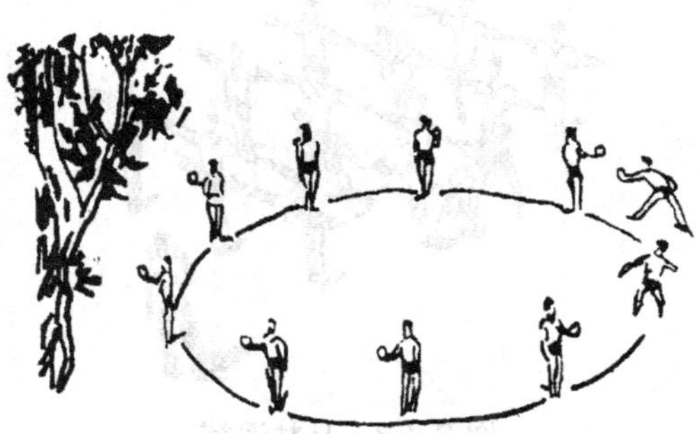

图 3–40　抢球追人

规则：(1) 不论是抢球人还是失球人都必须沿一个方向跑，并不得离开圆圈 1 米以外。(2) 凡以手触着抢球人身体即为追上，不得拍、打、推人。

四、你追我赶

方法：站或坐在直径 15 米的圈外，甲在圈外逆时针方向慢跑，任意触乙背部后，沿圈快速奔跑，乙则追甲，在乙左侧的丙则追乙。在返回原地前，如两人中有一人被追上，则被追上者代替甲的位置，如没有追上，则丙代替甲的位置，游戏继续进行（见图 3–41）。

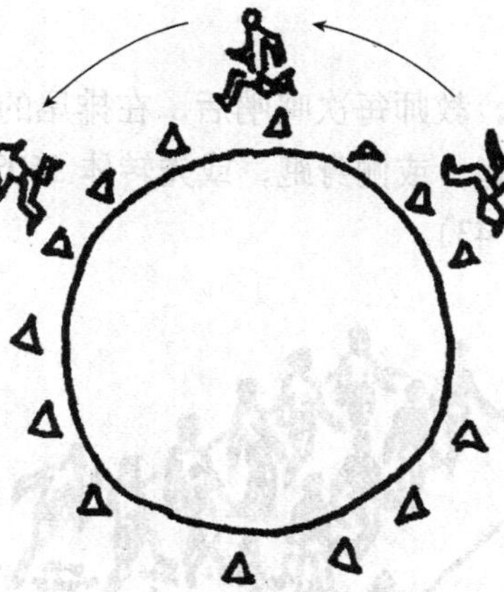

图 3–41　你追我赶

规则：（1）跑动者必须沿圆圈跑，并不得离开圆圈 1 米以外。（2）凡以手触着被追人身体即为追上，不得拍、打、推人。

第二课　跑的游戏发展听觉反应速度

一、叫号接球

方法：画一个直径为 10 米的圆，参加者站在圈外依次报数，圈中站一个抛球人。圈外的人沿圈逆时针慢跑，抛球人任意叫一个号并向空中抛球，被叫号者立即进圈内接球，抛球人与其他人快速散开。接球者在球未落地前接住球，则叫号抛球继续游戏；若在球触地后才接住球，则在接住球的同时叫“停”，所有人员即停止跑动站在原地（包括接球者）。接球者用球击其中一人。若击中，则交换位置（见图 3–42）。

图 3–42　叫号接球

规则：(1) 向上抛球，高度不低于2.5米。(2) 击球高度限腰部以下，被击者可躲闪，但脚不能离地。(3) 散开距离要求距离圆3～5米。

二、排尾变排头

方法：两路纵队向前行进，教师每次鸣哨后，在排尾的两个人立即从纵队的外侧向排头做冲刺跑（或穿越纵队曲线跑，或侧身跑，或先转体360°再向前冲刺跑等），到达排头位置。先到者得1分（见图3–43）。

图3–43　排尾变排头

规则：(1) 每次都以鸣哨作为起动信号。(2) 计分办法也可以纵队为单位，计单个练习的或多个练习的积分。

三、快速组合

方法：参加者沿着圆圈跑步或做行进间体操，教师突然喊出一个数字，如"2""3""4"……（或吹几声短音哨）。参加者听到教师喊出的数字或哨音后，立即与临近的同伴按所听到的数字快速组合。如教师喊"3"就3人为一组。最后剩下没组合的人为失败者（见图3–44）。

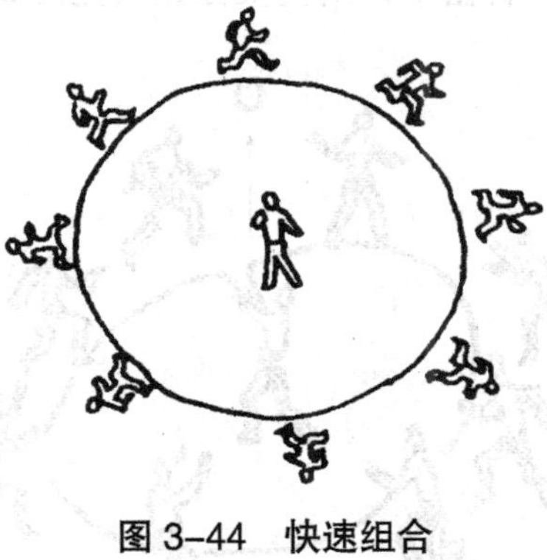

图3–44　快速组合

规则：参加者人数不能被教师所喊数字整除。

四、喊号追人

方法：（1）参加者站成圆形，按1～4依次报数。游戏开始，每人按一定的方向沿圆圈慢跑，在跑步中听到教师喊出某号时，该号数的人立即离队从队外沿圆圈向前疾跑去追前面的同号人。在跑回原位前被追上者为输（见图3–45）。（2）参加者站成圆形，按顺时针方向依次报数，教师在圈中任意叫某号时，如叫“5”号，则5号按逆时针方向沿圆圈快速奔跑，同时，在其左侧的“6”号立即追“5”号。

图3–45　喊号追人

规则：（1）跑动者都必须沿圈外跑，并不得超过圈外1米。（2）其他人不得阻挡。

第三课　徒手操发展动作速度

一、踢腿

动作要点：两脚开立，两臂前侧举，两腿交替前摆，两手膝下击掌（见图3–46中1）；或两腿交替前摆，两手触脚尖（见图3–46中2）；或两腿交替前上摆，两手触脚尖（见图3–46中3）。

图3–46　踢腿

注意事项：（1）踢腿时，膝关节伸直、脚尖绷直。（2）大腿前上摆时，身体正直。

二、体屈伸

动作要点：两脚分开站立，身体正直，两臂自然下垂。快速体前屈，上体与地面平行，两臂前伸（见图 3–47 中 1）或两手持 2～3 千克实心球，两臂前伸（见图 3–47 中 2）。

1 2

图 3–47 体屈伸

注意事项：体前屈时，挺胸抬头，目视前方，上臂充分伸展。

三、蹲撑起立

动作要点：屈膝下蹲，两手撑地。迅速起立，两臂上举提踵（见图 3–48 中 1）或两腿交替后伸，同时两臂上举抬头（见图 3–48 中 2）。

1 2

图 3–48 蹲撑起立

注意事项：起立时，双腿伸直，抬头挺胸，眼看前上方，手臂充分伸展。

四、仰卧起立

动作要求：在垫子上成仰卧姿势，然后急速坐起屈腿（双足跟贴于臀部），双手扶膝，成下蹲势，再迅速站立（见图 3–49）。

图 3–49 仰卧起立

注意事项：成下蹲势时，身体前倾，重心前移。若动作困难可用手撑地做。

第四课　局部肌肉练习发展动作速度

一、俯卧击掌

动作要点：俯卧撑，大腿在体操凳上（见图3-50中1），或小腿在体操凳上（见图3-50中2），或脚尖置于体操凳上（见图3-50中3），两手用力推地，腾空时快速击掌。

图3-50　俯卧击掌

注意事项：俯卧撑时提臀，不能塌腰。

二、仰卧起坐

动作要点：练习者仰卧地上，两腿伸直，双手抱头（见图3-51中1），或持1～2千克实心球（见图3-51中2），同伴单腿跪撑，双手压住练习者的踝关节处。练习者快速坐起的同时，同伴单腿后上摆。

图3-51　局部肌肉练习的仰卧起坐

注意事项：（1）同伴摆腿，大腿后伸，带动小腿向后上方摆起，同时身体前倾，头抬起。（2）两人动作要协调一致。

三、腿绕环

动作要点：两人相对仰卧（见图3-52中1），或前臂后撑坐（见图3-52中2）或直臂后撑坐（见图3-52中3），直腿并拢，向上抬起。两人同时做腿绕环。

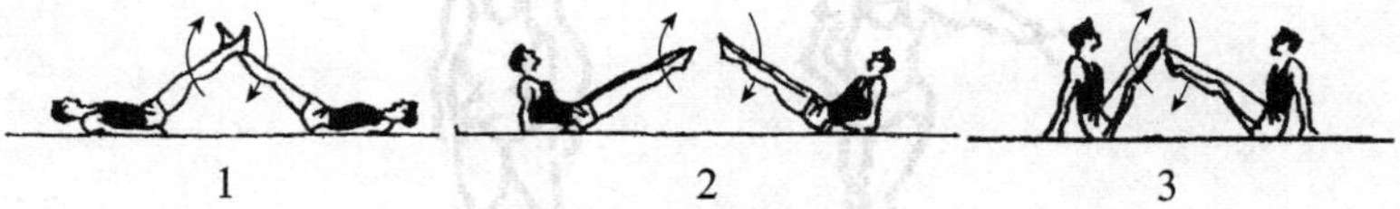

图3-52　腿绕环

注意事项：（1）双脚不能着地。（2）绕环幅度要大，速度由慢到快，互相协调配合。

四、蹬车轮

图 3-53 蹬车轮

动作要点：仰卧于地上，双臂伸直平放在身体两侧（见图 3-53 中 1）或两手支撑腰部成肩肘倒立（见图 3-53 中 2），两脚抬起，做蹬车轮动作。

注意事项：膝关节放松，大腿用力带动小腿，动作协调幅度大。

第五课 各种跳跃发展位移速度

一、多级跳

动作要点：两腿交换蹬地成跨步姿势向前上方跳起，摆动腿屈膝向前上方高抬，支撑腿迅速有力蹬地，髋、膝、踝三个关节充分伸直，两臂有力摆动（见图 3-54）。

图 3-54 多级跳

注意事项：(1) 踝关节保持适度紧张，全脚掌着地，摆动腿迅速向前带动髋关节摆出，动作幅度大。(2) 多采用三、五、七、十级跳等。跳的级数或距离随练习者水平增减（也可跳过摆放的实心球）。

二、双腿交换跳

动作要点：两腿前后立在倒置的栏架间，右腿在栏前，左腿在栏后用力蹬地跳起。腾空瞬间，左右腿交换，落地时左腿在栏前，右腿在栏后（见图 3-55）。

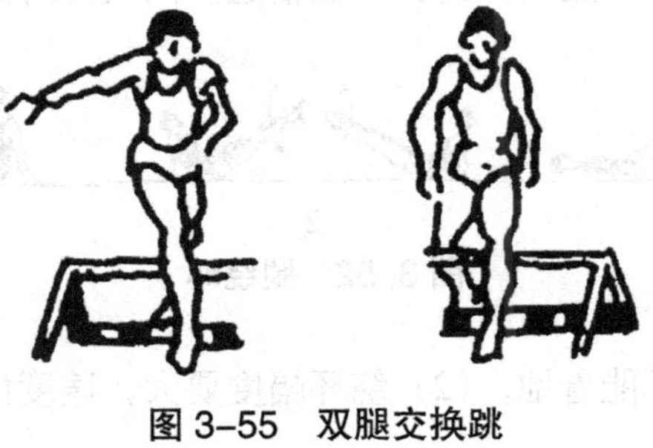

图 3-55 双腿交换跳

注意事项：(1) 蹬地跳起时，两腿积极伸踝、伸膝，上体正直。交换步幅不宜大。(2) 可用实心球替代栏架。

三、单足跳台阶

动作要点：一腿屈膝提起，另一腿脚前掌着地，连续跳上台阶再快速跑下（见图 3–56）。

图 3–56　单足跳台阶

注意事项：(1) 跳台阶，身体稍前倾，眼看前下方，膝踝关节保持适度紧张。(2) 前脚掌着地顺着台阶快速跑下。

第六课　快速跑发展位移速度

一、前倒起跑

动作要点：两脚前后分立，身体自然前倒，在重心前移至快失去平衡时，迅速顺势跑出 20～30 米（见图 3–57）。

注意事项：(1) 前倒时，身体保持正直。(2) 起跑后，保持身体前倾姿势，并逐步抬起。

图 3–57　前倒起跑

二、迎面接力（游戏）

动作要点：参加者分成人数相等的两个队。各队分成两组，相距 60 米，成纵队相向站立。每队排头持棒。听口令迅速跑至另一端，将棒交给本队另组排头，然后站到排尾，先跑完队为获胜队（见图 3–58）。

注意事项：（1）交接棒时，手臂前伸，将棒竖起，用同侧臂交接棒。（2）接棒时不得越过起跑线，否则返回重跑。（3）棒必须交到同伴手中，不得抛棒。如掉棒必须由本人捡起重新交接。

图 3–58　迎面接力

三、60 米计时跑

动作要点：站立式听口令快跑 60 米。

注意事项：（1）跑前做好准备活动，重复跑，每次休息 2～4 分钟。（2）到终点后不要急停，顺惯性慢跑一段。

第四节　发展柔韧素质

柔韧是指人体在运动时各关节活动的幅度或活动范围。柔韧性的水平取决于关节的骨结构、关节周围组织体积的大小、关节的韧带肌腱、肌肉和皮肤的伸展性，以及温度、情绪等因素。良好的柔韧素质是优秀运动员必须具备的基本条件和重要的身体素质，是运动训练前准备活动的一个组成部分。我们在各项运动训练前的柔韧练习其目的在于扩大动作活动的范围，同时推迟疲劳发生。如果没有充分的柔韧练习，就易拉伤肌肉和韧带。柔韧又是提高专项运动技术水平的一个重要因素，要想使技术达到完美的地步，没有良好的柔韧性是办不到的。本节共四课次。

第一课　颈与肩的柔韧性练习

一、颈部的柔韧性练习

动作要点：

(1) 头前、后屈（见图 3–59 中 1）。前屈下颌尽力靠胸，后屈下颌尽力向上伸长。

（2）头左、右屈（见图 3–59 中 2）。练习时，下颌不要前伸或下收。

（3）头左、右转（见图 3–59 中 3）。转动时尽力使下颌靠向肩。

（4）头部绕环（见图 3–59 中 4）。

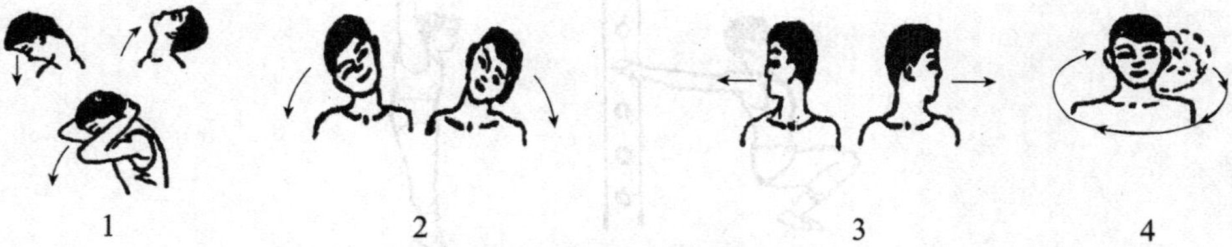

图 3–59　颈部的柔韧性练习

注意事项：要求颈部弯曲到最大限度。练习可先做有节律的振动，后做加外力的拉伸。但要保持身体正直。

二、肩的柔韧性练习

1. 压肩

（1）主动压肩（见图 3–60 中 1）。两手握距小于肩为宜。振动发力点在肩部。腿直、臂直、挺胸、肩带放松。

（2）被动压肩（见图 3–60 中 2）。练习者仰卧在鞍马上，肩带要放松。另一人在其头后面扶其上臂向下压。

2. 拉肩

（1）正拉（见图 3–61 中 1）。背对肋木两腿前后开立，两臂上举握肋木，抬头挺胸向前移重心拉肩。

（2）侧拉（见图 3–61 中 2）。侧对肋木站立，外侧手臂经头上推肋木，上体抬头挺胸向外侧拉伸。

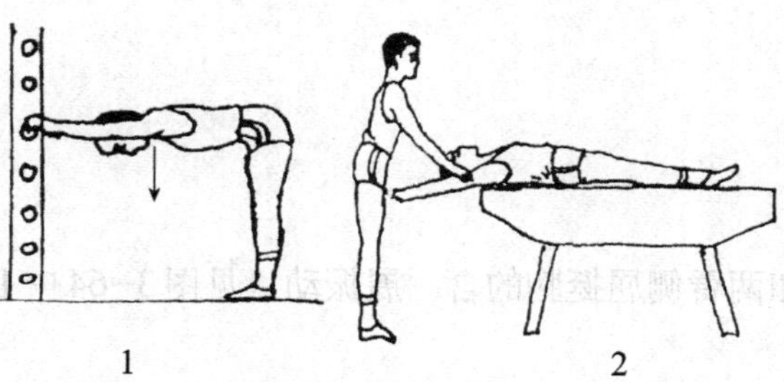

图 3–60　压肩

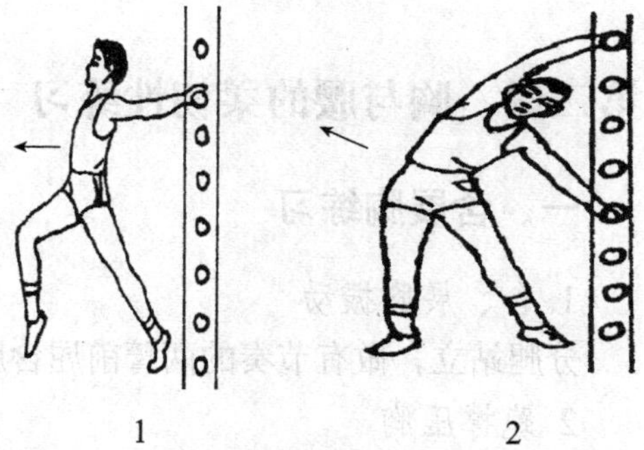

图 3–61　拉肩

3. 吊肩

（1）背吊（见图 3–62 中 1）。背对低单杠（或把杆）手正握身体下蹲，利用体重吊肩（握距越小越好）。

（2）单杠悬垂（见图 3–62 中 2）。手正握杠，利用体重吊拉肩。

（3）单杠悬垂举腿。收腹举腿，两腿从两臂间穿过，落成后悬垂，利用体重吊肩。

1　　2

图 3–62　吊肩

4. 转肩

利用体操棍、绳子和橡筋带等做转肩练习。握距可逐步减小。两肩要直臂同时转动（见图 3–63）。

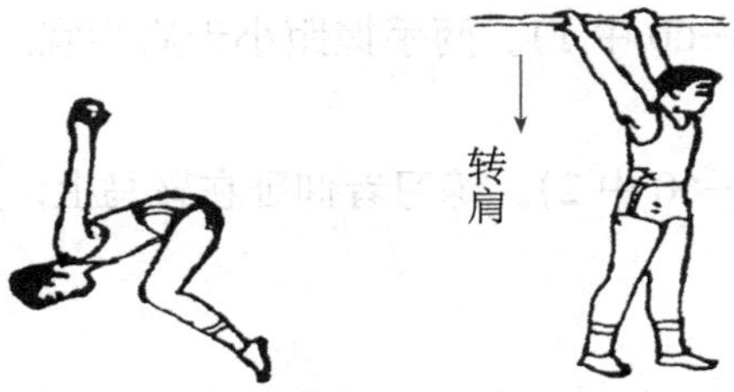

1　　2

图 3–63　转肩

注意事项：不同项目有不同的要求，采用不同的练习手段。如对柔韧性要求较高的项目，可在各种练习中施加一定的外力，借以提高练习的效果。

第二课　胸与腰的柔韧性练习

一、含展胸练习

1. 含、展胸振动

分腿站立，做有节奏的两臂前屈含胸和两臂侧屈挺胸的含、展振动（见图 3–64 中 1）。

2. 跪撑压胸

跪撑，两臂直臂前伸贴于地面，挺胸下压，尽力将胸部贴到地面上（见图 3–64 中 2）。

3. 跪撑吊胸练习

详见图 3–64 中 3。

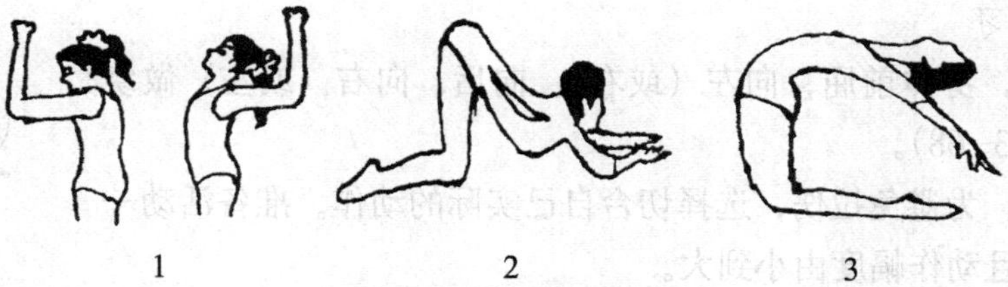

图 3-64　含展胸练习

注意事项：振动幅度要逐渐加大。吊胸时，立髋；压胸时，胸部贴地的部位越靠近膝关节越好。

二、腰部练习

1. 体前屈练习

（1）并腿体前屈（见图 3-65 中 1）。两腿并拢伸直站立，体前屈抱腿。

（2）分腿体前屈（见图 3-65 中 2）。上体从直立两腿中间连续甩动。

2. 体后屈练习

（1）甩腰（见图 3-66 中 1）。一只手握肋木，另一只手上举做身体由前向后的甩腰练习。

（2）下腰（见图 3-66 中 2）。背对肋木分腿站立开始向后下腰成桥握肋木。握点随着柔韧性的提高逐步下移。

（3）下桥（见图 3-66 中 3）。仰卧撑起，做向后下桥。

图 3-65　体前屈练习

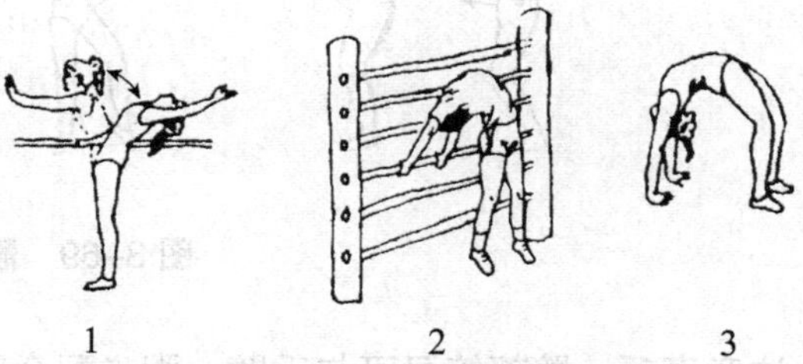

图 3-66　体后屈练习

3. 体侧屈练习

（1）甩腰（见图 3-67 中 1）。侧对肋木站立，一手握肋木，做向侧的腰部甩动。

（2）徒手练习（见图 3-67 中 2）。体侧屈的徒手体操练习。

图 3-67　体侧屈练习

4. 涮腰练习

分腿站立，身体前屈，向左（或右）、向后、向右（或左）做绕环练习（见图 3−68）。

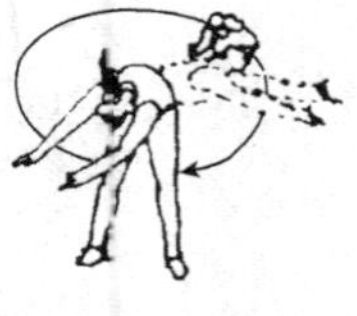

图 3−68　涮腰练习

注意事项：为避免拉伤，选择切合自己实际的动作。准备活动一定要充分，并且动作幅度由小到大。

第三课　髋与腿的柔韧性练习

一、髋部练习

1. 前、后顶髋

自然分腿站立，屈膝，两手叉腰，前、后顶髋（见图 3−69 中 1）。

2. 左、右顶髋

两手叉腰分腿立，屈左膝顶右髋，屈右膝顶左髋，依次轮换（见图 3−69 中 2）。

3. 髋部绕环

自然站立，屈膝，两手叉腰，将髋由前（或后）顶髋，移至左（或右）再后顶移至右（或左），做髋部绕环的练习（见图 3−69 中 3）。

图 3−69　髋部练习

注意事项：髋部练习可与手臂、脚步配合同时进行，提高练习效果。

二、腿部练习

1. 压腿

（1）正压腿。前举腿要正，支撑腿要直，上体正直。挺胸前压尽量贴靠大腿（见图 3−70 中 1）。

（2）侧压腿。支撑腿伸直，被压腿直腿，放于一定高度的支撑物上，脚背向上，压时上体不前倾或后仰（见图 3−70 中 2）。

（3）后压腿。一种是支撑腿伸直（见图 3−70 中 3），另一种是支撑腿弯曲（见图 3−70 中 4）。后压时，正肩、挺胸、后仰。后腿直腿放于一定高度。

图 3-70　压腿

注意事项：(1) 单腿站立时必须站稳，最好能有个扶手，避免摇晃失重跌倒；(2) 用力不能过猛，以免对腰腿肌肉骨骼造成损伤；(3) 压腿的动作宜缓慢；(4) 动作短，每次3～5 分钟即可；(5) 压腿之后不要马上就结束锻炼，还要做一些踢腿练习来放松调整。

2. 扳腿

(1) 正扳腿（见图 3-71 中 1）。挺胸、收腹、站立，前举腿方向要正，帮助者逐渐加力。

(2) 侧扳腿（见图 3-71 中 2）。挺胸、收腹、站立，侧举腿脚背向上，帮助者逐渐加力。

(3) 后扳腿（见图 3-71 中 3）。后举腿要直，肩、髋要正不要翻转，帮助者逐渐加力。

图 3-71　扳腿

注意事项：(1) 练习前，应充分进行热身运动，避免拉伤韧带。(2) 热身完毕应先压压腿，再进行扳腿练习。(3) 可以先练劈叉，再进行扳腿会更加顺利。

3. 踢腿

(1) 正踢腿。上踢用力，下落控制慢放。发力于脚背上（见图 3-72 中 1）。

(2) 侧踢腿。上踢用力，发力点在脚背，下落时控制。侧踢腿注意脚背向上（见图 3-72 中 2）。

(3) 后踢腿。肩、髋要正，髋不外旋。臀、腰部肌肉用力收缩（见图 3-72 中 3）。

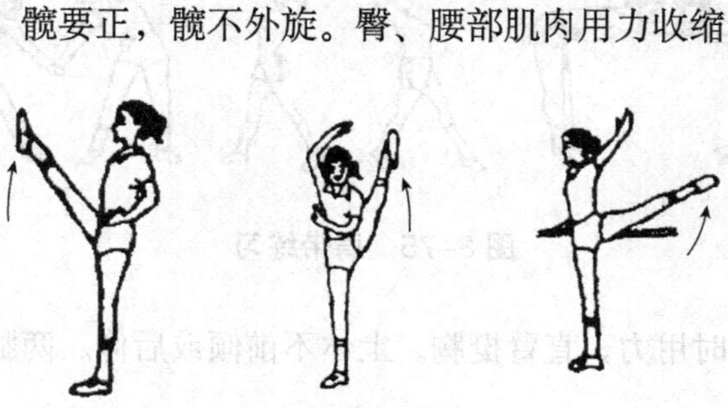

图 3-72　踢腿

注意事项：(1) 起腿要轻；(2) 踢时要快；(3) 落腿应稳。

4. 扇形摆腿

踢左（右）腿时要向异侧 45° 方向踢起并自右（左）经前至左（右）做直腿扇形外摆（见图 3–73）。

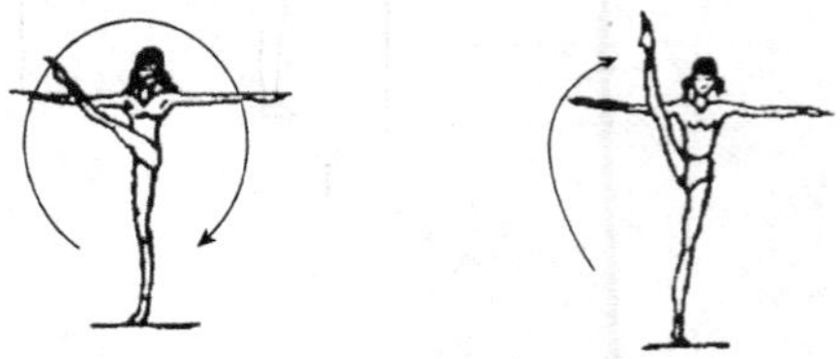

图 3–73　扇形摆腿

注意事项：展髋，腿成扇形外摆，幅度要大。

5. 劈叉

两腿和髋关节都应在一条线上，腿要伸直。纵劈时，后腿应以膝盖和脚面着地（见图 3–74）。

图 3–74　劈叉

注意事项：(1) 时间的掌握，压腿最好是 15～30 分钟为宜。(2) 压腿后需要踢腿来辅助锻炼韧带的拉伸及肌肉的力量。(3) 方法掌握得当，初期锻炼前一个星期会痛是正常情况，可以用热敷的方式缓解疼痛。

第四课　双人徒手练习

一、肩带练习

1. 压肩

两手互相搭肩，做上下压肩振动（见图 3–75 中 1）。

2. 拉肩

背靠背站立，两手上举互握，两人同时向前一步做背弓动作拉肩（见图 3–75 中 2）。

3. 侧拉

同一方向侧站立外侧手头上握，内侧手于体侧下握，同时向外侧屈振动（见图 3–75 中 3）。

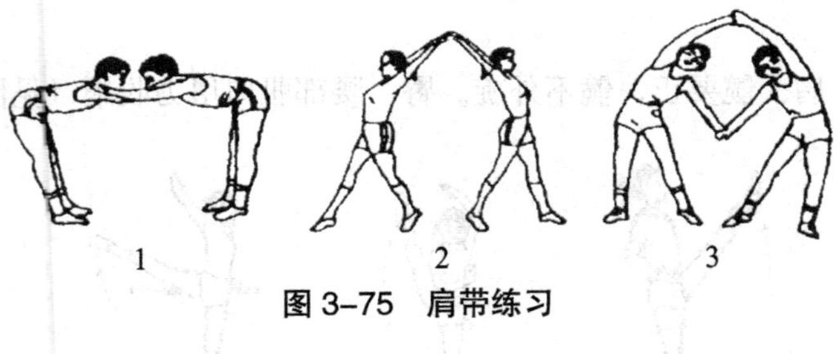

图 3–75　肩带练习

注意事项：二人同时用力，直臂挺胸。上体不前倾或后仰。两腿直立，身体活动幅度要大。

二、胸腰练习

1. 体后屈

练习者左右开立双手上举，帮助者前后开立扶其腰，使其慢慢向后下腰，两手后伸(见图 3–76)。

2. 体前屈

练习者两腿伸直坐在草地上，帮助者跪在其后扶其背部下压（见图 3–77)。

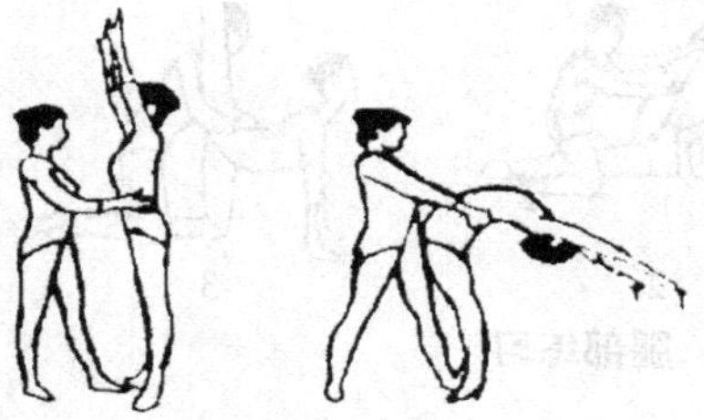

图 3–76　体后屈

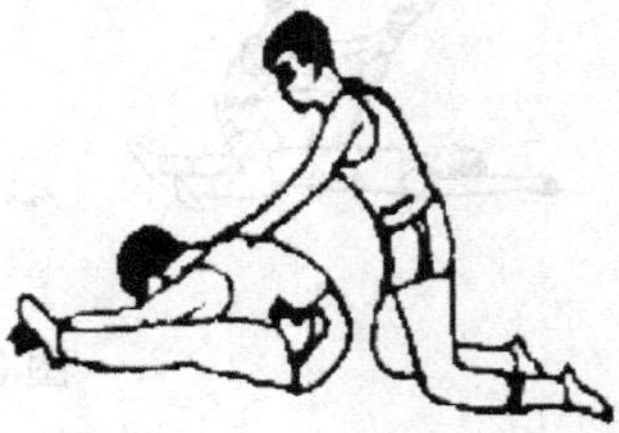

图 3–77　体前屈

注意事项：前屈时，抬头挺胸向前屈，直膝。后屈时，练习者躯干放松，挺胸下腰。

三、髋部练习

1. 青蛙趴

练习者屈膝侧分腿俯卧，肘关节支撑，大腿内侧贴地。帮助者跪在其身后双手按压练习者髋部做振动，使其髋部尽力贴地面（见图 3–78)。

2. 横叉分腿坐

两人面对分腿坐，互拉对方的腰部（见图 3–79)。

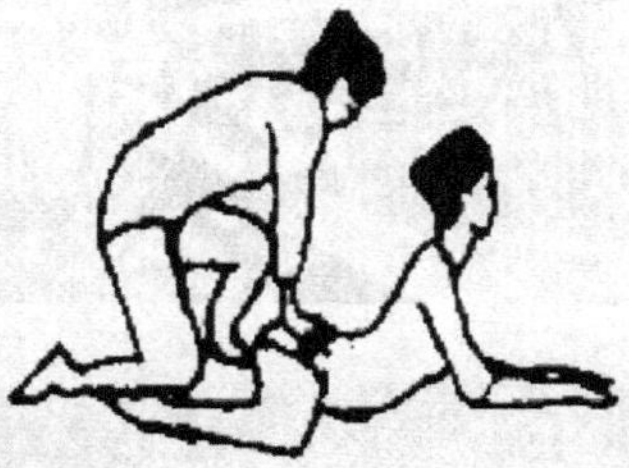

图 3–78　青蛙趴

图 3–79　横叉分腿坐

注意事项：练习者髋关节尽量放松。做横叉分腿坐时，两人髋、腿、膝、踝尽力紧贴。

四、腿部练习

1. 正扳腿

练习者仰卧，一腿前举，帮助者单腿跪立。手抓其正举腿慢慢上推（见图 3–80 中 1)。

2. 侧扳腿

练习者挺胸，身体成一条直线，侧举腿脚背朝向耳侧。帮助者动作同正扳腿（见图 3–80 中 2）。

3. 后扳腿

练习者跪撑后举腿，帮助者用肩顶练习者腿部，向上抬（见图 3–80 中 3）。

1　　2　　3

图 3–80　腿部练习

注意事项：练习者髋部肌肉要放松，帮助者要逐步加大力量。在做扳后腿时，帮助者双手压住练习者的髋部尽力抬后腿。

学思践行

体质测试　健康达标

第四章　田　径

导读

田径运动是我国体育教学、运动训练、体育竞赛和健身运动的重点项目，也是各项体育运动的基础。人们通常把以时间计算成绩的竞走和跑的项目叫“径赛”，把以远度和高度计量成绩的跳跃和投掷项目叫“田赛”，“田赛”和“径赛”合称田径运动。

田径运动是比速度、比耐力、比高度、比远度的项目，要求运动员在短时间内表现出最大的速度与力量，或在较长时间内持续不断地工作，运动强度大，比赛紧张激烈，竞争性强。它能全面地、有效地提高人的身体素质和运动技能，对其他各项运动技术的发展和成绩的提高都有很好的作用。因此，各项体育运动都把田径运动作为提高身体素质的训练手段与提高技术和战术的基础。

第一节　短　跑

短跑属于极限强度周期性的运动项目。短跑技术由起跑、加速跑（疾跑）、途中跑和终点跑等几部分组成。本节共 4 课次。

第一课　途中跑技术

途中跑距离最长、跑速最快，是短跑技术的重要组成部分。

一、动作要点

后蹬送髋、后摆折叠、前摆快，积极下压扒地，重心要平稳，摆臂有力，上体放松稍前倾，蹬摆有力，协调上下要放松（见图 4–1）。

图 4–1　途中跑

二、练习方法

（一）原地慢、停、快摆臂练习

两脚左右开立，弯腿屈膝，重心在前腿，两臂屈肘，以肩为轴随口令做前后交替摆动。前摆时屈肘 90°，拳眼至下颌，后摆时屈肘，拳心于腰侧。躯干绕纵轴转动，两腿与摆臂协调配合。练习节奏按口令进行，当听到“停”的口令时，保持结束时动作，以便检查。做 3～5 组，每组不少于 50 次。

（二）小步跑过棒、球或点

图 4–2　小步跑过棒、球或点

跑道上每 30 厘米放一短棒、小实心球或画点，共 20～30 米，练习者做小步跑，每过一棒（球或点）小步前进，动作由慢到快（见图 4–2）。做 2～3 组。

（三）原地提腿摆臂

1. 固定一腿原地提腿摆臂

左脚支撑在前，右脚体后点地；右臂屈肘在前，左臂屈肘在后。一拍：右腿屈膝向上提至胸前，同时左脚起踵，左臂前摆，右臂后摆。二拍：臂腿还原。向后转两腿交换方法同前（见图 4–3）。每条腿做 10～15 次。

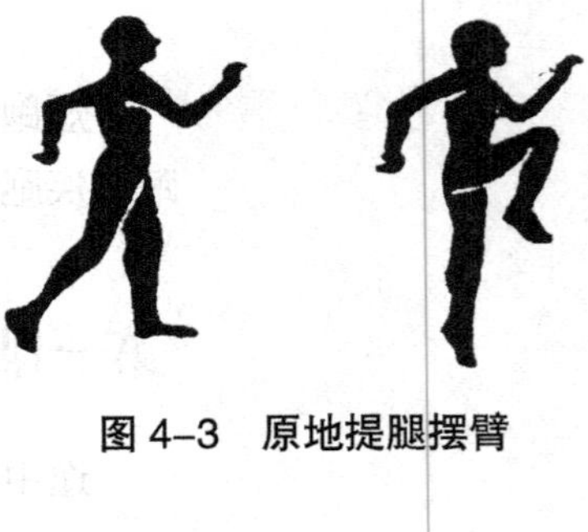

图 4–3　原地提腿摆臂

2. 两腿交替连续做原地提腿摆臂

动作同上，左右腿连续交替进行，两臂摆动与腿部动作协调配合。做 2～3 组，每组 20～30 次。

（四）大步中速直线跑

大步弹性跑 40 米，接小步快跑 20 米。要求重心平稳；上体稍前倾，前脚掌着地，有向后扒地动作，两脚着地点成一条直线，摆臂放松、协调。小步快跑时，意在提高频率（见图 4–4），做 3～5 组。

图 4–4　大步中速直线跑

三、注意要点

做（二）、（三）、（四）练习时，常犯臀部后坐的错误。

1. 产生原因

（1）蹬地腿力量差。

（2）摆动大腿没有带同侧的髋向前。

2. 纠正方法

加强腿部力量练习，提高后蹬力量。做屈摆大腿带髋的练习。

第二课　起跑和加速跑（疾跑）

短跑比赛必须使用起跑器，并采用蹲踞式起跑。

一、动作要点

1. 起跑

（1）各就位：手撑线后同肩宽，有力脚要放在前。后膝跪地颈放松，重心前移肩过线（见图 4–5 中 1）。

（2）预备：两脚贴紧起跑器，臀部从容往上抬。两臂前撑负体重，思想集中听枪声（见图 4–5 中 2）。

（3）鸣枪（或喊“跑”）：起动猛似箭离弦，上体接近地平面。前腿蹬直快摆臂，步幅渐大体渐抬（见图 4–5 中 3）。

图 4–5　短跑起跑

2. 加速跑（疾跑）

大腿前摆靠近胸，压髋蹬伸体前倾。膝踝伸展步频快，步幅渐大体渐抬。

二、练习方法

1. 节奏跑

（1）连续二步节奏跳（跑）：两脚前后开立，左脚右臂在前，右脚后点地，以哒哒节奏向前跑两步起跳，成跳远中的腾空步动作。逐渐减小后蹬角度，增加向前力量，过渡成后蹬跑的一个单步（见图 4–6）。每组做 10～15 次，做若干组。

图 4–6 连续二步节奏跳

（2）连续三步节奏跑，左右开弓即左、右、左，或右、左、右。在熟练情况下可渐增步数。

2. 学习蹲踞式起跑和起跑后加速跑技术

（1）趴地起跑 40 米（草坪上进行。分组或集体均可，左右间隔 2 米，集体做时不超过两排，前后距离 3 米以上，同向进行）。要求学生趴在地上，两臂屈肘放于胸侧，手心着地。听到“跑”的口令后，两臂迅速撑地，一腿前屈蹬地，另一腿迈出，保持上体前倾，两臂大幅度摆动，随着速度增加，上体逐渐抬起，练习 3～5 次。

（2）分组按图 4–7 所示安装起跑器。调整为“采用完整起跑口令：各就位—预备—跑发令”做蹲踞式起跑。由教师提示动作要点，检查学生动作。练习 5～8 次。

（3）分组发令起跑 30 米（计时）。每组只计第一名。

三、注意要点

1. 起跑器的安装方法

按照田径比赛规定，短跑比赛的起跑必须采用蹲踞式，并使用起跑器。起跑器的安装方法有普通式、接近式和拉长式三种（见图 4–7）。

前起跑器抵足板与地面的夹角约为 45°～50°，后起跑器约为 75°～80°，两个起跑器之间宽度约为 15～20 厘米。

2. 前后抵板距离

（1）拉长式：前两足长，后一足长。

（2）接近式：前一足长，后一足长。

（3）普通式：前一足半长，后一足半长。

采用何种方法可根据个人身高、体型、训练程度和技术水平等来选择。但必须保证在蹬离起跑器时能充分发挥肌肉的最大力量，获得向前的最大初速度；身体有较大的前倾角度；“预备”姿势时，感到舒适而放松。

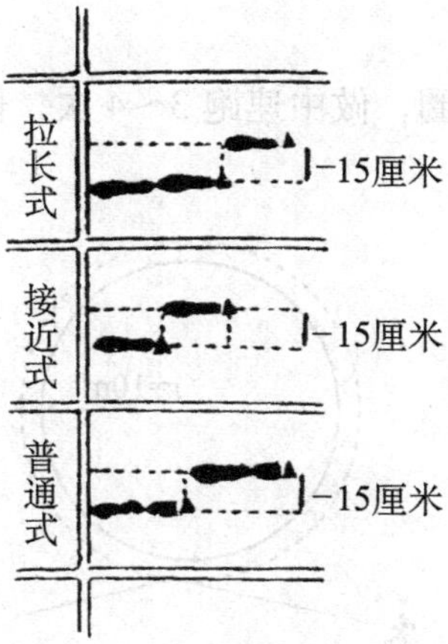

图 4–7　起跑器的安装方法

第三课　弯道跑及弯道起跑

弯道跑是起跑后或途中跑中，进入弯道时的一种跑的技术。只要人体在做曲线运动，就会产生相应的离心力和向心力。由于这些力的存在，运动员必须有意识地调整跑的动作结构。

一、动作要点

1. 弯道跑

克服离心体放松，两脚着地各不同。左掌外侧右内侧，右腿内抬体内倾。右臂前内后向外，加大幅度前后摆。右肩膝髋向内扣，跑进直道步放开（见图 4–8）。

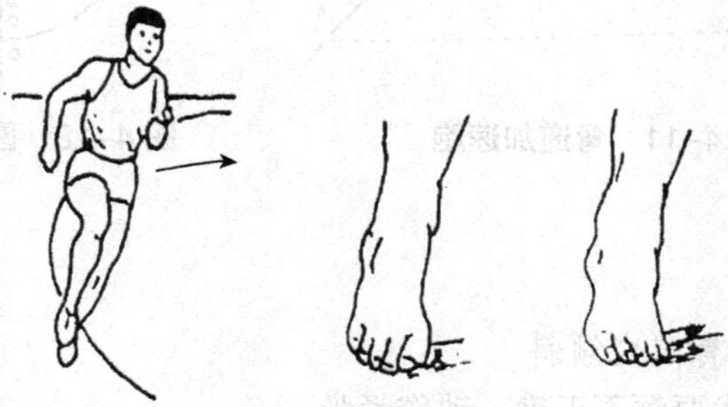

图 4–8　弯道跑

2. 弯道起跑

跑道右侧安装起跑器，左侧道线切点是方向；右手线后左手有距离，其他动作要领如直线（见图 4–9）。

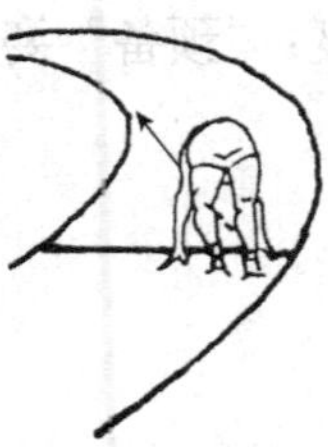

图 4–9　弯道起跑

二、练习方法

（1）沿一个 10 米半径的圆圈，做中速跑 3～4 次，体会弯道跑技术（见图 4–10）。

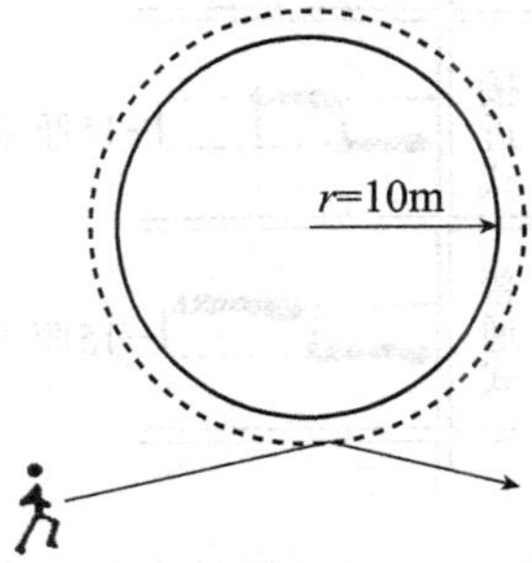

图 4–10　弯道跑练习方法

（2）弯道蹲踞式起跑 40～60 米 3～5 次。

（3）弯道加速跑 30 米接出弯道快跑 10 米，接 10 米放松跑，重复 3 次（见图 4–11）。

（4）圆圈追赶接力。在一个半径 10 米的圆圈上，四组等距站立，各组第一人出列，听到起动口令，即沿圆圈外沿，相互追赶，跑完一圈由第二人继续跑，依次类推。如在跑进中，后者追上前者得一分，全组跑完后，得分多的组为优胜组（见图 4–12）。

（5）弯道跑 150～200 米，当从弯道转入直道时，做 2～3 步自然跑进。

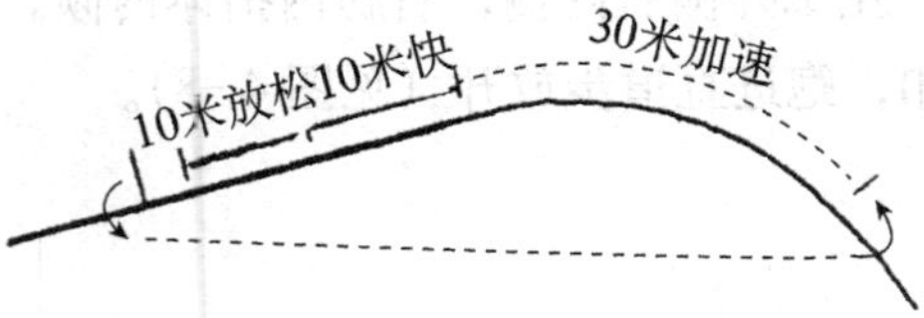

图 4–11　弯道加速跑

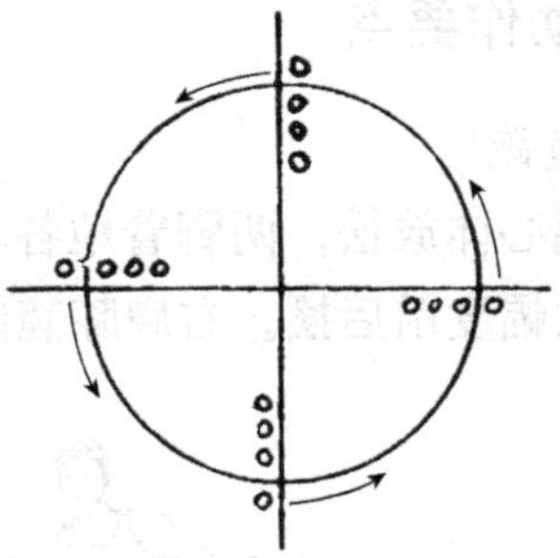

图 4–12　圆圈追赶接力

三、注意要点

1. 弯道跑时身体没有向内倾斜

产生原因：掌握技术要领不正确、动作紧张。

纠正方法：

（1）沿分道线加速跑，注意躯干纵轴向内倾斜。

（2）从弯道跑进入直道时，应做几步惯性跑，摆脱弯道跑时动作的紧张状态。

（3）在 5 米直径圆圈上，沿逆时针方向快跑计时。

2. 弯道跑时不能按弧线跑进，而是曲线跑

产生原因：脚着地部位不正确，跑速不匀。

纠正方法：强调弯道跑的动作技术，跑入弯道，身体开始向内倾斜，跑出弯道后，恢复正常跑的姿势。注意进、出弯道过渡动作。

第四课 终点跑和全程跑

一、动作要点

1. 终点跑

最后一段冲刺跑，后蹬角度要缩小。两臂摆动要加快，保持速度更重要。躯干前倾胸撞线，跑过终点莫跳跃。

2. 全程跑

起跑加速发挥好，扒蹬叠摆要协调。步幅宽大频率快，减少波动直线跑。

二、练习方法

(1) 在跑道上，每隔 10 米画一条白线，全程 50 米，共五条线。在自由慢跑中，每到一条白线，躯干迅速前倾，做一次撞线动作。

(2) 60 米加速跑 3 次（见图 4–13）。

(3) 30 米起跑计时 3 次（计第一名成绩）。

(4) 蹲距式起跑 50 米，计时 3 次。

(5) 100 米或 200 米全程跑。

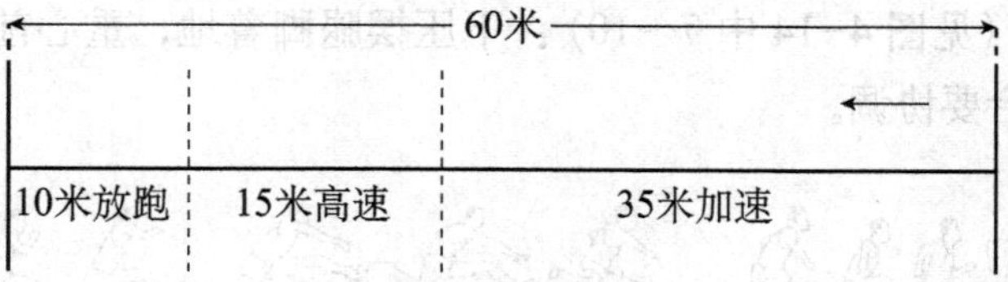

图 4–13 加速跑

三、注意要点

径赛运动员的成绩计取方法：有全自动电子计时和人工计时两种，下面介绍人工计时的方法。

计时应从发令枪发出的烟或闪光开始，直到运动员的躯干（不包括头、颈、臂、手、脚）的任何部分抵达终点线后沿垂直平面的瞬间为止。

田径竞赛规则规定，正式比赛时，每名运动员的成绩应由三名计时员同时计取。三人中如二人计取的成绩相同，即以该成绩为准，如三名计时员计取的成绩各不相同，即以中

间的成绩为准。人工计时的成绩精确到 1/10 秒。

第二节 跨栏跑

跨栏跑是田径运动中技术比较复杂、锻炼价值比较高的径赛项目。练习跨栏跑，可以全面发展身体素质，也能培养勇敢顽强、机智果断、不怕困难等意志品质。

跨栏跑技术由起跑上第一栏、跨栏步（过栏）、栏间步和下最后一个栏冲刺跑等部分组成。跨栏跑的成绩取决于运动员的平跑速度和跨越栏架的技术。

本教程以介绍跨越低栏（栏高 84 厘米或 76.2 厘米）技术为主，共 4 课次。

第一课　跨栏步技术

跨栏步是在快速跑进中跨越栏架的技术。跑至栏架的最后一步着地，也是跨栏步的开始。跨栏步包括起跨上栏、过栏和下栏着地三个动作阶段。

一、动作要点

起跨攻栏点跑准，过栏提拉近栏顶，下栏积极不停顿。

(1) 起跨上栏（见图 4–14 中 1、2）：起跨前步缩一脚，起跨点是近两米，摆腿高抬膝放松，跨腿蹬伸重心移。加大前倾髋前送，幅度要大动作猛。

(2) 腾空过栏（见图 4–14 中 3～6）：摆腿异侧臂前伸，促使上体向前倾。伸直前腿脚勿偏，后腿屈膝外展拉。栏上动作犹如跑，两腿迅速做剪绞。

(3) 下栏着地（见图 4–14 中 7～10）：下压摆腿脚着地，重心前移要送髋。跨腿内旋前举起，臂腿配合要协调。

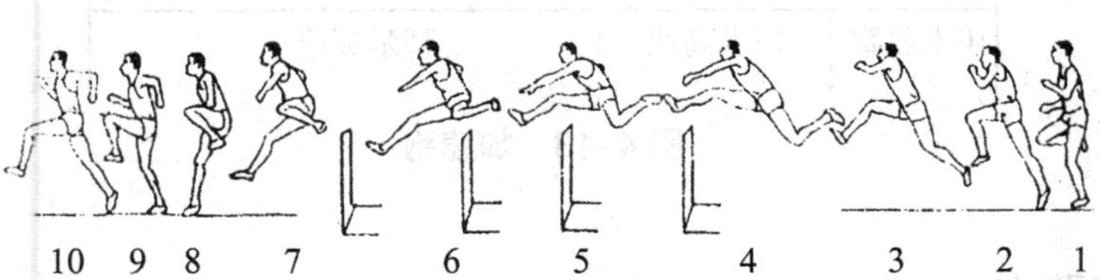

图 4–14　跨栏步

二、练习方法

1. 摆动腿攻摆技术的诱导练习

(1) 原地攻摆练习：直立，摆动腿屈膝，向前摆腿（大小腿折叠），接着小腿向前方伸，并在大腿下压时，向前下方做鞭打式着地。上体始终保持正直，保持高重心，摆动腿前掌着地要靠近支撑腿。两臂和腿的动作配合，做前后自然摆动。

(2) 行进间垫步攻摆练习：行进，右脚上前垫步跳起，同时提左腿（屈膝）摆起，当右脚落地时，左腿向前上方甩出小腿，直膝用前脚掌着地。

(3) 栏侧攻摆练习：方法同原地攻摆练习和行进间垫步攻摆练习。起跨点应距离栏60～70 厘米。摆动腿屈膝前摆，当膝部高过栏顶时，做膝部伸展下压动作。向前速度由慢到快，可在走步、小步慢跑和高抬腿跑中做上述练习。

2. 起跨腿过栏诱导练习

(1) 原地支撑栏侧过栏练习（见图 4−15）。

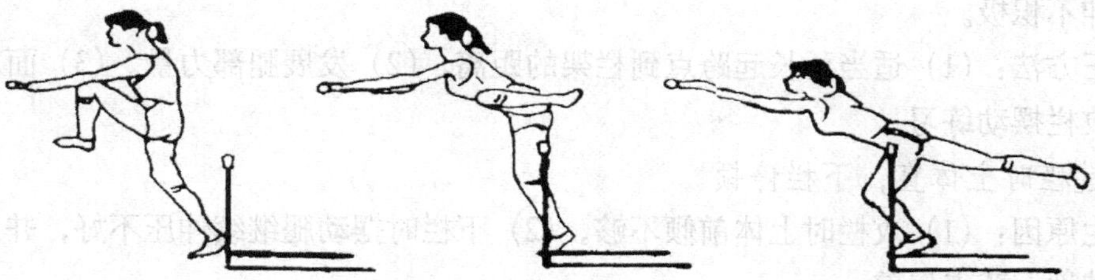

图 4−15 原地支撑栏侧过栏练习

(2) 栏侧站立做提拉练习（见图 4−16）：栏侧站立。起跨腿直膝由前向后摆至最远点，经屈膝做提拉过栏练习，提拉要求同起跨腿过栏诱导练习。

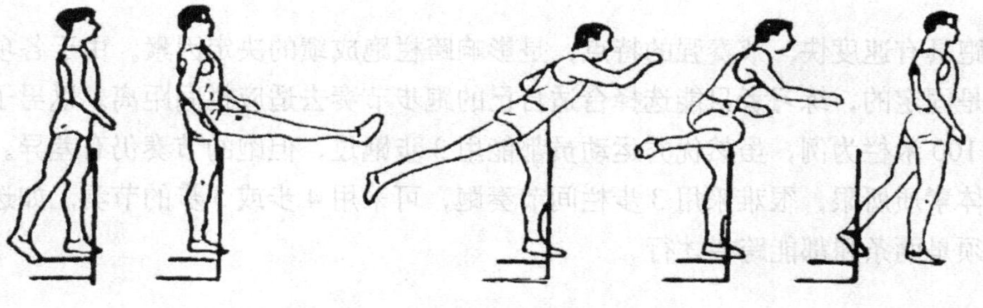

图 4−16 栏侧站立做提拉练习

(3) 行进间摆动腿或起跨腿栏侧过 3～5 个栏（栏高男 84 厘米，女 76.2 厘米；栏距男 4.5 米，女 4 米）。

3. 跨栏步练习

(1) 走步跨越实心球。实心球之间距离为 4 米。走 3 步距实心球 1 米处做起跨，并跨过实心球。动作熟练后，改走步为小步跑做上述练习。实心球之间距离加长。

(2) 慢跑跨越不同高度的栏架，栏间距 6.5～7 米。

1）跨翻倒的栏架。

2）跨栏高 76.2 厘米的栏架。

3）跨栏高 84 厘米的栏架。

三、注意要点

1. 摆动腿抬膝方向不正对前方

产生原因：(1) 起跨点距栏过近。(2) 小腿偏左或偏右。

纠正方法：(1) 徒手做摆动腿过栏模仿练习。(2) 用摆动腿过低栏架。(3) 适当延长起跨点到栏架距离。

2. 起跨腿攻栏时蹬不直，臀部后坐

产生原因：(1) 起跨点距栏过近，蹬地角过大（太向上)。(2) 腿部力量不够。(3) 起跨腿蹬伸不积极。

纠正方法：(1) 适当延长起跨点到栏架的距离。(2) 发展腿部力量。(3) 面对肋木或墙，做攻栏摆动练习。

3. 过栏时上体直，下栏停顿

产生原因：(1) 攻栏时上体前倾不够。(2) 下栏时摆动腿继续伸压不好，并用全脚掌或足跟着地。落点偏前。

纠正方法：(1) 做攻栏摆动练习，要求上体同上栏腿做相向运动，异侧手臂前伸。(2) 做支撑拉摆起跨腿或行进间做跨栏步练习。

第二课　栏间跑技术

栏间跑具有速度快、节奏强的特点，是影响跨栏跑成绩的决定因素。由于各项跨栏跑栏间距离是固定的，练习者只能选择合适自己的跑步节奏去适应栏间距离。以男子 110 米栏和女子 100 米栏为例，虽然优秀运动员都能用 3 步跑过，但跑的节奏仍有差异。一般学生由于身体素质所限，很难采用 3 步栏间节奏跑，可采用 4 步或 5 步的节奏。如选择 4 步节奏，必须是两条腿都能跨栏才行。

一、动作要点

跑的技术同短跑，但要注意重心高。上栏起跨勿犹豫，下栏迈步膝抬高。栏间三步小大中，直线跑而勿跨跳。栏间频率是关键，节奏不变成绩好。

二、练习方法

(1) 踩标志点跑，跨越翻倒的栏架或实心球（见图 4-17)。

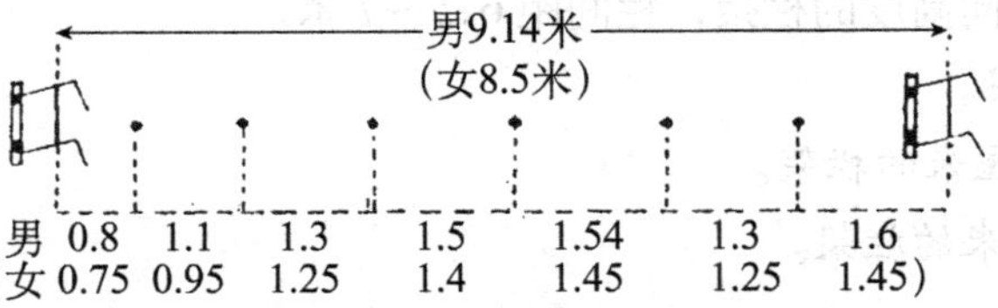

图 4-17　栏间跑

让学生建立起栏间跑的节奏概念。特别要求上栏与下栏点必须准确，以保证跨栏步向前的速度。

（2）用低栏架做踩标志点跨栏练习。栏高：女生76.2厘米，男生84厘米。强调下栏与栏间跑的结合。

（3）采用考核栏高。女生76.2厘米、男生84厘米和100米栏（女）或110米栏（男）的栏间距跨3～5个栏。

三、注意要点

栏间跑两脚落地不成直线。

产生原因：摆动腿攻摆不正，起跨腿未提拉至身体正前方。

纠正方法：把栏放到跑道线上，沿跑道线跑，使摆动腿和起跨腿过栏后落在跑道线上。

第三课 起跑至跨越第一栏技术

众所周知，从起跑线到第一个栏的距离是固定的。既要在有限的距离中增加速度，又要用一定的步数跑完，还要为跨过第一个栏做好准备，难度比较大，技术也有所不同。掌握好跨越第一个栏技术，对全程跑甚为重要。

一、动作要点

跨栏起跑同短跑，发挥速度尽量早。起跑采用接近式，预备动作重心高。摆臂抬腿幅度大，上体抬起相对早。步幅逐增节奏好，快速起跨重心高。

二、练习方法

1. 站立式起跑跨过第一栏技术

（1）从起跑线到第一个栏，预先画出每步着地点（分7步、8步和9步）。按标志点跑到起跨点时，做起跨动作，继续跑出。从起跑线到第一个栏跑偶数者，起跑时，把起跨腿放在前，跑奇数者则相反。起跨点距第一个栏不少于1.40米。

（2）起跑跨过不同栏高的栏架，即翻倒栏架、76.2厘米的栏架。

（3）分组听口令起跑，并跨过第一栏。

2. 站立式起跑跨过3～5个栏

（1）第一栏高度比后四个栏低一个档次，后四个栏为考核栏。

（2）栏高（男生84厘米，女生76.2厘米）。

（3）自行练习1～2次。

（4）分组听口令练习3～5次。

3. 蹲踞式起跑跨过1～3个栏

（1）自行练习。

(2) 分组听口令，跨过3个栏，3～5次。

4. 蹲踞式起跑跨过5个栏

分组进行，每组2～3人，可计时。

三、注意点

1. 上栏前倒小步，犹豫不决

产生原因：(1) 步点不准。(2) 怕栏。

纠正方法：(1) 熟练和改进起跑技术；(2) 解除思想顾虑；(3) 降低栏架高度或用代替物进行练习。

2. 上栏以前跨大步，降低重心，起跨时全脚掌着地

产生原因：(1) 起跑后开始几步步子小；(2) 最后一步过大，起跨脚放得慢；(3) 踝关节和脚掌肌肉力量差。

纠正方法：(1) 标出8（或9）步长度，按规定步长跑；(2) 缩短最后一步步长和掌握“短步”技术；(3) 发展踝关节和腿部力量。

第四课　全程跑跨栏技术

因为跨栏跑在途中要连续跨过10个栏架，所以对速度耐力要求很高，要合理分配体力。

一、动作要点

起跑快速力争先，按着节奏到跨点。沉着平稳过一栏，过栏腾空尽量低。栏间节奏要保持，加快步频是关键。全程体力分配好，既定方针志不移。十栏过后脚着地，快速向前冲终线。

二、练习方法

1. 站立式起跑跨过3～5个栏

标准栏距和栏高（男生84厘米，女生76.2厘米）。

2. 蹲踞式起跑跨过3个栏

标准栏距和栏高（男生84厘米，女生76.2厘米）。

3. 跨全程栏

(1) 站立式起跑，跨全程栏。

(2) 蹲踞式起跑，跨全程栏（计时）。

三、注意要点

后半程栏，尤其是第七个栏以后，栏间跑节奏紊乱。

产生原因：(1) 腿打栏或碰栏。(2) 速度耐力不好。

纠正方法：(1) 多做全程跨栏练习，后两个栏可降低高度。(2) 做好体力分配，前半程和后半程力量要平均。

第三节 接力跑

接力跑是集体径赛项目，比赛激烈、精彩，深受人们的欢迎。

正式比赛项目有男子和女子 4×100 米跑和 4×400 米接力跑。本教程只介绍 4×100 米接力跑。本节共 2 课次。

第一课 传接棒技术

接力跑传接棒的方法通常有上挑式、下压式和混合式。

一、动作要点

1. 上挑式

上挑式动作如图 4–18 所示。

图 4–18 上挑式

接棒：提前起动向前跑，听到信号臂后伸，手心向后张虎口，稳稳握棒朝前奔。

递棒：穷追猛赶接棒者，区内准发信号声；看准接棒后伸臂，由下而上递手中。

2. 下压式

下压式动作如图 4–19 所示。

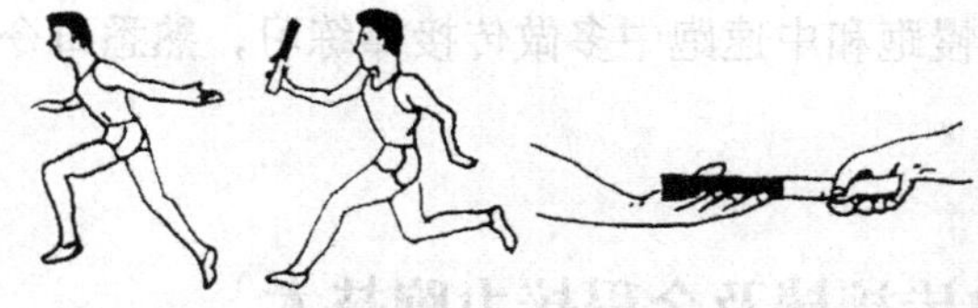

图 4–19 下压式

接棒：提前起动向前跑，听到信号臂后伸；张开虎口掌朝上，握住棒端朝前奔。

递棒：穷追猛赶接棒者，接力区内发信号；看准手心前伸臂，由上而下放手中。

3. 混合式

一棒起跑在弯道，右手持棒切内跑。

二棒四棒跑外道，众手接棒用上挑。

三棒预跑在内道，右手接捧用下压。

传接配合要默契，混合运用效果佳。

二、练习方法

1. 原地传接棒

两人前后站立，均左脚右臂在前，相距一米。后者左肩与前者右肩相对，后者左手持棒。听口令，两人同时做同方向摆臂。第四拍时，后者发出“给”的口令，后者左臂后摆，前者右臂前摆，第五拍后者正好前摆完成传接棒。左右轮换（传接棒方法预先规定）。

2. 原地不规则传接棒

方法同上，两人摆臂可以不同步，也不受节拍限定，在自由摆动中后者喊“给”，前者即后伸右手，后者等前者伸手后，按预定方法迅速将棒送入前者手中。

3. 二人或多人一组慢跑中做传接棒

由传棒人喊“给”，待接棒人向后伸出手再递棒给他。但要注意传棒人喊“给”后，不急于递棒，待看准接棒人伸手后，按自己的摆臂节奏，前摆时把棒递出；接棒人向后伸出接棒的手要保持平稳。

4. 二人一组在中高跑速中完成传接棒

方法同上。

三、注意要点

1. 传接棒失败

产生原因：（1）接棒者臂后伸时不稳定。（2）递棒者口令和递棒之间时间过短。

纠正方法：（1）接棒者臂后伸，同时肩部固定，并靠紧躯干。（2）递棒者把口令和递棒之间间隔延长些，看准后再递棒。（3）多做慢跑和中速跑传接棒练习。

2. 接棒者不敢快跑或将接棒手提前向后伸出等待递棒人

产生原因：（1）怕同伴赶不上来。（2）二人缺乏默契配合。

纠正方法：（1）在慢跑和中速跑中多做传接棒练习，熟悉口令。（2）在快跑中做传接棒练习，培养协调性。

第二课　接力区内传接棒及全程接力跑技术

一、动作要点

1. 接力区

接力区长 20 米，每百终线为中线。前后各长 10 米，就是各棒接力区。接力区外移

10 米，即接棒队员预跑区。预跑线外作标志，传棒到达就向前。

2. 接力区内传接棒技术

传递棒在接力区，接力棒为标志物。传递佳位十七八米，速度发挥成绩佳。

3. 各棒跑动位置

一棒起跑在弯道，右手持棒切内跑。二棒预跑在外道，左手接棒掌朝上。三棒右手来接棒，人站内道跑弯道。四棒外道开始跑，左手后伸接棒好。

二、练习方法

1. 在直道上 20 米接力区内传接棒练习

（1）两人中速跑进，跑过接力区过中线后由传棒人喊“给”，接棒者听到口令后，按预先约定方法，将手伸出，递棒人将棒递入接棒者手中。最好能在 17 米处完成传接任务。

（2）看标志线起动在快跑中完成传接棒。递棒人从预跑线后 20 米处跑来（沿里分道线），接棒人在预跑区后端跑道外侧 5 米处起跑，并回头看准递棒人跑至预跑线时，快速起跑，跑过接力区中线后按预定方法完成交接棒（见图 4–20）。

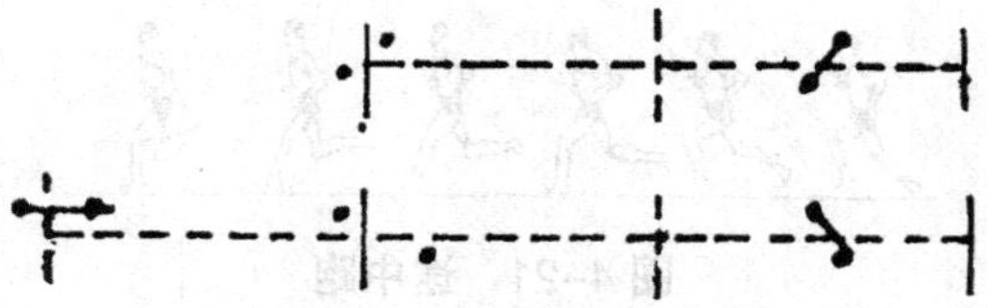

图 4–20 直道上 20 米接力区内传接棒练习

2. 直道 4×30 米传接技术练习

4 人一组，确定传接方法，分好棒次，中速跑，进行传接。

3. 4×100 米全程接力比赛

将全班分成几个队，各队的棒次由学生决定，按正式比赛要求由教师发令并计时。

三、注意要点

接棒者起跑过早（迟），不能在预定地点传接棒或相互冲撞。

产生原因：（1）标志线位置不合理（过远或过近）。（2）受干扰，盲目起跑。

纠正方法：（1）修正标志线距离。（2）集中精力，准时起跑，提高判断能力。（3）多在高速跑中或分组竞赛中做强化练习。

第四节 中长跑

中长跑是发展耐久力的运动项目。经常参加中长跑锻炼，能增强各系统尤其是循环和呼吸系统的功能，也可以培养不怕苦、不怕累、克服困难、勇敢顽强的精神。

中长跑与短跑的动作结构基本相同，但跑的技术有所区别。

中长跑距离长，运动量大，消耗能量多，掌握跑的正确技术和合理分配体力是非常重要的。本节共 3 课次。

第一课　途中跑

一、动作要点

如图 4–21 所示。

图 4–21　途中跑

（1）中长跑的途中跑同短跑相比，上体前倾角度、摆臂、摆腿的动作幅度、步频和后蹬的力量比较小，而后蹬角度则相对较大。

（2）摆臂幅度要适当，保持身正不扭动。蹬完大腿向前摆，小腿自然要折叠。前摆大腿高抬起，积极下压膝放松。着地脚近射影点，膝踝关节须缓冲。身体重心往前走，快速蹬地髋先伸。后蹬角度五六十，蹬地抬腿相配合。步长适中步频快，重心平稳直线行。

二、练习方法

1. 原地摆臂练习

（1）两脚前后站立，前腿膝部弯曲，后腿伸直。两臂前后自然摆动。

（2）随教师击掌的节奏，做摆臂练习。

2. 中速跑 100～150 米

保持中等速度，进入弯道后身体稍内倾，右臂摆动幅度稍大于左臂。

3. 加速跑 60～100 米

（1）直道上跑。

（2）由直道进入弯道跑，或由弯道进入直道跑。

4. 变速跑 200 米

100 米（快跑，强度为 75%～80%）+100 米（慢跑）。

5. 反复跑 300 米

第一次计时（用 75% 的力量跑），其余自己控制跑速，培养速度感。

三、注意要点

1. 跑的动作紧张，不协调

产生原因：(1) 不会放松肩部和腿部肌肉。(2) 身体姿势过于前倾或后仰。(3) 柔韧性差或身体各部分的肌肉力量发展不平衡。(4) 技术概念不清楚。

纠正方法：(1) 加强柔韧性练习，提高弱肌肉群的力量，使各部分肌肉力量平衡发展。(2) 多做由慢到快听掌声跑、顺风跑、下坡跑等练习。(3) 掌握动作要领。

2. 后蹬无力，坐着跑

产生原因：(1) 技术概念不清，蹬地腿离地过早。(2) 腿部和踝关节力量弱，髋关节灵活性和腿部柔韧性差。(3) 摆动腿前摆幅度小。

纠正方法：(1) 多做向前向上的跳跃练习和后蹬跑、上坡跑等。(2) 提高柔韧性，增强腰、腿部和脚掌肌肉力量。

3. 跑时身体重心上下起伏大

产生原因：(1) 后蹬角度过大，摆动腿只向上摆没有向前摆。(2) 踝关节力量差。

纠正方法：(1) 多做速度较快的向前跨步跑。(2) 多做单足跳等发展踝关节力量的练习。

4. 左右摆臂或以肘关节为轴的上下摆臂及耸肩

产生原因：(1) 摆臂概念不清楚。(2) 肩部过于紧张。

纠正方法：(1) 掌握正确摆臂要领。(2) 做原地摆臂练习。(3) 增强臂肩带肌肉的力量。

第二课　起跑、加速跑与终点冲刺跑

中长跑和短跑起跑的不同之处主要有两点（见图 4–22）：一是采用站立式起跑。二是起跑时，只有“各就位”动作，没有“预备”动作，最后听枪声开始起跑。而它的加速跑和终点冲刺跑的方法，则同短跑相仿。

图 4–22　中长跑起跑

一、动作要点

(1) 起跑加速跑：两脚前后自然立，有力脚站在前边。前后距离一脚长，左右间隔脚一半。前脚全掌负体重，后脚前掌触地面。两腿弯曲体前倾，眼看前面三五米。身体保持稳定势，集中精力把令听。令行用力脚蹬地，后腿迅摆到前边。两臂有力前后摆，带动身体冲向前。发挥跑速占位置，逐渐转入途中跑。

(2) 终点冲刺：接近终点要加速，距离长短自掌握。加快摆臂与蹬地，保持快速争胜利。

二、练习方法

(1) 原地站立，身体前倾，顺势跑出 20～40 米。

(2) 个人或分组模仿半蹲踞式和站立式起跑技术。重点掌握起跑的基本姿势和第一步蹬摆技术。

(3) 在直道或弯道上，听口令做起跑和加速跑 30～40 米。

(4) 变速跑 100 米（快，用 90%的力量）+100 米（慢）。

(5) 重复跑 150～200 米（起跑加速后，中间大步放松跑，最后加速冲刺跑）。

三、注意要点

1. 站立式起跑“各就位”时

身体重心未落在前脚上，臂和腿的动作僵硬。

产生原因：(1) 技术概念不清楚。(2) 两脚前后距离过大。(3) 精神紧张。

纠正方法：(1) 做站立式起跑模仿练习。(2) 缩短两脚间的距离，后脚跟离地，身体重心移到前腿上。(3) 消除紧张心理。

2. 抢跑

产生原因：(1) 两脚前后距离太近，身体重心过于偏前。(2) 精神紧张。(3) 主观猜枪，有侥幸取胜的思想。

纠正方法：(1) 加宽两脚间的距离。(2) 口令要柔和清晰。(3) 多做起跑练习。

3. 起跑后，上体过早抬起

产生原因：(1) 起跑第一步过大，或者是摆腿向上不向前，摆腿和落地的动作不积极。(2) 起跑后，过分抬头或向上摆臂。(3) 害怕摔倒。

纠正方法：(1) 起跑后，要迅速向前摆动大腿，并积极着地，落地点不要过远，逐渐增加步长。(2) 起跑时，保持头部和躯干成一直线，避免抬头。(3) 多做由站立姿势开始，身体渐渐前倒接做加速跑的练习。

第三课　全程跑

一、动作要点

中长结构同短跑，技术差异也不少。起跑采用站立式，加速能力很重要。步频步幅相对小，重心平稳直线好。呼吸步伐有节奏，节省体力消耗少。战术运用要灵活，意志坚强耐苦劳。

二、练习方法

（1）变速跑 200～300 米（快）+100 米（慢）。

（2）间歇跑 400 米（用 80～90% 的力量跑，间歇时间 2 分 30 秒～4 分）。

（3）定距跑。女生 600～1 000 米，男生 800～1 200 米或女生 600+200 米（中间慢跑 100 米），男生 800+200 米（中间慢跑 100 米）。

三、注意要点

（1）以每分钟 30 次的速度，上下 50.8 厘米（男）或 42 厘米（女）高的台阶，一般应持续 5 分钟。如中途连续 20 秒钟不能跟上节奏，即停止，并记下持续时间（以秒计），测定负荷后 1～1.5 分钟、2～2.5 分钟、3～3.5 分钟的心率。

（2）登台阶时要做到遵守正规的节奏，登上台阶时身体和两膝关节要充分伸直，两脚可轮换上台阶，但不许跳跃。下台时勿用足尖站立。

第五节　跳高（背越式）

跳高技术，不论何种姿势都是由助跑、起跳、过杆和落地几个部分组成。它们是紧密相连、相互作用的一个完整体。目前背越式被广泛采用，因为它的技术比较简单、易学，成绩提高较快。本节仅介绍背越式，共 4 课次。

第一课　助跑

助跑的目的是获得一定水平速度，给迅速有力的起跳和顺利过杆创造有利条件。背越式跳高是从摆动腿一侧开始，沿一条直线和弧线相接的路线进行助跑的。

一、动作要点

助跑前程是直线，助跑后段沿弧线。弧线助跑体朝内，重心起伏要平稳。后蹬角度要小些，大腿迈步别高抬。

二、练习方法（都以左脚起跳为例）

（1）在田径场弯道上放松大步跑，跑的技术与短跑弯道技术同。

（2）做直线入弧线跑练习，体会身体向内倾斜与弧线半径变化的关系。

1）由直线跑进入 15 米半径的弧线跑，再直线跑出。

2）同上，但弧线跑为 5～10 米（见图 4–23）。

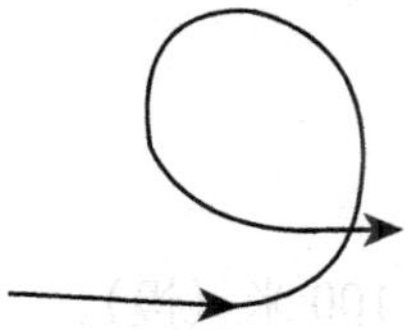

图 4–23 弧线跑

(3) 在 10 米半径的圆弧上做放松、富有弹性的大步跑。

(4) 沿着 5 米半径的蛇形曲线做变速跑练习。体会身体倾斜同速度变化的关系（见图 4–24）。

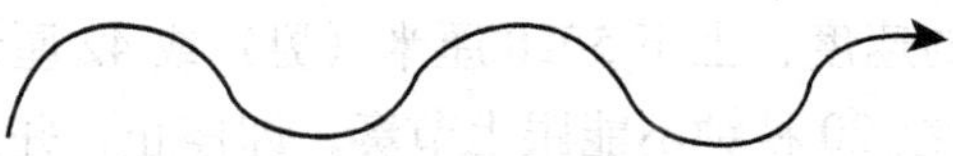

图 4–24 变速跑练习

三、注意要点

1. 助跑加速不够均匀，弧线助跑节奏不好

产生原因：(1) 平跑技术不好，缺乏速度感。(2) 身体协调性差。

纠正方法：(1) 做直道和弯道加速跑练习，提高速度感。(2) 做灵巧性练习，提高控制力。

2. 弧线助跑时，身体向内倾斜不够，成直体斜线跑

产生原因：(1) 助跑速度慢。(2) 怕摔倒。

纠正方法：(1) 做速度练习和弯道跑练习。(2) 沿着在助跑区画好的路线做助跑练习。

第二课　起跳、杆上及落地技术

起跳是跳高技术的重要组成部分。合理的起跳可获得最大垂直速度，并为过杆做好准备。

一、动作要点

起跳脚踩起跳点，几乎同杆成平行。踏脚全掌着地时，即刻发力蹬离地。

二、练习方法

(1) 蹬摆腿配合练习，直立。起跳腿向正前方迈步放脚，重心同时快跟，摆动腿屈膝向内上方摆动，起跳脚同时蹬伸，脚踵离地，身体重心全部移到起跳腿上方。体会两腿的运动路线和配合时机。

(2) 侧对栏杆或肋木站立，摆动腿同侧手扶支撑物，做摆腿、送髋和起跳蹬伸练习（见图 4–25）。体会蹬摆时机和方向。

(3) 走 2～3 步，把身体重心部分移到支撑腿上，在空中要求挺髋和放摆动腿（见

图 4-26）。

图 4-25　起跳练习 1

图 4-26　起跳练习 2

（4）弧线走动做起跳的蹬摆路线配合练习。在蹬摆充分的同时，以起跳腿一侧为轴，在地上支撑旋转 180°，在转动的后半部，下放摆动腿，同时挺髋成双脚支撑，维持身体平衡（见图 4-27）。

（5）做上一步起跳练习。两脚前后开立，摆动腿在前，借助摆动腿压蹬地面的反作用力，向前迈出起跳腿。紧接着摆动腿的髋发力，带动大小腿自然折叠向前上方摆起，起跳腿配合蹬地，使人体垂直向上腾起。当摆动腿摆到最高点时迅速下放，同时带动同侧髋向前挺出，并使身体沿纵轴向左旋转 90°，双脚落地（见图 4-28）。

图 4-27　起跳练习 3

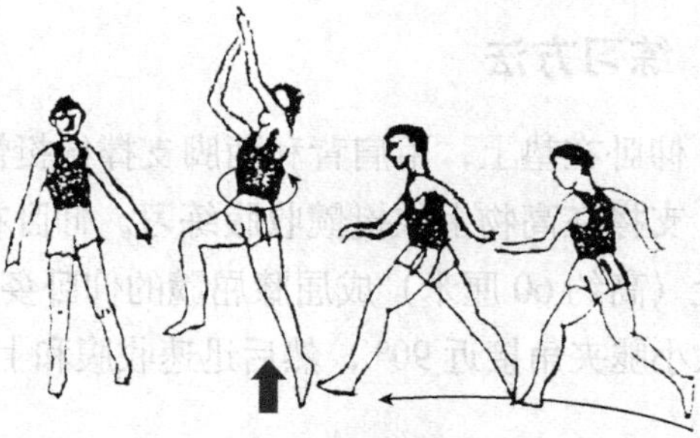

图 4-28　起跳练习 4

（6）沿 10～15 米直径的圆匀速跑，每跑 4 步做一次起跳练习：起跳时上体由内倾迅速转为正直，头尽量地向上顶起，在空中左转 90°，面向圆心，落地后继续左转，进入弯道跑。

（7）弧线助跑结合起跳，手或头触高物。要求蹬摆幅度大，配合紧凑，充分向上。下放摆动腿，身体充分展开，双脚落地缓冲（见图 4-29）。

（8）面对横杆的弧线助跑起跳练习。起跳脚在前，弧线助跑 4 步，大胆起跳，躲杆动作明显，落地前放摆动腿，挺髋，背对横杆。

图 4-29　起跳练习 5

三、注意要点

1. 起跳后向前冲力大，跳不起来

产生原因：(1) 迈步起跳时，髋没有超过肩。(2) 摆动腿向上摆动力量小。(3) 起跳时起跳腿蹬伸速度慢。

纠正方法：(1) 起跳迈步加快髋前移速度。(2) 提高起跳腿蹬伸速度。(3) 做 3～5 步起跳摆腿练习。

2. 起跳时向后倒体

产生原因：(1) 助跑最后一步过大，重心低，上体跟随慢。(2) 垂直起跳意识不强。

纠正方法：(1) 助跑最后三步按“哒——哒哒”节奏助跑或做踏标志线助跑。(2) 起跳后用手或头触及空中悬挂的吊球。

第三课　助跑结合起跳和过杆落地技术

一、动作要点

身体背越在杆上，肩部继续往后展。头和两臂过杆后，积极挺髋成反弓。两臂前摆成上举，肩背落地来缓冲。

二、练习方法

(1) 仰卧在垫上，用肩背和两脚支撑做挺髋跳练习。

(2) 支撑在高物上做挺髋收腹练习。仰卧在垫上，两脚自然分开 20～30 厘米，放在高物和墙上（高约 60 厘米）成屈膝屈髋的仰卧姿势。两脚用力蹬高物或墙，肩背顶垫向上挺髋，使大小腿夹角接近 90°，然后迅速收腹和上踢小腿，使身体成“L”状（见图 4–30）。

图 4–30　挺髋收腹练习

(3) 后滚挺髋成肩背倒立。在垫上全蹲，用力后倒，臀、肩、背依次着垫。当肩背着垫时，髋部迅速向上挺起，充分挺出，大小腿夹角接近 90°，两臂在身体两侧约成 45° 角支撑或肩肘倒立。稍停，迅速挺髋，上踢小腿（见图 4–31）。

(4) 双脚起跳后挺髋成肩背倒立。半蹲、两臂斜后伸，背对垫。两臂用力上摆，同时两脚用力蹬地，身体向上跃起，展腹挺髋、屈膝。两臂迅速摆至身体两侧，紧收下颌，落垫成屈膝挺髋肩背倒立。稍倾，收腹和上踢小腿（见图 4–32）。

图 4-31　后滚挺髋成肩背倒立

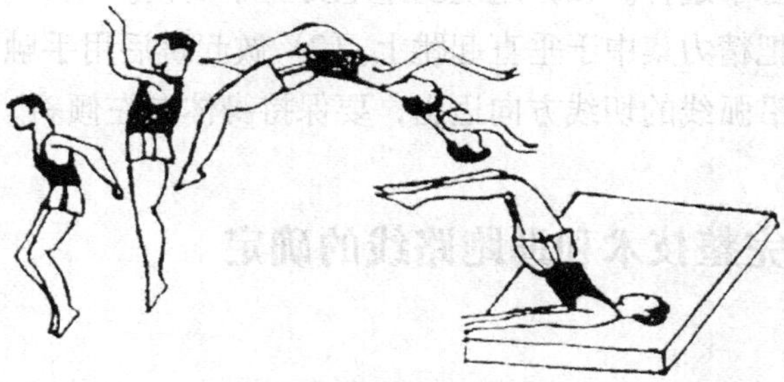

图 4-32　双脚起跳后挺髋成肩背倒立

（5）原地双脚起跳背越式过杆。背对横杆站立，距离横杆 30～40 厘米。两臂用力上摆，同时两脚用力蹬地，向上跳起。腾空后，肩部后倒，屈膝挺髋展腹，在杆上成背弓。髋要高于肩，臀部过杆后，迅速屈髋并上踢小腿，落垫前低头，收下颌，用肩背着垫，也可顺势做后滚翻（见图 4-33）。

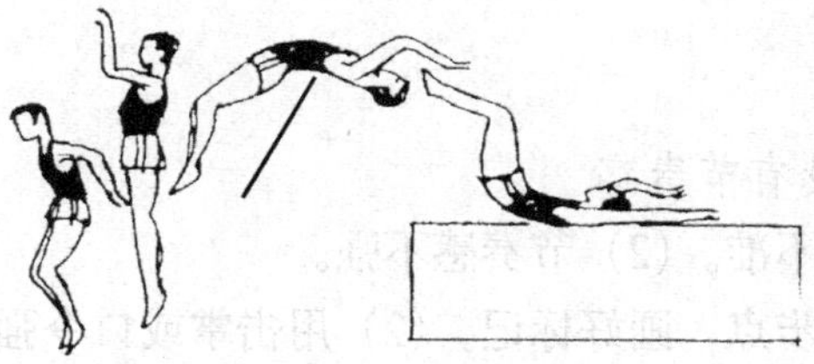

图 4-33　原地双脚起跳背越式过杆

（6）用 3～5 步助跑背越式过杆。

（7）中程助跑背越式过杆（见图 4-34）。

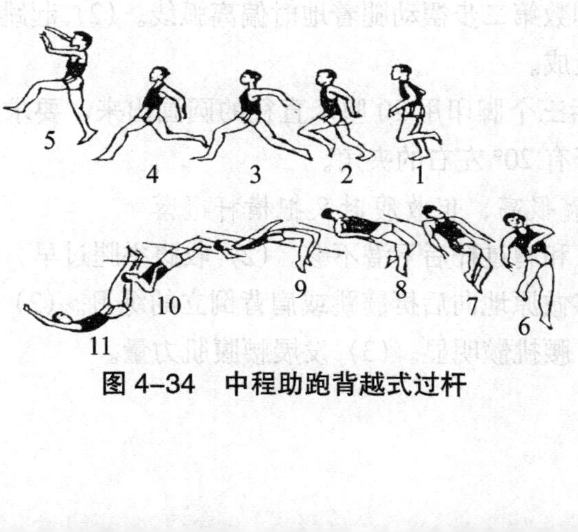

图 4-34　中程助跑背越式过杆

三、注意要点

1. 坐着过杆

产生原因：(1) 不敢向后上方伸展身体。(2) 腹部紧收紧张。

纠正方法：(1) 上杆时动作自然、腹部放松。(2) 用 3～5 步助跑背越式过低高度的杆。

2. 过早倒向杆，跳不高

产生原因：(1) 急于过杆。(2) 起跳腿蹬地力量小而慢。

纠正方法：(1) 把精力集中于垂直起跳上。(2) 做起跳后用手触吊在上方的吊球练习。(3) 起跳放脚时顺势沿弧线的切线方向迈出，要保持身体向左倾斜。

第四课　背越式完整技术和助跑路线的确定

一、动作要点

助跑内倾不倒杆，扣摆送髋肩领先。屈膝挺髋成背弓，收腹举腿背着垫。

二、练习方法

(1) 四步弧线助跑背越式过杆。

(2) 中短距离的助跑背越式过杆。

(3) 全程助跑的背越式过杆。

三、注意要点

1. 助跑加速不匀，没有节奏感

产生原因：(1) 步点不准。(2) 节奏感不强。

纠正方法：(1) 调整步点，画好标记。(2) 用击掌或口令强化刺激。

2. 在杆上人体成斜向交叉

产生原因：(1) 摆动腿只往上摆。(2) 人体后倒，身体重心后移。

纠正方法：做短助跑起跳。要求头按着助跑的切线方向领先过杆，有如反身鱼跃。

3. 过杆时顺杆走，把杆砸掉

产生原因：(1) 倒数第二步摆动腿着地时偏离弧线。(2) 起跳腿出腿的方向与弧线的切线方向近似一致而造成。

纠正方法：把最后三个脚印用 20 厘米直径的圆画出来，要求后三步按着标记跑，确保起跳点的切线与横杆有 20° 左右的夹角。

4. 在横杆上方挺髋很高，但收腹时又把横杆砸落

产生原因：(1) 头和肩过杆后下潜不够。(2) 收腹举腿过早，臀部下降。

纠正方法：(1) 多做原地向后挺髋跳或肩背倒立的练习。(2) 多做原地背越式过杆练习，要求肩下潜明显，腰挑髋明显。(3) 发展腰腹肌力量。

第六节 跳 远

跳远技术由助跑、起跳、腾空、落地四个部分组成。本节共3课次。

第一课 助跑和起跳

助跑和起跳是跳远技术的核心部分。助跑目的是获得最高水平速度、准确踏上起跳板和为快速用力地起跳做准备。

一、动作要点

1. 助跑

开始姿势应固定，起跑就应加速度。距离步数因人定，步幅大小要定型。轻松自然直又稳，前段末尾达高速。助跑后段频率快，短步踏板不减速。

2. 起跳

跳腿低抬攻上板，重心迅速跟上前。跳腿微屈髋膝踝，好似弹簧被压紧。重心速移支撑面，跳腿蹬伸离板快。摆腿作用不可贬，折叠带髋前上摆。

二、练习方法

1. 助跑

(1) 在跑道上站立式起跑，做加速跑练习。要用力蹬地，逐渐增加步长，上体渐渐抬起。

(2) 同练习 (1)，但要求尽快达到最大速度，上体直立。

(3) 达到最高速度后，惯性跑3～5步。

(4) 在惯性跑后，用起跳腿做踏地动作，体会起跳前最后三步助跑的特点。记下踏地点，并丈量助跑距离。

(5) 在顺风或逆风中做上述练习。

(6) 把初定的助跑距离移到助跑道上，反复练习。腾空后，落在沙坑，并向前跑出。

2. 起跳

(1) 原地做起跳放脚练习。上体直立摆动腿在前，起跳腿在后，重心在前脚上，摆动腿蹬地，起跳腿向前迈步，足跟着地，并向前滚动，身体重心前移到起跳腿上，摆动腿屈膝向前摆动与起跳腿并拢，上体保持直立，两臂和腿配合协调摆动。

(2) 二步起跳练习。上体直立。起跳腿在前，摆动腿在后，身体重心放在起跳腿上。摆动腿向前迈一步，身体重心随之移到摆动腿上，上体积极跟随保持直立。然后起跳腿快速向前迈一较低的短步并放脚起跳，腾空后用该腿落地。要求摆动腿和两臂快速摆动与其配合，起跳腿落地时，仍落到原来起跳点上。

(3) 三步助跑起跳练习。上体直立，摆动腿在前，起跳腿在后，身体重心在摆动腿上，向前连续迈3步，做起跳练习。要求身体重心随迈步而前移。

3步比例：第1步，中等；第2步，最长；第3步，最短。

(4) 在跑道上，用1～3步或5～7步助跑，做三步助跑起跳练习。

(5) 在助跑道上，利用起跳板，做上述练习。落到沙坑后，向前跑出。

三、注意要点

(一) 助跑

1. 助跑步点不准确

产生原因：助跑的开始姿势不固定。助跑的节奏不好，步长和速度增加不稳定。

纠正方法：固定助跑的开始姿势，在助跑道上画出合理步长的标志，做3～6步踏标志助跑。每次助跑用同样的节奏和同样的用力方法，不随意改动。

2. 助跑最后3步节奏没变化

产生原因：节奏感差，对起跳没有思想准备。

纠正方法：(1) 在起跳板前，按合理的比例，在地面上画出标志。助跑最后3步按标志跑。(2) 最后3步的关系：倒数第3步步长中等（正常步长），倒数第2步最大，最后1步最小（一般比倒数第二步短1～1.5脚长）。三步节奏：哒—哒、哒。

3. 最后3步助跑，身体重心过分降低或上体后仰

产生原因：准备起跳太紧张。上体主动跟随不够。

纠正方法：最后3步助跑顺其自然。主动向起跳板进攻，上体主动跟随，保持直立状态。

(二) 起跳

1. 起跳脚着板时，身体后仰

产生原因：最后一步助跑步子过大。起跳腿向前摆动时，脚离地面过高。

纠正方法：(1) 在走动中做起跳放脚练习。要求上体在起跳板上方成直立姿势。(2) 在跑道上，连续做3步助跑起跳练习。(3) 短距离助跑起跳，最后三步踏在预先在地上画出的标志线上。

2. 起跳时，起跳腿蹬不直

产生原因：起跳腿力量差，蹬地不充分，髋部没有积极前送。

纠正方法：采用各种有效方法发展腿部力量。做3、5、7步助跑起跳，腾空时用手或头触及高悬的球等标志物。

3. 起跳后身体太向前

产生原因：(1) 起跳放脚后，髋、膝、踝过分屈，退让动作大。(2) 起跳腿蹬地发力晚。(3) 摆动腿摆动向前力量大。

纠正方法：(1) 用1、2或3步助跑做起跳练习（要求最后一步起跳腿前摆时，降低脚的高度)。(2) 短距离助跑，起跳后，保持腾空步动作，飞跃过一定高度的横杆，落在

沙坑，向前跑出。横杆横放，距起跳板1～1.5米，高度因人而异。

第二课　腾空和落地

起跳离地后即进入腾空阶段。合理的腾空动作不但有利于维持身体在空中的平衡，还为落地做好准备。落地是腾空的后续动作。合理的落地动作，既可跳得远，又可防止伤害事故的发生。

空中姿势有三种，即蹲踞式、挺身式和走步式。本教程以挺身式为主。

一、动作要点

1. 挺身式

充分做好腾空步，摆腿伸髋腿后跟。上体直立腿稍后，两臂摆动腹放松。挺身空中飞一段，收腹举腿臂后伸。

2. 落地

两臂后摆配合好，收腹举腿肩向前。足跟触地膝弯曲，重心前移勿后倒。

二、练习方法

1. 挺身式

（1）腾空步练习。3步助跑在助跳板上起跳腾空后，起跳腿自然放松留在身后，摆动腿屈膝向前上方摆起，大腿抬至水平位置，小腿自然下垂。两臂要协调配合摆动，起跳腿同侧臂屈肘向前摆，异侧臂肘向侧摆，双臂肘关节摆至肩同高位置时“突停”，上体保持正直成腾空步姿势。然后伸展摆动腿落入沙坑，向前跑出。

（2）3～6步助跑起跳后，飞跃距起跳点1.30～1.50米、高50厘米的横杆，摆动腿落入沙坑，继续向前跑出。

（3）在跑道上连续做3～6步助跑起跳成腾空步，向前、向下伸展摆动腿和展体、送髋，用摆动腿落地练习。

（4）原地模仿挺身式练习：一是起跳腿站立，摆动腿屈膝高抬，然后向前、向下并向后伸膝摆动，与起跳腿并拢，髋部前移，上体直立，两臂同时配合腿的动作向下、向侧后绕至头上，成挺身式姿势。二是上一步起跳做挺身式跳远练习。

（5）3～6步助跑起跳成腾空步后，摆动腿向前向下伸展并后摆，并与起跳腿（微屈膝）靠拢，髋前送，胸腰稍前挺，两臂配合腿的动作向下、侧、后摆动成挺身姿势。

（6）做中程、全程助跑“挺身式”跳远练习。

2. 落地

（1）在垫上做模仿练习。双膝并拢跪立垫端，面向垫上体直立，双肩后伸。用力向前挥摆双臂，双膝压垫腾起后，两腿迅速屈膝团身，向前伸出小腿，脚尖勾起，双臂向后回摆，直腿坐在垫上，上体稍前倾。

（2）在沙坑边，做立定跳远练习。要求腾起后收腹、团身、举腿、伸膝、勾脚尖，两臂向后摆，用脚跟先着地。

（注：1、2 练习，上体直立或稍后仰，确保足跟和膝部举起的高度。）

三、注意要点

（一）挺身式

1. 挺身过早

产生原因：起跳动作未完成就急于做挺身动作。起跳不充分，腾空时间短。

纠正方法：（1）短程助跑起跳成腾空步后，摆动腿越过距起跳点 1.50 米远和 30～50 厘米高的横杆或橡皮筋再下压摆动腿并向后摆。与起跳腿靠拢成挺身姿势，然后收腹举腿，前伸小腿落地。（2）利用助跳板起跳（加长腾空时间）。做好腾空步后，下压摆动腿并后摆，起跳腿与后摆的摆动腿靠拢成挺身姿势，然后收腹举腿，前伸小腿落地。

2. 上体过于后屈，以挺腹代替挺身

产生原因：一是起跳成腾空步后，头部后仰，上体过于紧张，胸部过于前挺；二是摆动腿下压伸展不积极。

纠正方法：（1）站在器械上，做挺身式的模仿练习。（2）做短程助跑起跳（要求头正直）。摆动腿下压后摆与挺身送髋动作同时进行，髋前送成挺身姿势。

（二）落地

1. 落地时，大腿伸不出去

产生原因：上体前倾过大，腿抬不起来。腿部柔韧性差。

纠正方法：（1）加强腿部柔韧性和力量训练。（2）空中上体保持直立，利用上体稍向后仰，带动大腿上抬和前伸。可在垫上做跪膝跳起成直腿坐练习或立定跳远练习。

2. 落地后臀部后坐

产生原因：膝关节紧张制动性大。缓冲动作慢。

纠正方法：（1）做落地的模仿练习，强调及时屈膝、屈踝和向前送“髋”。（2）做立定跳远练习，强调在着地前将两臂摆向体后，着力后用力前摆，协助身体迅速移过支撑点。

第三课　完整挺身式跳远

一、动作要点

轻松自然疾速跑，最后三步掌握好。准点起跳垂直起，空中放腿体展开。挥臂团身伸小腿，脚跟着地膝弯曲（见图 4–35）。

图 4-35 完整挺身式跳远

二、练习方法

(1) 中短距离助跑做完整挺身式跳远练习（见图 4-36)。

(2) 全程助跑做完整挺身式跳远练习。

图 4-36 中短距离助跑做完整挺身式跳远练习

三、注意要点

起跳时，踏板不准。

产生原因：体力、助跑道状况及风向有变化。

纠正方法：根据起跳时起跳点距离和起跳板距离，把助跑起点向前或向后移同样距离进行调整，反复练习。

第七节 铅 球

推铅球是田径运动投掷项目之一。它的完整技术由握球及持球、预备姿势、滑步、最后用力和维持身体平衡等部分组成。推铅球技术种类较多，本教程重点学习侧向滑步推铅球，介绍背向滑步推铅球。共 4 课次。

第一课 握球、持球和最后用力

一、动作要点

(1) 握球和持球（见图 4-37、图 4-38)：五指分开把球放在食、中、无名指指根上。拇指、小指附球侧，球置锁骨贴于颈。

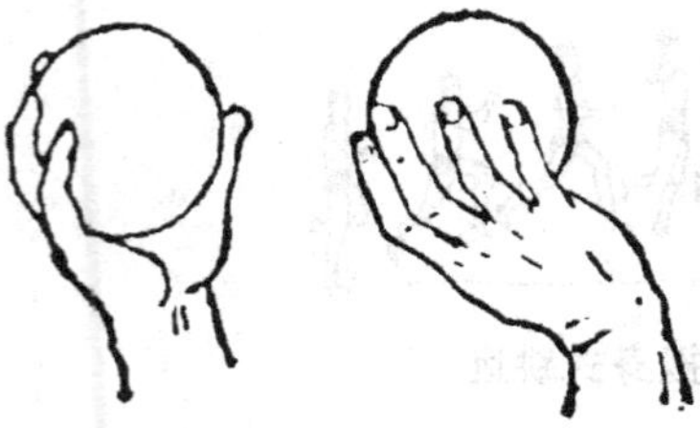

图 4-37　握球

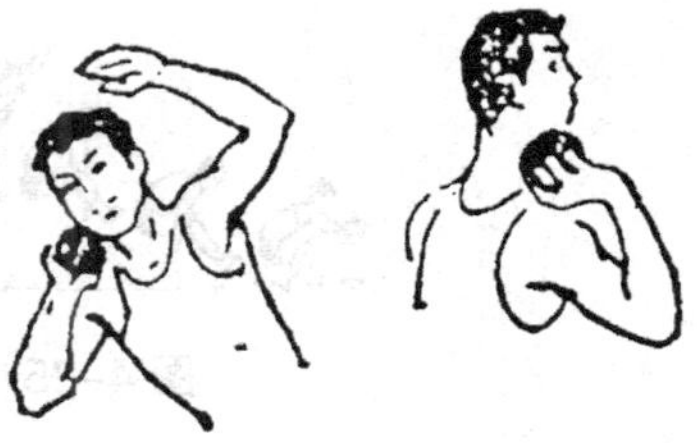

图 4-38　持球

（2）最后用力：展体送髋速蹬腿，左侧支撑重心高。左肩为轴推球猛，手腕手指拨球快。

二、练习方法

1. 握球和持球

（1）原地站立，把铅球放在投掷臂手中，根据习惯和手部力量，找出适合自己的方法。

（2）原地站立，握球，然后将铅球放在肩上颈侧锁骨窝处，紧靠颈部，肘部自然抬起。指尖向内，掌根向外。

2. 最后用力

（1）原地双手向后抛实心球（见图 4-39）。

图 4-39　原地双手向后抛实心球

（2）徒手原地模仿推铅球练习。

原地正面推：两脚前后开立，左脚在前，右脚在后。两脚相距同肩宽，左脚尖稍内斜，右腿膝部弯曲，投掷臂弯曲，肘抬起，手放在锁骨窝处，另一臂自然抬起。然后上体稍向右转，重心落在后腿上。右腿蹬地送髋，左腿支撑，上体向前挺胸抬头，投掷臂向前上推出（见图 4-40）。

原地侧向推：侧对投掷方向，两脚开立，右腿膝部弯曲，身体向右倒，左臂向右上抬，带动上体右旋，重心落在右腿上，右脚足跟提起，左腿向左后直膝伸出，用左脚内侧着地，使左脚尖和右脚跟在一条直线上。然后，右腿蹬地送髋，左腿支撑，上体向前挺胸抬头，投掷臂向前上推出（见图 4-41）。

（3）原地正面投实心球或推铅球（方法同模仿练习）。

（4）原地侧向投实心球或推铅球（方法同模仿练习）。

图 4-40　原地正面投实心球或推铅球

图 4-41　原地侧向投实心球或推铅球

三、注意要点

（一）握球和持球

1. 用全手握球

产生原因：手指力量差。方法错误。

纠正方法：将铅球放在指根部，手心空出来。发展手部力量。

2. 在肩前或肩后持球

产生原因：方法错误。持球臂肘部下降或过于上抬。

纠正方法：将球放在肩上锁骨窝处，紧靠颈部。抬肘要适当。

（二）最后用力

1. 推球时臀部后坐

产生原因：只用手推球。左腿蹬地不充分或蹬地无力，重心前移不够。两脚相距太远。

纠正方法：严格遵守从下至上的发力顺序。推球时要挺胸抬头，发展腿部力量。

2. 推球时身体向左倒

产生原因：左腿踝和膝关节弯屈。左脚和右脚在一条直线上。

纠正方法：一是建立左侧支撑，即左侧踝、膝、髋、肩关节在一条直线上，用左脚掌内侧用力支撑，右脚跟和左脚尖在一条直线上。二是左肩制动不后撤，右臂向前上方推球。

3. 没有用手指拨球

产生原因：用手掌持球。手指没有力量。

纠正方法：正确握球。可将食、中、无名指适当靠拢，增加支撑力量。

4. 抛球

产生原因：预备姿势或最后用力时，肘部下落。头过早转向投掷方向。

纠正方法：在做预备姿势时，将肘部抬高。用力推球时，保持肘部的高度。右手掌根始终保持向外侧方。

第二课　预备姿势和维持身体平衡

预备姿势是滑步的前奏，为滑步做好准备。维持身体平衡是将铅球推出后，通过右腿向前与左腿换步，降低身体重心，不使因身体触及投掷圈上沿和圈外地面而犯规的自我保护动作方法。

一、动作要点

1. 预备姿势

进圈侧对投方向，左右开立肩同宽。右脚全掌站圈后，左脚前掌触地面。左臂上举肩放松，右手持球肘展开。上体略向右倾斜，右腿稍屈负体重（见图 4–42）。

图 4–42　预备姿势

2. 维持身体平衡

球出手后腿交换，身体前倾降重心。两腿蹬直左转体，维持平衡防犯规。

二、练习方法

1. 预备姿势

（1）圈外徒手模仿预备姿势练习。

（2）圈外持球从预备姿势开始侧向滑步投掷练习。

（3）圈内持球从预备姿势开始侧向滑步投掷练习。

2. 维持身体平衡

（1）徒手模仿练习：

①两腿开立，两脚相距 30 厘米。两手背后相握，上体正直。右腿蹬地，身体重心移到左腿。右腿蹬离地面后向前摆、扣膝脚尖向内斜落地，同时左大腿向后屈膝摆起，用右腿支撑屈膝降重心，维持平衡。

②从原地侧向预备姿势开始，右腿蹬地，左腿支撑。加挥臂和上体前倾，维持平衡。

（2）结合持球和推球做练习（1）的②练习。

（3）从投掷圈前半部，用左脚抵投掷圈内沿，右脚在圆心附近，右脚跟与左脚尖成一条直线，做练习（1）的动作。

三、注意要点

1. 预备姿势

（1）眼向前看。

产生原因：头向前转。

纠正方法：头稍向右转，眼看右下方或侧后方。

（2）上体直立。

产生原因：两腿开立不够。右腿膝关节弯屈不够，重心没有移到右腿上。

纠正方法：适当加大两脚距离，重心移到右腿上，动作放松。

2. 维持身体平衡

（1）两腿没换步，右腿只是向前迈。

产生原因：左腿蹬地不积极，没有蹬离地面或屈膝。

纠正方法：加强左腿蹬地力量，两腿同时用力，使身体腾空，在空中换步。

（2）换步后向前惯性大。

产生原因：一是身体重心高，右腿膝关节弯屈不够。二是右腿带动右脚向左转动不够，制动性小。

纠正方法：（1）加大右腿向左转动。（2）上体前倾并稍向左转，肩对投掷方向。（3）加大右腿向前下方蹬地力量。

第三课　侧向滑步

滑步目的是使铅球在最后用力前达到一定速度，为最后用力打下基础。滑步方法有两种，一种是侧向滑步，另一种是背向滑步。

实践证明，滑步推铅球比不滑步推铅球远 1.50 米以上。可见滑步在推铅球技术中的重要作用。本教程重点学习侧向滑步。

一、动作要点

左腿外摆后蹬腿，前掌滑动近圆心。左脚内缘触地面，两脚着地似同时。距离大约一肩多，脚跟脚尖一条线。重心落在右脚上，腰背肌肉要拉紧（见图 4–43）。

图 4–43　侧向滑步

二、练习方法（以右手投掷为例）

（1）做徒手模仿侧向滑步预摆练习。开始姿势同预备姿势。左腿微屈膝向前上方摆起，右腿蹬地伸膝，身体重心依然在右腿上，上体姿势不变，左腿回摆时，右腿膝关节弯屈，身体重心下降，左腿靠近右腿。依此重复多次。

（2）徒手模仿滑步蹬地和摆腿练习。开始姿势同预备姿势。预摆结束，靠拢右腿后，左腿大腿带动小腿，向前方摆出，相继右腿蹬地，左腿直膝用脚内侧撑地。右腿蹬直，用脚内侧蹬地，成侧向开腿立，左腿离开投掷方向 10～15 厘米，上体稍抬起。

（3）徒手模仿收回右小腿练习。方法同练习（2），但是当左腿摆出，右腿侧蹬地结束后，迅速向左收拢右小腿，脚掌擦地而过，停在投掷圈圆心附近成屈膝支撑，并向前送髋，重心仍然在右腿上。

(4) 在跑道上连续做练习 (3)（徒手或持球）。

(5) 在圈内持球（或重物）做练习 (3)。

(6) 在圈内做侧向滑步推铅球练习。

三、注意要点

1. 重心起伏太大

产生原因：(1) 左腿摆动偏上，向前力量小。(2) 左腿摆动和右腿蹬地同时进行或左腿拖后。

纠正方法：(1) 左腿摆动向左侧下方，有侧插腿动作。(2) 左腿摆动先于右腿蹬地待身体重心过支点瞬间，立即开始。

2. 上体抬起

产生原因：(1) 摆动腿和蹬地腿配合失调。(2) 收回蹬地腿小腿时间过晚。

纠正方法：(1) 反复练习提高协调性。(2) 及时收回蹬地的小腿。

3. 摆动腿着地慢

产生原因：(1) 摆动方向偏上，下落慢。(2) 蹬地腿蹬地力量小，重心移动慢。

纠正方法：(1) 摆动腿向左下后做插腿摆动。(2) 加强腿部力量训练。

4. 滑步距离短

产生原因：(1) 两腿蹬摆配合不好。(2) 腿部力量差。

纠正方法：(1) 提高腿部力量。(2) 两腿协调用力。

5. 持球肘下落

产生原因：(1) 急于用力，紧张。(2) 头过早转向投掷方向。

纠正方法：(1) 头部在滑步中，位置保持不变。(2) 动作放松。

第四课　完整侧向推铅球技术

一、动作要点

重心快移起伏小，铅球远离蹬地脚。蹬摆两脚同时落，蹬拉收腿要协调。爆发用力一瞬间，蹬转推拨要连贯（见图 4–44）。

图 4–44　侧向推铅球

二、练习方法

（1）在圈内做完整滑步推铅球练习。

（2）利用轻重量的球在圈内做滑步推铅球练习。

（3）利用重重量的球在圈内做滑步推铅球练习。

三、注意要点

铅球落在两角度线以外。

产生原因：（1）站位偏左或偏右。（2）滑步直线性差。（3）出手过早或过晚。

纠正方法：（1）投掷前取位正确。（2）注意滑步的直线性。（3）当身体左侧移到与地面垂直位置时，固定左肩，即开始推铅球。

学思践行

激情拼搏　奋勇争先

第五章

球　类

导读

球类运动，指的是以球作为比赛基础的运动项目总称。包括足球、手球、篮球、排球、羽毛球、网球、高尔夫球、冰球、沙滩排球、棒球、垒球、藤球、毽球、乒乓球、台球、蹴鞠、板球、壁球、砂壶、克郎球、橄榄球、曲棍球、水球、马球、保龄球、健身球、门球、弹球，一共28种。其中分大球和小球，大球有足球、篮球、排球、橄榄球等，小球有网球、乒乓球、羽毛球、棒球、曲棍球等。

第一节　篮　球

篮球是以手为中心的身体对抗性体育运动，是奥运会核心比赛项目，1891年12月21日由詹姆士·奈史密斯发明。1896年，篮球运动传入中国天津。篮球运动的最高组织机构为国际篮球联合会，于1932年成立，总部设在瑞士日内瓦。中国最高组织机构为中国篮球协会，于1956年10月成立。

第一课　篮球运动技术训练

篮球技术分进攻与防守两大部分。进攻技术有传接球、投篮、运球、持球突破等；防守技术有防守对手、抢、打、断球等。无论进攻与防守技术，都含脚步移动和抢篮板球技术。篮球基本技术主要有：移动技术，接、传球技术，运球技术等。

一、移动技术

移动技术是通过各种快速、突然的脚步动作，达到进攻时摆脱防守，防守时防住对手，以争取攻守主动的一种手段。移动技术包括走、跑、跳、急停、转身、滑步等动作。

掌握运用好移动技术的关键在于控制好身体重心的平衡和变化，以便及时、快速、突然地改变身体的方向和位置。

脚步动作是篮球比赛中队员的位置、方向速度等变化时所采用的各种移动方法的统称。脚步动作与掌握和运用任何进攻防守技术都有着密切的关系，它是篮球运动各项技术的基础。

(一) 起动和快跑

突然的起动与快跑是摆脱、超越防守者最简单有效的方法之一。

起动前，应保持正确的站立姿势和维持身体的平衡。起动时，应以跑动方向异侧的脚掌内侧做快速有力的蹬地动作，同时用腰腹力量带动身体重心迅速向跑动方向移动。蹬地脚利用蹬地的反作用力，迅速向起动方向迈出，起动后，开始迈的步子不宜过大，以便在短时间内获得较大的初速。起动过程中始终要注意观察场上情况变化，以便及时采取有效的应变行动。

(二) 侧身跑

是为了在快跑的移动中，观察场上的情况所采用的一种方法。

侧身跑时，上体头部转向球的方向，而肩、膝和脚尖对准跑的方向，不能头转体不转，也不能上体扭转过大，形成交叉步跑。

(三) 变向跑

变向跑就是利用突然改变方向并加速摆脱对手的一种方法。

变向跑时，身体重心下降，用异侧脚的脚掌内侧蹬地，脚尖和膝盖指向要改变的方向，身体重心迅速从蹬地脚移到另一脚上，并运用转体力量帮助变换方向，变向跑时动作要快速突然，注意侧体压肩动作。

(四) 滑步

它是防守时堵截对方路线的一种并步移动方法。易于保持身体平衡、转移重心、向任何方向移动，保持有利的位置和姿势，便于及时起动。

滑步分侧滑步、前滑步、后滑步。

(1) 侧滑步：由两脚平行站立姿势开始，当向左移动时，先用右脚掌内侧蹬地，接着左脚向左移动，当左脚落地时，重心移至左腿上，同时右脚向左移动，保持原来的站立姿势，向右移动时则相反。

(2) 前滑步：由前后站立防守姿势开始，前脚向前跨出一小步的同时，后脚掌用力蹬地向前滑半步成开立姿势，保持低重心和水平移动，前脚同侧臂前上举，另一臂侧下张开。

(3) 后滑步：动作与方法同前滑步，只是方向相反。

（五）急停

是在快速移动中突然停止，借以摆脱防守的动作，与急起结合运用效果更好。急停有两种：

(1) 两步急停（也称跨步急停）：急停时先跨出一大步，用脚跟先着地，同时身体重心下降，上体稍后仰，借以缓冲向前的冲力。第二步，前脚掌内侧用力支撑，脚尖稍向内转，两膝深屈，身体重心落在两脚上，两臂自然侧张，维持身体平衡。

(2) 一步急停（也称跳步急停）：急停前单脚或双脚稍向前跳起，身体保持后坐姿势，两脚平行或前后落地，两膝深屈，重心下降并落在两脚上，两臂自然维持身体平衡。

（六）转身

转身是以一脚为轴，另一脚向任何方向移动，以摆脱防守和阻截进攻的一种方法。

转身分为前转身和后转身两种：

(1) 移动脚蹬地向身前跨步，使中枢脚旋转改变方向叫前转身。

(2) 移动脚向身后跨步，使中枢脚旋转改变方向叫后转身。

转身时，以轴心脚的前掌为轴，重心在轴心脚上，用移动脚脚掌内侧蹬地的力量和身体的转动，使身体前后转动，转动时保持身体平衡。转身后身体重心在两脚之间，若转身后切进，还要注意侧身压肩，以便超越对方的防守。

（七）移动技术的练习

1. 起动练习

(1) 两列横队前后距 4 米，左右间隔 3 米，做好防守站立姿势，听信号后集体向前起动做短距离快跑。

(2) 前后两人一组，原地运球听信号后快速起动，后者追前者。

2. 变向跑练习

(1) 遇障碍做变向跑练习。

(2) 摆脱变向跑接球投篮的练习。

(3) 转身练习。

①原地徒手练习。

②在跑动中急停接球转身的练习。

③侧身跑急停后转身，变向跑接球上篮的练习。

④前转身跳投练习。

(4) 滑步练习（见图 5-1）。

①徒手滑步练习。

②看手势做滑步练习。

图 5-1 滑步练习

二、传、接球技术

（一）传球的动作方法

传球由持球和传球两个动作组成，双手持球是最基本的持球方法。持球时，双手自然分开，拇指相对成“八”字形，用拇指根部以上部位握住球的两侧后下方。传球是全身协调用力，最后通过伸臂、抖腕和手指用力拨球将球传出（见图 5-2）。

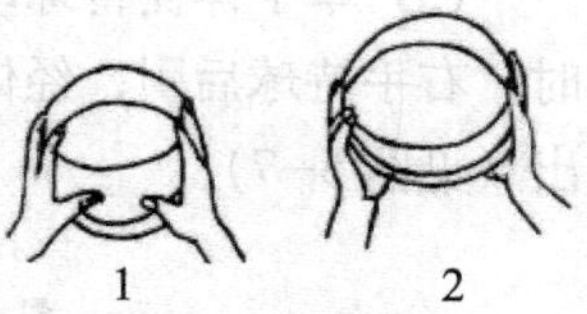

图 5-2 双手持球

（1）双手胸前传球动作要领：身体按基本姿势站立，双手持球于胸前，传球时，双手持球先做由下而后向前的弧线转动，当球转到胸前时，迅速向前伸臂，手腕翻转、拇指下压，通过食指、中指用力拨球将球传出（见图 5-3）。

（2）双手（或单手）低手传球、近距离隐蔽传球，用于两进攻队员擦身而过时。传球时，持球于腹前或腰侧，出球时前臂外旋、手腕前屈、手指向上，将球轻拨而出（见图 5-4）。

图 5-3 双手胸前传球动作

图 5-4 双手（或单手）传球动作

（3）双手头上传球动作要领：双手持球于头上方，两肘弯曲，传球时，前臂内旋、手腕前屈，手指用力拨球将球传出（见图 5-5）。

（4）单手肩上传球动作要领：以右手为例，双手持球于胸前，传球时，左脚向传球方向迈出半步，左肩对着传球方向，同时右手引球至右肩上方，传球时，右脚蹬地，同时转体并迅速向前挥臂，手腕前屈，通过手指用力拨球将球传出（见图 5-6）。

图 5–5 双手头上传球动作

图 5–6 单手肩上传球动作

(5) 单手体侧传球动作要领：以右手为例，成基本姿势站立，双手持球于胸前，传球时，右手持球后引，经体侧向前做弧线摆动，手腕前屈，用食指、中指的力量拨球将球传出（见图 5–7）。

图 5–7 单手体侧传球动作

（二）接球的动作方法

(1) 双手接胸前高度的球动作要领：接球时两眼注视来球，向来球方向伸臂迎球，手指自然分开，两拇指呈“八”字形，手指向来球方向伸出，两手呈半圆形，当球触及手指时，双臂后引缓冲来球力量并持球于胸腹前（见图 5–8）。

图 5–8 双手接胸前高度的球动作

(2) 双手接头部高度的球动作方法与双手接胸前高度的球相同，只是伸臂接球时，双手伸向前上方。

(3) 双手接反弹球动作要领：要跨步迎球，上体前倾，两臂向前下方伸出，接球五指自然分开，两手把反弹起来的球接住拉至胸腹前（见图 5–9）。

图 5-9 双手接反弹球动作

（三）传、接球的练习方法

（1）原地传、接球练习。可采用自抛自接，做原地接胸部高度、原地接反弹或地滚球的练习。

（2）原地相对传、接球练习。可采用原地三角或扇形站立做传、接球的练习。

（3）移动传、接球练习。可采用二人在跑动中做传、接球练习，三角移动传、接球练习。

（4）传、接球与切入、投篮、掩护等技术动作的组合练习。

三、运球技术

持球队员在原地或行进间用手连续拍击从地面反弹起来的球叫运球。运球是突破防守，组织战术配合所必需的一种基本技术动作。

（一）高运球

球反弹起来，高于膝、低于胸的运球叫高运球。在没有防守人阻挠下，采用这种运球方法向前直线推进，其特点是身体重心高，推进速度快，便于观察场上情况。高运球时，以肘关节为轴，前臂伸出，手指自然分开，用手腕和手指的力量，柔和地拍按球的后上部，球落体侧前方，运球时上体稍前倾，抬头注视场上情况。

（二）低运球

球反弹起来，低于膝部的运球叫低运球（见图 5-10）。在对方紧逼、摆脱防守时运用。同高运球配合使用效果较好。

如果运球遇到防守，两腿急速屈伸，上体前倾，在防守人的一侧用上体和腿护球，以手腕的屈伸动作做短促的拍按球，降低反弹的高度迅速摆脱防守。继续用高运球向前推进。

图 5-10 低运球

（三）变换方向运球

当防守队员阻截住运球队员的移动路线时，运球队员突然改变运球前进的方向，借以摆脱防守的一种方法。变向运球与假动作结合运用其效果更好。

当运球接近防守人时，运球从对方的右侧切入，即用右手拍球的右侧上方，使球弹向身体的左侧，同时右脚向左跨步，上体向左侧扭转压肩，以臂、腿、上体保护球，迅速换左运球，贴近防守人的右侧运球突破。

（四）运球技术练习方法（普修班）

1. 原地运球练习

左右手高低原地运球。

2. 行进间运球练习

（1）直线运球练习。

（2）绕障碍物或沿场地线运球。

3. 运球技术练习方法

（1）无防守情况下运球练习。

①后转身运球或背后换手变向运球。运球到障碍物时做后转身运球一次或背后运球一次，再换手继续向另一障碍物运球。

②运球急停急起练习。方法：听信号练习运球，急停、急起或变速运球。

③各种综合运球练习。方法：两人一组，一人在前面做慢跑、快速跑、加速跑、变向、急停、后转身等动作，另一人在后运球跟随其做同样的脚步动作。

（2）对抗中运球练习。

①两人全场一对一攻守练习。

②半场二防三练习，也可三防四、四防五练习。

四、投篮

（一）投篮的动作方法

1. 原地单手肩上投篮

动作要领：以右手投篮为例，右手五指自然分开，手心空出，屈肘持球于右肩上，左手扶住球的左侧，上臂与地面接近于平衡。两脚左右或前后开立，重心落在两脚之间。投篮出手时，下肢蹬地发力，右臂向前上方伸直，手腕前屈，食指、中指用力拨球，使球后旋转，身体随投篮动作向前上方伸展，脚跟稍微提起（见图 5–11）。

图 5–11　原地单手肩上投篮

2. 原地跳起单手肩上投篮

动作要领：右手投篮时，双手持球呈基本站立姿势，起跳时，下肢用力蹬地垂直向上跳起，同时举球于右肩上方（尽可能高一些，可避免封盖），当身体达到最高点时，左手离球，右臂抬肘伸臂，手腕前屈，食指、中指用力拨球通过指端投出，落地时两脚前脚掌着地，屈膝缓冲（见图 5–12）。

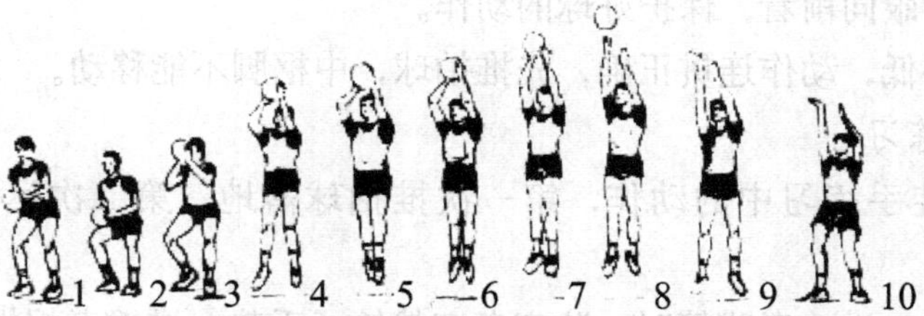

图 5–12　原地跳起单手肩上投篮

（二）投篮的练习方法

（1）原地模仿性练习。

（2）各种角度、距离的原地或跳起投篮练习。

（3）移动中做原地或跳起投篮练习。

（4）结合运球或传球做行进间投篮练习。

（5）在有防守的情况下进行练习。

五、持球突破技术

突破是持球队员用脚步动作和运球技术快速地超越防守者的一项攻击性很强的技术。运用得合理，能创造篮下投篮的机会或者打乱对方的防守部署，为本队其他队员创造跟进接球投篮的机会。持球突破有交叉步、顺步两种方法。

（一）交叉步突破

以向右突破（从防守人的左侧）为例。两脚左右开立，两膝微屈，身体重心下降，持球于胸腹之间。突破时，以右脚做中枢脚，左脚前掌内侧迅速蹬地，上体稍向右转，左肩向前下压，重心向右方移动，左脚向右跨出一大步，贴着防守者，将球引向右侧，接着运球，右脚用力蹬地急速上步超越对手。

（二）顺步（同侧步）突破

两膝微屈，左右开立。以向右突破（防守人的左侧）为例，左脚为中枢脚，用左脚的前掌内侧蹬地，右脚迅速向右前方跨出一大步，同时上体右转，左肩前压，在左脚离地前，用右手拍球，使球在右脚的侧前方落地，接着左脚继续蹬地前迈快速超越突破防守。

(三) 持球突破技术的练习方法

1. 原地徒手练习

(1) 重心快速转换练习，是以左脚为轴，右脚前脚掌内侧迅速蹬地，将身体重心移到左脚 (结合瞄篮做上述动作)。

(2) 以左脚为轴做瞄篮，右脚内侧蹬地后向左前方跨出 (交叉步变向转体)，并做脚尖向前、稍转体、眼向前看、保护好球的动作。

(3) 要求重心低，动作连贯正确，先推拍球，中枢脚不能移动。

2. 持球突破练习

(1) 做上述徒手练习中的动作，第一次推拍球落地，第二次运球加速超越对手的练习。

(2) 两人一组，进攻者瞄篮时，防守者突然给予手势，进攻者根据手势向相反方向或从两臂侧举中突破。

3. 突破上篮练习

在半场内分三点，即两侧 45° 角和圈顶各站一组，轮流突破，按顺序换位练习 (见图 5–13)。

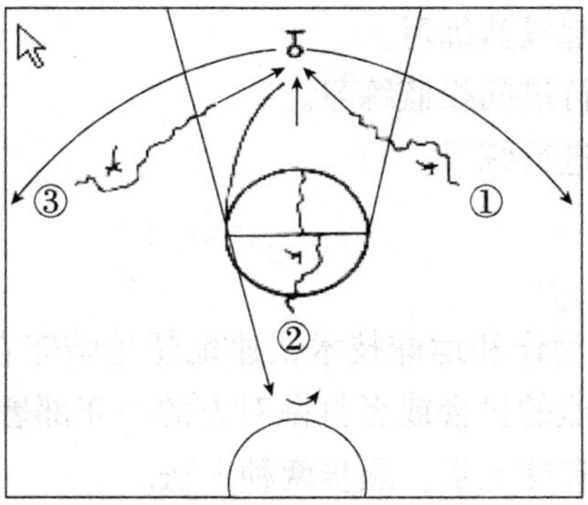

图 5–13 突破上篮练习

4. 持球突破技术的练习方法 (专选班)

(1) 自抛自接突破练习。

(2) 接球急停突破上篮练习。

(3) 紧逼防守情况下的运球突破练习。

六、防守技术

(一) 防守无球队员

(1) 防守目的。不让或者少让对手在有效的攻击区内接球，令勉强接到球的对手处于不利位置。

(2) 防守位置。防守队员应在对手与球篮之间偏向有球一侧的位置上，必须随时抢占"人球兼顾"的有利位置，做到"近球紧、远球松、内紧外松、松紧结合"。

(3) 防守姿势。防守距离球较近的对手时，采用面对对手侧向球的斜前站立姿势；防守距离球较远的对手时，采用面向球、侧向对手的站立姿势。

(二) 防守有球队员

(1) 防守目的。尽力干扰和封盖对手投篮，堵截其运球突破，封锁助攻传球，并积极地运用抢、打球等技术，以达到获得控制球权的目的。

(2) 防守位置。站在对手与球篮之间的位置。掌握对手离球篮近则离对手近、对手离球篮远则离对手远的原则。

(3) 防守姿势。有平步防守和斜步防守。

(三) 防守时打球的技术

(1) 打球（见图 5-14）。打球时，对手持球较高，可采用由下而上的方法打球，掌心向上，击球的下部；对手持球较低，可采用由上而下的方法打球，掌心向下，用掌外侧击球的上部。打球出手要快且准确，同时不要轻易被对手的假动作迷惑而失掉重心和防守位置。

图 5-14 打球

(2) 抢球（见图 5-15）。抢球时，要看准时机，迅速上步，快速而有力地抓住球。

图 5-15 抢球

(3) 盖帽（见图 5-16）。盖帽时，准确判断对手起跳及出球时机，当对手起跳时快速跟随起跳，身体手臂充分伸展，迅速而果断地点拨球，将球打落。打球时前臂不要下压，以免犯规。

(四) 防守的练习方法

(1) 原地做防守模仿练习。

(2) 做一对一（两人相距 2～3 米、半场、全场）的攻防练习。

图 5–16　盖帽

七、抢篮板球

篮板球是获得控制球权的重要来源之一，一个球队抢篮板球的能力，对争取比赛主动和比赛胜利起着重要的作用。抢篮板球技术动作由抢占位置、起跳动作、抢球动作和抢球后的动作组成。抢篮板球的动作方法如下：

(一) 抢占位置

根据对手和投篮队员所处的位置，正确判断篮板球的反弹方向、距离，运用快速的脚步动作，抢占有利的位置。抢占位置有转身挡人抢位和跨步、上步摆脱对手抢位两种。

(二) 起跳动作

当抢占有利位置时，身体保持两腿微曲、上体稍前倾。起跳时，两脚用力蹬地，两臂上摆并向上伸，腰腹协调用力，身体充分伸展，准备抢球。

(三) 抢球动作

根据攻、守队员位置及球的方向，抢球可分为以下三种。

(1) 双手抢篮板球：起跳到空中时，身体充分伸展，两臂伸向球的方向。当指端触到球的刹那，双手用力握球，腰腹用力，迅速屈臂将球拉至胸前部位，双手外展保护球。

(2) 单手抢篮板球：起跳后，身体在空中充分伸展，用靠近球一侧的手臂尽力伸向球，当手指触及球时，屈指、屈腕、屈肘，用力将球拉至胸前，另一只手迅速扶球，将球握紧。

(3) 点拨球：起跳后，身体在空中充分伸展，用单臂向球伸出，并用手指将球拨给同伴。

(四) 抢球后的动作

空中抢到球后，一般是双脚落地，落地后，双脚开立屈膝、两肘外展，保护球。

第二课 篮球规则

具体内容请扫描右侧二维码。

文本阅读
篮球规则

文本阅读
篮球裁判员

第三课 篮球裁判员

具体内容请扫描右侧二维码。

第二节 排 球

排球运动是1895年美国麻省霍利奥克城青年会干事威廉·摩根（William Morgan）发明的。开始是用篮球胆在室内的网球网两边拍来拍去、使球不落地的一种游戏，游戏者前后成排站位，故称为排球。

第一课 排球基本技术

排球技术总的分为进攻技术和防守技术。这里以排球比赛过程中各项技术出现的先后次序为依据，将排球基本技术划分为发球—垫球—传球—扣球—拦网。

一、准备姿势和移动

准备姿势和移动是排球基本技术之一，属手无球技术，是完成各项有球技术的前提和基础，对各项有球技术的运用起串联和纽带作用。

(一) 准备姿势

按身体重心的高低分为半蹲、稍蹲和低蹲三种。其中半蹲准备姿势运用较多。

视频
准备姿势

(1) 半蹲准备姿势。两脚左右开立稍比肩宽，一脚稍在前，两脚尖适当内收，脚跟稍提起，膝关节保持一定的弯曲程度。上体前倾，重心前移。两臂放松，自然弯曲，两手置于腹前。两眼注视来球，两脚始终保持微动，使神经系统处于适宜的兴奋状态（见图5-17）。

（2）稍蹲准备姿势。稍蹲准备姿势比半蹲姿势的身体重心稍高，动作方法相同。一般用于扣球助跑前或在对方正在组织进攻时，不需要快速起动的场合（见图5–18）。

（3）低蹲准备姿势。身体重心比半蹲姿势更低，主要用于防守和接拦回球等。低蹲时，两脚左右、前后的距离要更宽一些，膝部的弯曲程度大于半蹲姿势。身体重心更要靠前，肩部垂线过膝，膝部垂线超脚尖，手臂置于胸腹之间（见图5–19）。

图5–17　半蹲

图5–18　稍蹲

图5–19　低蹲

（二）移动

主要目的是及时接近球，保持好人与球的位置关系以便击球，同时也为了迅速占据场上合理的位置，适宜于比赛的需要。

微课
移动

（1）一步移动：当来球离身体较近时（一般在1米左右），可用一步移动。向前移动时前脚向前迈出一步，后脚蹬地迅速跟上成准备姿势。若向左右移动，可用并步。如向左移动时，就用右脚蹬地，同时左脚向左跨出一步，右脚再过来（见图5–20）。向右移动时，动作方向相反。

（2）两步移动：当来球距身体较远，移动一步不能接球时，可用两步移动。向前移动时，后脚先向前跨一步，接着另一只脚再向前跨一步，站成准备姿势。若向左右移动，可用交叉步。如向左移动时，左脚用力外转，身体稍向前左转，右脚接着向左侧迈出一步，然后左脚再向左跨出一步，同时身体转向来球方向，保持准备姿势（见图5–21）。向右移动时动作方向相反。

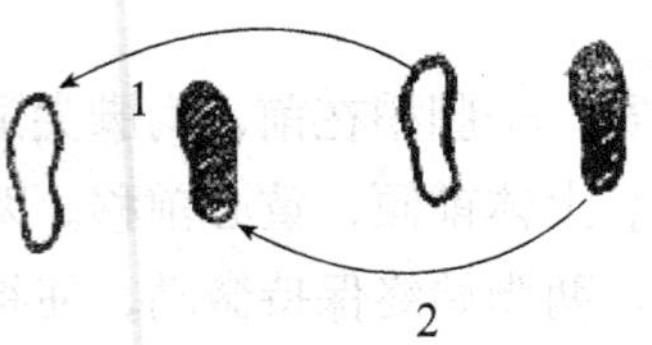

图5–20　并步

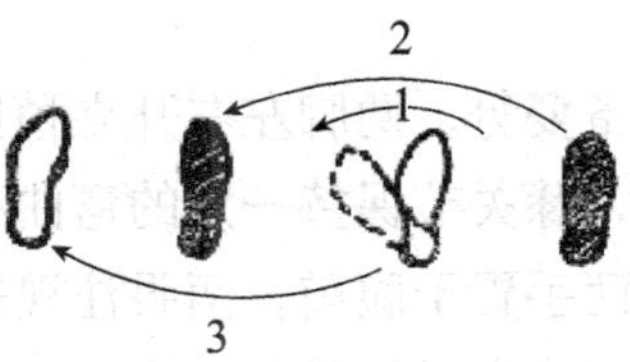

图5–21　交叉步

二、发球技术

发球是比赛的开始，也是进攻的开始。进攻性的发球可以直接得分，可以破坏对方的战术组成，以起到先发制人的作用。相反，如果发球不好，就可能处于被动。

发球技术可分为正面下手发球、侧面下手发球、正面上手发球、勾手发球、上手飘球、勾手飘球、高吊球、跳发球等。

（一）正面下手发球（以右手发球为例）

发球时面对球网，两脚前后开立，左脚在前，两膝微屈，上体前倾。左手持球置于腹前，右臂自然下垂，两眼注视球。左手将球在体前右侧抛起，约 25 厘米高。在抛球的同时右臂后摆，待球下落到适当部位时，右臂以肩为轴迅速向前挥，在腰部右侧前下方用全手掌或虎口、拳对准球的后下部把球击出，同时身体重心顺势前移。球击出后，发球员要迅速入场准备防守（见图 5–22）。

微课
正面下手发球技术的动作要领

图 5–22　正面下手发球

（二）侧面下手发球（以右手发球为例）

侧面下手发球（以右手发球为例），动作如图 5–23 所示。

文本阅读
侧面下手发球（以右手发球为例）

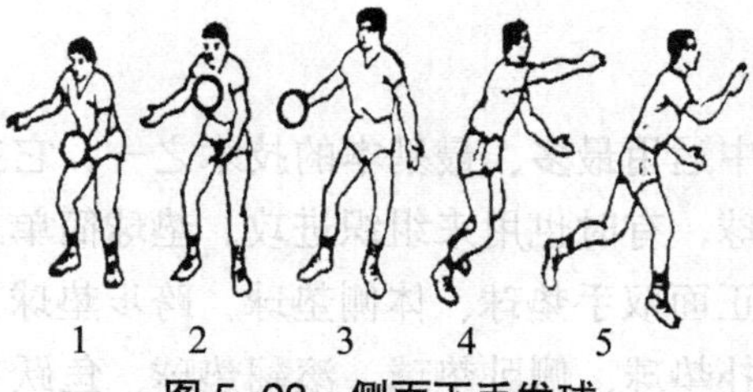

图 5–23　侧面下手发球

（三）正面上手发球（以右手发球为例）

这种发球便于观察对方，易控制球的落点。可以用屈体动作，加大发球力量，速度快、弧度平、有攻击性。

发球时，面对球网，两脚前后开立，左脚在前，两膝微屈，重心落在右脚上，左手将球持于胸前。发球时，左手将球平稳地向右肩前上方抛起，抛球的

微课
上手发球

同时，右臂屈肘上抬，肘与肩平，上体略向右侧转动，挺胸展腹。击球时，利用收腹动作带动右臂向前上方快速挥动，接着身体重心前移，用全手掌对准球的中下部，带有适当推压动作把球击出（见图 5–24）。

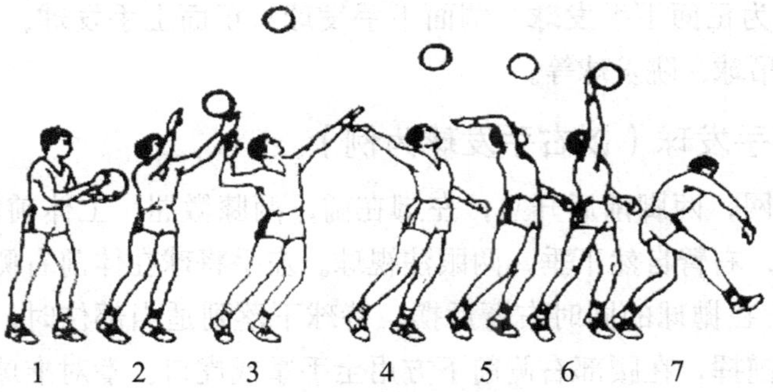

图 5–24　正面上手发球

（四）勾手发球（以右手发球为例）

勾手发球（以右手发球为例），详见图 5–25。

文本阅读

勾手发球（以右手发球为例）

图 5–25　勾手发球

三、垫球技术

垫球动作是排球运动中运用最多、最基本的技术之一，它主要用于接发球、接扣球、接拦回球，有时也用来组织进攻。垫球简单易学，便于初学者掌握。它可分为正面双手垫球、体侧垫球、跨步垫球、低姿垫球、背垫、单手垫球、前扑垫球、侧卧垫球、滚翻垫球、鱼跃垫球以及挡球等。下面主要讲正面双手垫球、体侧垫球。

微课

正面双手垫球技术的动作要领

（一）正面双手垫球

这是最基本的垫球方法，是各项垫球技术的基本，适用于接各种发球、扣球和拦回球等。动作要领如图 5–26 所示：

（1）准备姿势：对正来球，成半蹲姿势站立。

（2）手型：当球接近腹前时，两手掌根紧靠，两手手指重叠后合掌互握，两拇指平行，手腕下压，两臂外翻形成一个平面（见图 5–27）。

图 5–26　正面双手垫球

（3）击球：当球飞到腹前一臂距离时，两臂夹紧前伸，插到球下，向前上方蹬地抬臂，迎击来球，垫击球的后下部，身体重心随击球的动作前移。

（4）击球点：应保持在腹前击球。

（5）用力：利用手臂上抬的力量同时配合蹬地，使重心向前上方移动。整个手臂要适当放松，便于灵活控制垫球的方向和力量。

（6）击球部位：用前臂腕关节以上 10 厘米左右桡骨内侧平面为宜（见图 5–28）。

（7）手臂角度：要根据来球的角度和要求垫出的方向，调整手臂与地面的角度和左右转动手臂平面来控制垫球方向。

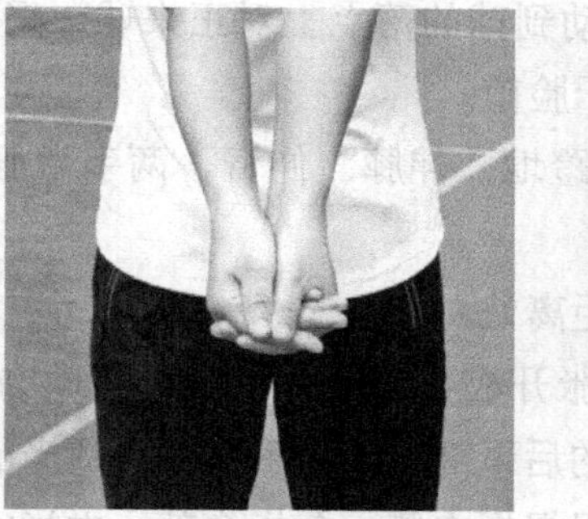

图 5–27　垫球手型

图 5–28　击球部位

（二）体侧垫球

来球飞向体侧，队员来不及移动对正来球，可用双手臂在体侧进行垫球。如球飞向体侧一步左右，因速度快或部位较低，队员应迅速向前或向侧跨出一步，屈膝制动，重心落在跨出腿上。同时上体前倾，臂部下降，两臂前伸插入球下，用前臂击球的后下部，将球击出之后迅速还原（见图 5–29）。

微课

原地侧面双手垫球技术要领和徒手侧面双手垫球

总之，根据垫球技术的特点，垫球时要做到“一插，二夹，三抬臂”。插——对准来球的方向，降低重心，双臂插在球下方。夹——两臂夹成一个平面，肘关节伸直，以前臂垫球。抬——利用蹬地、抬臂的协调力量，把球准确地垫起。

图 5–29　体侧垫球

四、传球技术

传球是排球比赛中防守和反攻的衔接技术，它的好坏直接影响战术配合质量，关系到扣球的效果。它是排球的基本技术之一，是利用手指手腕的弹击动作将球传至一定目标的击球动作。基本动作可分为正传、背传、侧传、跳传四种，下面仅讲解正面传球。

微课
双手传快球动作要领与徒手练习

微课
双手传高远球技术动作特点、要领和徒手练习

（一）正面传球要领

正面传球动作详见图 5–30。

（1）准备姿势：看清来球后，迅速移动到球的落点上对正来球。采用稍蹲准备姿势，上体适当挺起看球，双手自然抬起放松置于脸前。

（2）迎球：当来球接近额前时，开始蹬地、伸膝、伸臂，两手微张从脸前向前上方迎球。

（3）击球：击球点在额前上方约一球距离处。

（4）手型：当手触球时，两手应自然张开成半球形，使手指与球吻合（见图 5–31），手腕稍后仰，以拇指、食指和中指托住球的后下部，手指手腕保持适当的紧张，以承担球的压力。两拇指相对，接近“一”字形，用拇指内侧、食指全部、中指的二、三指关节触球，无名指和小指在球两侧辅助控制传球方向。两肘适当分开，两臂之间成 90° 角。

（5）用力：传球动作是由多种力量合成的，如伸臂力量、手指手腕的反弹力、伸腿蹬地的力量、主动屈指屈肘的力量，以及球的弹力等。而正面传球主要靠伸臂的力量，配合蹬地的力量，通过球压在手上使手指手腕所产生的反弹力将球传出。

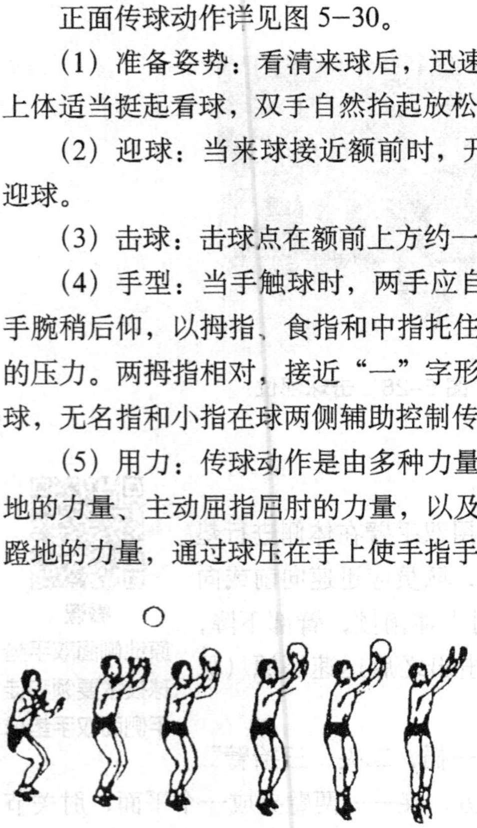

图 5–30　正面传球动作

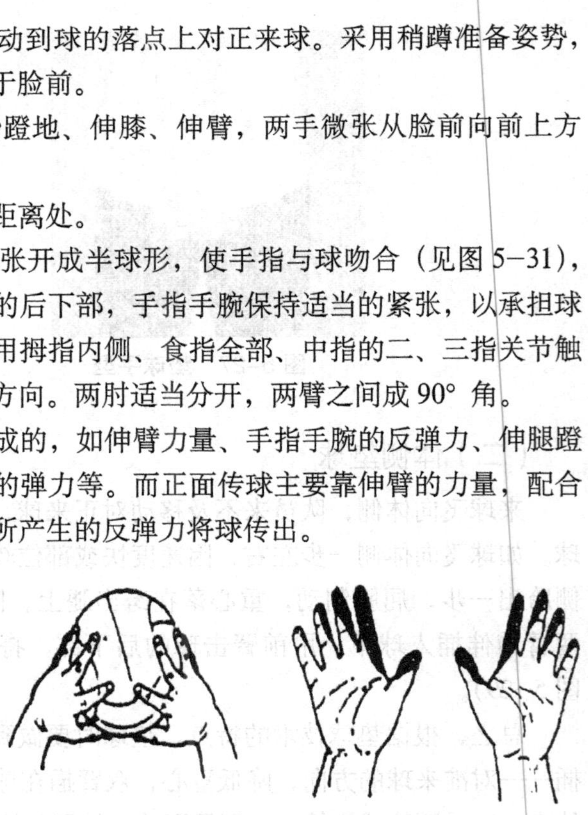

图 5–31　传球手型

（二）注意要点

传球时要根据来球力量的大小和传出的远近而适当地控制伸臂速度和手指手腕等的张度并有意识地运用手指手腕缓冲来球的压力，通过这个缓冲过程，加强对球的控制，使之柔和而准确地将球传到所需要的位置。

五、扣球技术

排球运动中的扣球是得分、得权的主要手段，也是进攻中最积极有效的武器。按扣球技术可分为正面扣球、调整扣球、勾手扣球、扣快球和自我掩护扣球等。

（一）正面扣球

微课 正面扣球技术动作要领

微课 正面扣球技术练习方法

这是扣球中的一种基本方法。由于面对球网，便于观察，准确性高，可根据对方拦网情况，随时改变扣球路线和力量，便于控制球的落点。动作要领（均以右手扣球为例，见图 5-32）：

图 5-32 正面扣球动作

（1）准备姿势：助跑前采用稍蹲姿势，两臂自然下垂，离网 3 米左右，观察来球方向，做好随时向各个方向起跳的准备。

（2）助跑：助跑步数根据球的远近和个人的习惯采用一步、两步、三步或多步法，最常用的是两步、三步助跑。以两步助跑为例：助跑时，左脚先向前迈出一步，接着右脚再迅速跨出一大步，左脚及时并上，踏在右脚之前，两脚尖稍向内扣。助跑时第一步要小，便于寻找和对正球的方向；第二步要大，便于接近球，使支撑点落在身体重心之前，重心自然后移和降低，从而有利于制动，并且要由右脚的脚跟先着地过渡到全脚掌着地，有利于制动身体的冲力，增加腿部肌肉的张力，提高弹跳高度。

（3）起跳：在助跑跨出最后一步的同时，两臂绕体侧向后引，左脚在并上踏地制动的过程中，两臂自后积极向前上摆动，随着双腿蹬地向上起跳，两臂也配合起跳，有力地向上摆动。

（4）空中击球：起跳后，挺胸展腹，上体稍右转，右臂向后上方抬起，身体成反弓形，挥臂时，迅速转体、收腹发力，依次带动肩、肘、腕各部关节成鞭甩动作向前上方挥动，五指微张呈勺形，以全手掌包满球，掌心为击球中心，击球的后中部，同时主动用力屈腕屈指向前推压，使扣出的球加速上旋。

（5）落地：落地时，以前脚掌先着地再过渡到全脚掌着地，同时屈膝、收腹，以缓冲下落力量。

（二）扣快球

具体内容请扫描右侧二维码。

文本阅读
扣快球

六、拦网技术

微课
原地拦网动作技术要领与徒手练习

微课
移动拦网动作技术要领与徒手练习

拦网是防守的第一道防线。它不只是消极阻拦和被动防守，而且有一定的攻击性，也是争取得分权的一种有效手段，可以削弱对方进攻的锐气并动摇其信心。拦网的优势则是决定比赛胜负的一个重要因素。拦网有单人拦网和集体拦网两种。单人拦网是集体拦网的基础，而集体拦网应注意相互间的协作与配合。

拦网技术动作要领：

（1）准备姿势：面对球网，两脚平行开立，约与肩同宽，距网 30～40 厘米为宜，两膝微屈，两臂在胸前自然屈肘。

（2）移动：拦网时可采用并步、交叉步、跑步、向前或斜前移动等步法及时对准扣球。

（3）起跳：起跳时机必须掌握好。应根据二传球的高低、远近，扣球人的起跳时间和动作特点，来确定拦网起跳的时间，一般应稍晚于扣球队员起跳。起跳时重心降低，两膝弯曲，用力蹬地，使身体垂直起跳。屈膝下蹲的深度，可因人而异，以发挥最高弹跳力为原则。拦快球起跳时机，应根据二传球的弧度和速度、扣球人的起跳快慢、动作幅度大小、挥臂节奏快慢以及扣球人的特点来定，可与扣球队员同时或提前起跳。

（4）空中击球：起跳时，两手从额前贴近平行球网向网上沿的前上方伸出，两臂伸直，两肩尽量上提，两臂保持平行。两臂尽力过网伸向对方上空，两手接近球并自然张开，屈指屈腕呈勺形，当手触球时，两手要突然张开，手腕用力下压盖住球的前上方。

（5）落地：拦网后应屈膝缓冲，双脚落地应尽量保持垂直下落，同时随时注意场上情况，做好下一个动作的准备。

第二课　排球基本战术

一、阵容配备与换位

1. 阵容配备

它是合理地使用本队队员力量的一种组织手段。目的在于把本队力量有效地组织起来，最大限度地发挥每个队员的作用和特长。阵容配备一般有“四二”“五一”两种组织形式。

(1)“四二”配备：安排 4 个进攻队员和 2 个二传队员，4 个进攻队员又分 2 个主攻和 2 个副攻队员（见图 5–33 中 1）。

(2)“五一”配备：安排 5 个进攻队员和 1 个二传队员，特点是加强拦网和进攻，并使二传队员能够更好地控制比赛（见图 5–33 中 2）。

2. 换位

即发球队员发球后，双方队员可以在本方场内任意交换位置。如将主攻手换到 4 号位，副攻手换到 2 号位，二传手换到 3 号位，也可换成其他任何进攻阵形。

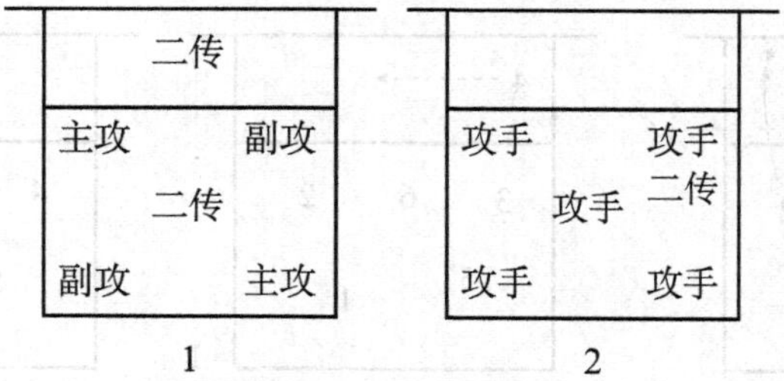

图 5–33　阵容配备

二、进攻战术

1. 发球进攻

尽量准确地发出弧度平、速度快、力量大、攻击性强的球，以破坏对方的一传并争取直接得分。也可将球准确地发到对方两个队员之间或前、后区，三角地带空当，也可将球发给一传、刚换上场的队员、换位或插上队员。如在室外场地比赛时，可发高吊球或与阳光射线同向的球。傍晚光线不好时，发弧线较低的平快球，使对方看不清来球，造成接球失误，以达到发球进攻的目的。

微课
基本进攻战术

2. 接发球站位及进攻

一般根据对方发球情况、本方采用的战术配合等因素，来安排接发球站位阵形，最常用的站位阵形有“一三二”站位（见图 5–34 中 1）和“一二一二”站位（见图 5–34 中 2）。

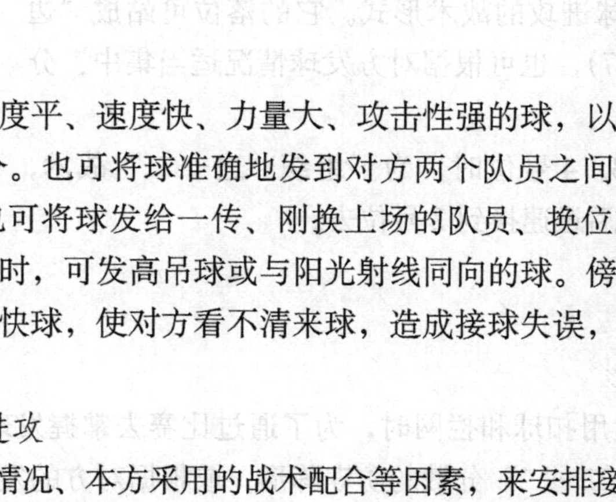

图 5–34　接发球站位

进攻时，常用两种形式，一是“中一二”进攻，二是“边一二”进攻，也可在这两种进攻形式的基础上加以变化。

(1)“中一二”进攻战术：采用“中一二”进攻战术时，接发球的站位形式，以“一三二”站位的分布为宜。但应根据对方发球情况加以适当变化。如发球的落点比较分散，则可以形成“一二一二”的站位形式。

“中一二”进攻是由二传队员站在3号位传球，组织2、4号位队员扣球进攻的战术形式（见图5–35）。

当二传队员轮到2号位或4号位时，为了组织“中一二”战术，二传队员可在发球击球后，及时换到3号位去（见图5–36）。

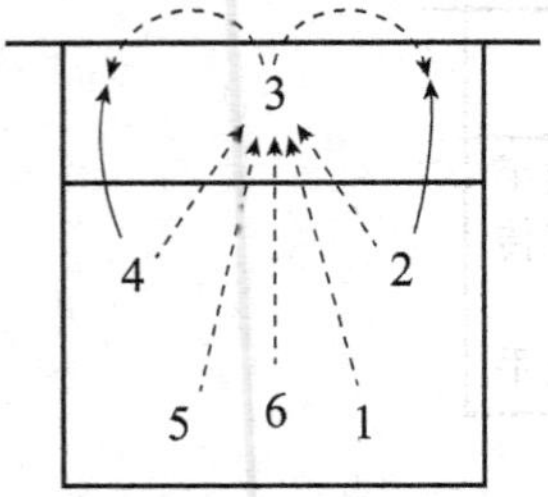

图5–35 “中一二”进攻

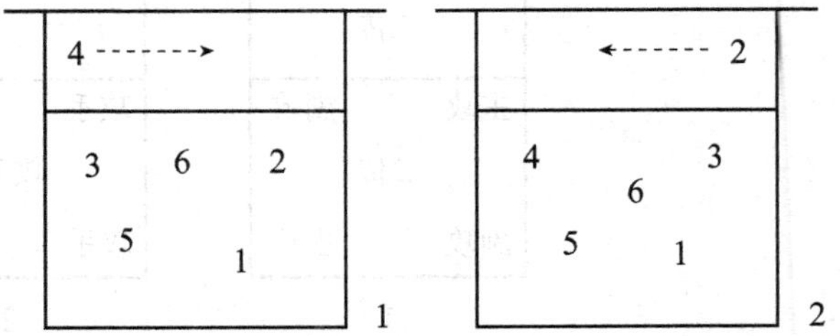

图5–36 换位

(2)“边一二”进攻战术：它是由二传队员站在2号位传球，组织3、4号位队员扣球进攻的战术形式。它的落位可站成“边一二”形式（见图5–37），也可根据对方发球情况适当集中、分散、靠前或靠后站位。

当二传队员轮到3、4号位时，为了组织“边一二”战术，二传队员可在发球击球后迅速换到2号位去。

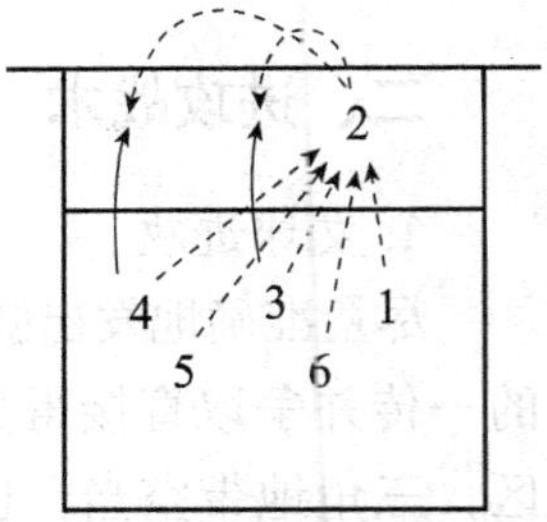

图5–37 “边一二”进攻

三、防守战术

1. 不拦网防守阵形

初学排球还不会运用扣球和拦网时，为了通过比赛去掌握发球、传球、垫球技术，常采用“一二一二”分散的防守阵形，或根据对方的发球情况做适当的变化（见图5–38）。

微课
基本防守战术

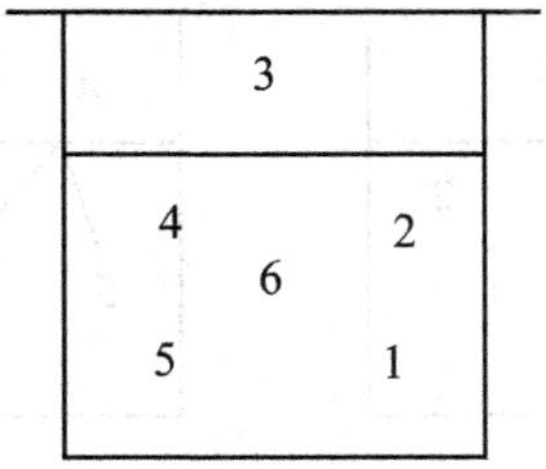

图5–38 防守

2. 单人拦网时的防守阵形

一般在水平较低的队中采用。由于对方扣球力量小，路线变化少，用单人拦网防守比较合适。它增加了后排防守人数，便于组织进攻。如2号位队员拦网，3号位队员后撤防吊球，不拦网的4号位队员后撤防守与后排3人组成半弧形防守圈，每人防守一个区域。

3.“双人拦网心跟进”防守阵形

指前排保持双人拦网，不拦网的前排队员后撤至3米线的附近防守。后排6号位队员在拦网队员身后跟进防吊球和保护拦网弹起的球，1、5号位队员在后场防守（见图5–39）。

4.“双人拦网边跟进”防守阵形

当对方进攻时，由前排组成双人拦网，另一个不拦网的前排队员后撤，协同后排3人组织防守。如遇到对方吊球，由后排两侧1、5号位队员跟进防守，6号位队员则向跟进队员原防区移动补位（见图5–40）。

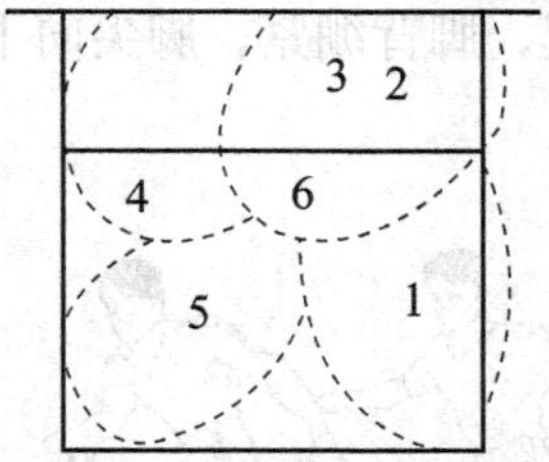

图5–39 双人拦网心跟进

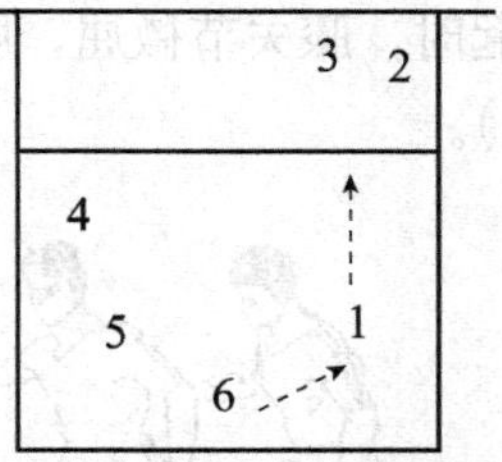

图5–40 双人拦网边跟进

第三课 排球竞赛规则简介

具体内容请扫描下方二维码。

微课
排球基本规则讲解

微课
排球裁判方法学习

文本阅读
排球竞赛规则简介

第三节 足 球

被誉为“世界第一运动”的足球是世界上开展最广泛、影响最大的体育项目，同时具有很高的锻炼价值，深受大学生的喜爱。学习和掌握足球基本知识、基本技术和战术，将有利于更好地欣赏和参与到足球运动之中。

第一课　足球的基本技术

足球技术是指运动员在足球比赛中所采用的合理动作的总称。足球运动是一项技术动作相当复杂的运动项目，从足球队员在场上的分工和技术特点可分为锋卫队员技术、守门员技术、有球技术和无球技术。

一、运球

运球是运动员在跑动中用脚连续推拨球，使球处于自己控制范围内的触球动作。利用运球可以变换进攻的速度，调节比赛的节奏。

（一）脚背正面运球

（1）特点：直线推拨，速度快，但路线单一，多在前方纵深距离较长的情况下运用。

（2）动作要领：运球跑动时身体自然放松，上体稍前倾，步幅稍小，两臂屈肘时自然摆动。在运球脚提起时，膝关节微屈，脚跟提起，脚背绷紧，脚尖向下，以脚背正面推拨球前进（见图 5−41）。

图 5−41　脚背正面运球

（二）脚背内侧运球

（1）特点：运球动作幅度大、控球稳，虽不能加快速度，但是左右转换方向都很容易。主要适用于掩护性运球或运球变向，是比赛中使用最多的运球方法。

（2）动作要领：跑动时身体放松，支撑脚落在球侧方，身体稍向支撑脚一侧倾斜，运球脚屈膝，脚尖稍外转，用脚背内侧部位推拨球的后中部，拨球后运球脚及时落地支撑。

（三）脚背外侧运球

（1）特点：易于变化运球的方向和发挥奔跑速度，还具有掩护球的作用，灵活性、可变性强。

（2）动作要领：运球跑动时身体自然放松，上体稍前倾，步幅稍小，两臂屈肘时自然摆动。运球脚提起，膝关节微屈，脚跟提起，脚尖稍内转。在迈步前伸着地前，用脚背外侧推拨球（见图 5−42）。

（四）脚内侧运球

（1）特点：与其他运球技术相比，速度最慢，容易控制，多用于掩护性运球或运球变向。

（2）动作要领：运球时，支撑脚稍向前跨，踏在球的前侧方，膝关节稍弯曲，上体前倾向里转。随着身体向前移动，运球脚提起，用脚内侧推球的侧后中部（见图 5-43）。

图 5-42 脚背外侧运球

图 5-43 脚内侧运球

（3）易犯错误：

1）支撑脚选位不好，挡住球路或影响运球脚做动作。

2）推拨球时，踝关节松动或脚尖外转不够，影响运球方向。

（4）纠正方法：

1）确定支撑脚位置，进行走步式练习。

2）固定脚型，强调触球时脚尖外移。

二、踢球

踢球是运动员有目的地用脚的某一部位将球击向预定目标的技术动作，是组织进攻、变化战术、渗透突破、创造和完成射门的重要手段。

（一）脚内侧踢球（又称脚弓踢球）

（1）特点：脚内侧是踢球时最常用的部位，其触球的面积比脚的其他部位都大，在踢球时更容易控制球，是进行短距离传球和射门的理想方法。

（2）动作要领：

1）踢定位球：直线助跑，支撑脚踏在球侧，膝关节微屈，支撑脚脚趾指向出球方向。踢球腿以髋关节为轴由后向前摆动，膝踝关节外展，脚尖稍翘，以脚内侧对准来球，当膝关节摆至接近球体上方时，小腿加速前摆，击球刹那，脚跟前顶，脚型固定，用脚内侧击球的后中部（见图 5-44）。

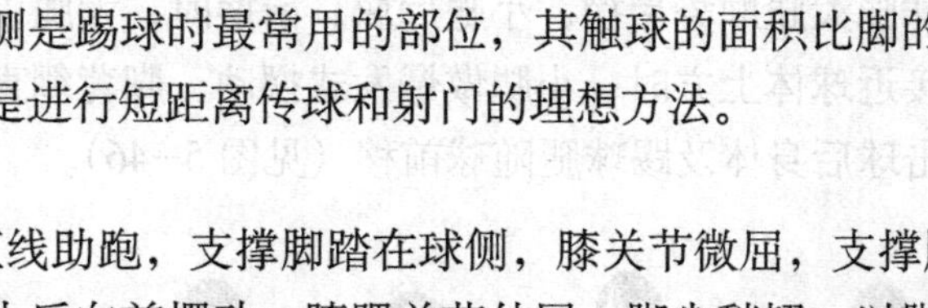

图 5-44 踢定位球

2）踢地滚球：考虑来球速度、方向及摆腿时间，来调整支撑脚的选位，保证踢球腿能顺利摆踢发力。

3）踢弧线球：小腿略呈弧线摆击，用内侧蹭踢球的侧面，使球侧旋运行。

4）踢空中球：大腿抬起，小腿拖后，利用小腿加速前摆击球，抬腿的高度和摆腿的时间应与来球速度相对应，并根据出球的目标调整击球部位（见图 5–45）。

图 5–45 踢空中球

5）踢反弹球：根据来球落点，及时移动到位，支撑脚的站位应与落点保持在踢定位球时支撑脚与球的相对位置。踢球腿摆动与踢定位球时相同。在球着地后刚弹离地面的瞬间用脚内侧击球的中部。

（二）脚背正面踢球

（1）特点：摆幅相对较大，摆踢动作顺畅快速，便于发力，但出球路线或性能缺乏变化，适用于远距离的发球和大力射门。

（2）动作要领：

1）踢定位球：直线助跑，支撑脚踏在球侧，脚趾指向出球方向，膝关节微曲。在支撑脚前跨的同时，踢球腿大腿顺势后摆，小腿后屈。前摆时，大腿以髋关节为轴带动小腿前摆，当膝关节摆至接近球体上方时，小腿做爆发式摆动，脚背绷直，脚趾扣紧，用脚背正面击球的后中部，击球后身体及踢球腿随球前移（见图 5–46）。

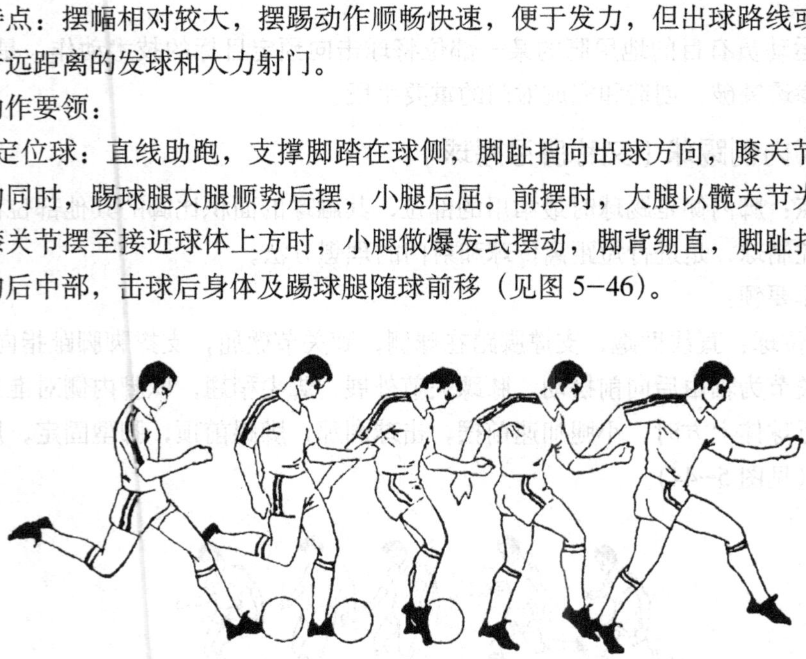

图 5–46 踢定位球

2）踢反弹球：要准确判断来球落点、反弹时间和角度，选好支撑脚的位置，在球落地刹那，踢球腿小腿加速前摆抢点击球，在球反弹离地时击球的后中部（见图 5–47）。

图 5–47　踢反弹球

3）踢地滚球：支撑脚判断选位，踢两侧滚动来球时，脚趾应对准出球方向，击球部位应准确，以保证击球能发上力。同时对速度较快的来球，要通过摆踢力量和方向的调整，消除其初速度对出球方向的影响。

4）踢空中球：支撑脚的选位要稍远，以使踢球腿能顺利摆踢发力为原则，并可根据来球高度和出球目的选用抽击、弹击或摆击等踢球方法（见图 5–48）。

图 5–48　踢空中球

（三）脚背内侧踢球

（1）特点：摆踢动作顺畅、幅度大、脚触球面积大、出球平稳有力且性能和路线富于变化，适用于中远距离传球和射门。

（2）动作要领：

1）踢定位球：斜线助跑，助跑方向与出球方向约成 45°，支撑脚踏在球侧后，脚趾指向出球方向，膝关节微屈，眼睛看球，重心稍微倾向支撑脚一侧。在支撑脚踏地的同时，踢球腿以髋关节为轴，大腿带动小腿由外后向前内略呈弧线摆动，膝踝关节扫外旋，当膝关节摆至接近球体的内侧上方时，小腿加速前摆。击球时，膝关节向前顶送，脚背绷直，脚趾扣紧斜下指，以脚背内侧击球的后中下部。击球后踢球腿顺势前摆落地（见图 5–49）。

图 5–49　踢定位球

2）踢地滚球：要注意调整身体与出球方向的角度关系，以便踢球腿的摆踢发力。

3）搓踢过顶球：踢球脚背略平，插入球的底部做切踢动作，击球后脚不随球前摆。

4）转身踢球：助跑最后一步略带跨跳动作，支撑脚的脚趾和膝关节尽可能转向出球方向，击球点应在球的侧前部，并利用腰的扭转协助完成摆踢动作。

5）踢内弧线球：击球点在球的后外侧，击球刹那，踝关节内旋发力，脚趾勾翘，使球内旋并呈弧线运行（见图 5–50）。

图 5–50　踢内弧线球

（四）脚背外侧踢球

（1）特点：预摆动作小、出脚快，能利用膝、踝关节的灵活变化改变出球的方向和性质，具有一定的隐蔽性，是一种具有较强实用性的技术，同时也是一种较难掌握的踢球技术。

（2）动作要领：

1）踢定位球：脚背外侧踢球的动作方法类似脚背正面踢球，只是摆踢时，脚面绷直，脚趾向内扣紧并斜下指，用脚背外侧击球的后中部，击球后，踢球腿顺势前摆着地。

2）踢地滚球：对踢球腿同侧的来球多用直线助跑，对异侧来球则多用斜线助跑，支撑脚要适当提前选位着地，其他动作则类似踢定位球。

3）踢外弧线球：支撑脚踏在球侧后方，踢球腿略呈弧形摆踢，作用力方向与出球方向约成 45°，击球点在球的侧后中部，脚型同踢定位球。击球后，踢球脚向支撑脚侧斜摆，以加大球的外旋力量。

三、接球

接球方式有脚内侧接球、脚底接球、脚背正面接球、脚背外侧接球、胸部和大腿接球等。

（一）脚内侧接球

特点和动作要领：脚内侧接地滚球时，根据来球路线选择接球位置并及时移动到位。支撑脚正对来球，膝关节微屈。接球腿屈膝外展并前迎，脚尖翘起，当脚与球接触前的刹那开始后撤，在后撤过程中用脚内侧触球，把球控制在衔接下一个动作需要的位置上（见图 5–51）。

图 5–51　脚内侧接球

脚内侧接反弹球时，支撑脚踏在球的落点的侧前方，膝关节微屈，上体稍前倾并向踢球方向微转，同时接球脚提起，踝关节放松，脚内侧对准球的反弹路线，当球落地反弹时，用脚内侧挡压球的后中部。

（二）脚底接球

特点和动作要领：该部位可接地滚球和反弹球。接地滚球时面向来球，支撑脚踏在球的侧后方，膝关节微曲，脚尖正对来球，同时接球脚提起，膝关节自然弯曲，脚尖翘起高于脚跟（脚跟离地稍低于球）。踝关节放松，用脚前掌挡压球的中上部（见图 5–52）。

脚底接反弹球时，支撑脚站在球的落点的侧后方。接球腿屈膝抬起，当球落地的刹那，脚尖上翘，小腿稍前倾，用脚掌覆盖在球的反弹路线上，触压球的后上部（见图 5–53）。

图 5–52　脚底接球

图 5-53　脚底接反弹球

四、头顶球

头顶球的方法很多，但按顶球的部位可分成额正面顶球和额侧面顶球两种。

（一）额正面顶球

（1）特点：额正面顶球是头顶球技术中最常见的方式，其特点是触球部位平坦，动作发力顺畅，容易控制出球方向，准确性强，出球平稳有力。

（2）动作要领：

1）原地顶球：身体正对来球，两脚前后站立或平行站立，膝关节微曲，两眼注视来球，上体稍后仰，两臂自然张开，挺胸展腹，下颌收紧。顶球时，蹬地、收腹、摆体、顶送发力，当头摆置身体垂直部位时，用前额正面顶击球的后中部，顶击球瞬间，颈部肌肉保持紧张，顶球后继续前送，以便于控制出球的方向（见图 5-54）。

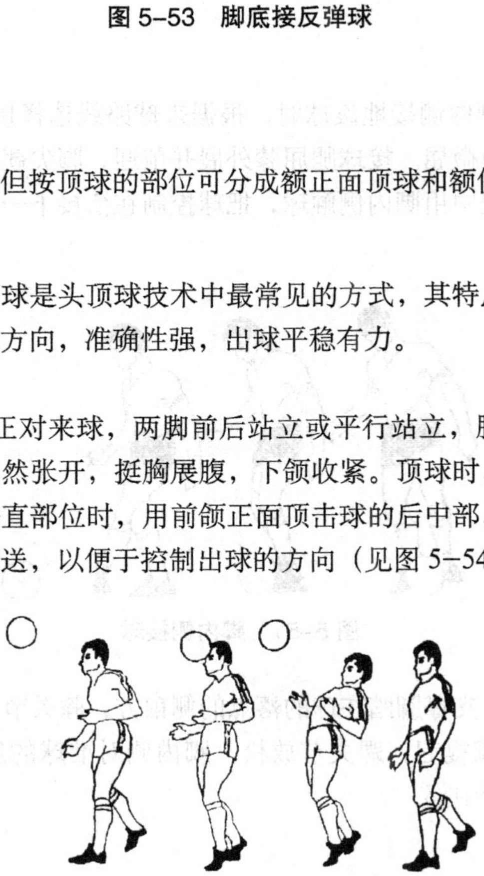

图 5-54　原地顶球

2）跳起顶球：要选好起跳位置，两脚前后站立，维持身体平衡，掌握好起跳时机，起跳脚积极蹬跳发力，手臂协调向上提摆，以加强跳起力量。起跳后，挺胸展腹，形成弓背，两眼始终注视来球。跳至最高点时，迅速收腹摆体，下颌收紧，前额积极迎球顶送发力，顶球后屈膝缓冲落地时，看清球的飞行路线，以便进行下一步动作。

3）鱼跃顶球：要准确判断来球，掌握好起跳时机和击球点，利用积极后蹬使身体向前水平跃出，两臂微屈前伸，眼睛注视来球。利用身体的水平冲力将球顶出。击球后，两臂屈肘伸手撑地，随后胸、腹和大腿依次缓冲着地（见图 5-55）。

图 5–55 鱼跃顶球

(3) 易犯错误：

1) 击球刹那闭眼缩颈，不是主动地用前额击球，而是被动地让球击打头部。

2) 上、下肢与身体的配合不协调，发力动作出现脱节和停顿。

3) 跳起顶球时，起跳点、起跳时机和击球时机掌握不好；腾空后对身体的控制能力差，影响顶球动作的质量和出球效果。

(4) 纠正方法：

1) 可采取本人持球，做主动击球练习，要求击球刹那不闭眼，找准前额的击球部位。

2) 自抛自顶或两人一抛一顶的配合练习，掌握击球时机，体会顶球发力的效果。

（二）额侧面顶球

(1) 特点：在实际比赛中，运用该技术对球门的威胁很大。因为其特点是击球动作快捷，变换方向突然，顶出球的运行线路难以预测。但该动作难度较大，侧摆发力和出球方向较难控制，适用于应急时破坏球和门前的头球攻门。

(2) 动作要领：

1) 原地顶球：选择好击球的方向，身体稍侧对来球，两脚自然前后站立，击球一侧的支撑腿在前，身体稍向侧后微屈，重心落在后腿上，两臂自然张开，眼睛注视来球。顶击球时，后脚向击球方向猛力蹬伸，身体随之向出球方向转动侧摆，同时颈部侧甩发力，用额侧部将球击出。

2) 跳起顶球：类似额正面的跳顶，只是在起跳上升阶段，上体应向出球的相反方向侧屈转体。跳至最高点时，上体向出球一侧加速转动，摆体侧甩，可利用脚的侧下方蹬地，加快侧摆速度，用额侧部将球顶出。

五、抢断球

抢球是指防守队员将进攻队员控制的球直接争夺过来或破坏掉的动作方法。断球是指用规则所允许的动作，把对方队员间的传球截获。在对抗日趋激烈的足球比赛中，进攻与防守转换快速、合理有效的防守技术对提高球队的竞技能力也十分重要。

文本阅读
抢断球

六、掷界外球

具体内容请扫描右侧二维码。

文本阅读

掷界外球

七、守门员技术

守门员技术的高低、反应的敏捷程度和竞争意识直接影响全队的士气与最后一道门户的牢固。守门员技术可分为接球、扑接球、拳击球、托球、掷球和抛踢球。

文本阅读

守门员技术

第二课　足球竞赛规则与裁判

具体内容请扫描下方二维码。

文本阅读

足球竞赛规则与裁判

第四节　乒乓球

乒乓球运动起源于19世纪的英国，是由两名或两名以上选手，在球网两端，用球拍轮流击球的一项运动。乒乓球运动因体积小、速度快、变化多、趣味性强，受到人们的普遍喜爱。参加这项运动可以提高人的灵敏、协调、动作速率和上下肢活动能力，改善心肺功能，全面提高身体素质，有助于培养大学生勇敢、顽强、机智果断、沉着冷静的优良品质。

第一课　乒乓球运动基本技术

一、握拍方法

握拍方法是指手持球拍的方法。如前所述，乒乓球拍有直拍和横拍两种，对应地，握拍方法也有直握拍和横握拍两种。两种握拍方法各有千秋，具体选用哪种应因人而异。

（一）直握拍方法

正面拇指第一指节和食指第二指节握拍，拍柄压住虎口，背面中指、无名指和小指自然弯曲斜形重叠，中指第一指节顶住球拍的后上部使球拍保持平稳（见图5–56）。

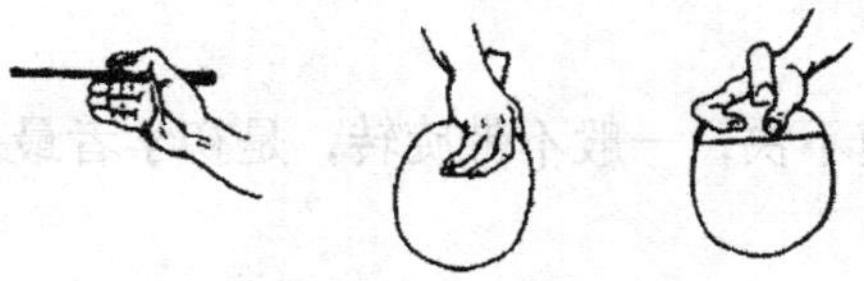

图 5-56 直握拍方法

直握拍的特点：出手快，正手攻球快速有力，攻斜、直线球时拍面变化不大，对手难以判断，且易于控制台内球。直握拍的缺点：反手的攻击性不如横握拍。

（二）横握拍方法

中指、无名指和小指自然地握住拍柄，拇指在球拍正面，轻贴在中指的旁边，食指自然伸直斜放于球拍的背面，虎口轻微贴拍，击球时拇指和食指帮助手腕调节拍形和加力挥拍。正手攻球时食指向上移动，反手攻球时拇指向球拍中部移动，帮助手腕下压，加大击球力量（见图 5-57）。

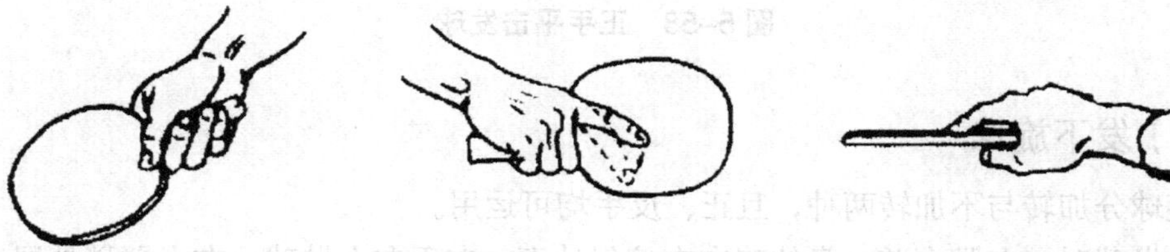

图 5-57 横握拍方法

横握拍的特点：正反手攻球力量大，攻削球时握法变化小，反手攻球容易发力，也便于拉弧圈；但正反手交替击球时，需变换击球拍面，攻斜、直线时调节拍形的幅度大，易被对方识破；在手腕灵活性上比直握拍稍差，台内球的处理不及直握拍。

（三）握拍的注意事项

（1）无论哪种握法，握拍都不应过紧或过松。过紧会使手腕僵硬，影响发力时的手腕动作，过松则影响击球力量和击球的准确性。

（2）握拍不宜太浅。直握时，食指和拇指构成的钳形不能过大或过小，以免影响手腕动作的灵活性。

（3）在变换击球的拍面和调节拍面角度时要充分利用手指的作用。

（4）握拍的手法不宜常变换，否则会影响打法类型及风格的形成。

二、发球方法

发球在比赛中对于扬己之长、攻彼之短有着重要的技术和战术意义。发球、接发球、发球抢攻被称为乒乓球的前三板技术，是我国的乒乓球技术强项。下面首先简要介绍几种基本的发球技术。

（一）正手平击发球

特点：用力不大，球速不快，一般不带旋转，是初学者最基本的发球方法，也是掌握其他复杂发球方法的基础。

动作要领：

（1）发球时左脚在前，身体稍向右转。

（2）将球置于掌心，手掌伸平，然后将球抛起。

（3）拍面稍前倾，当球下降稍高于球网时，手臂向左前方发力，挥拍击球中上部。击球后的第一落点应落在球台中区（见图 5–58）。

图 5–58 正手平击发球

（二）发下旋球

下旋球分加转与不加转两种，且正、反手均可运用。

正手发球时，左脚在前，身体略向左偏斜站直，左手向上抛球，右上臂稍外展，前臂内旋并向身体后上方引拍。以前臂和手腕的发力为主。

发加转球时，执拍手的上臂带动前臂加速向前下方挥拍，前臂迅速旋内。拍面后仰较大，击球的中下部后向底部摩擦（见图 5–59）。

图 5–59 加转下旋球

发不加转球与发加转球的动作基本相同，主要区别是前臂旋内稍慢，拍面后仰角度较小，球拍触球的中下部或中部后有一个向前推送的动作，使挥拍的作用力线接近球心，以减小旋转。

（三）反手发轻短球

特点：力量轻、落点靠近球网，使对方难以发挥技术优势。

动作要领：手臂先向后上方引拍。当球下降至比网稍高时，前臂向前下方轻微用力送出，拍面后仰，触球中下部并向底部摩擦。球离拍后，第一跳要在本方台面中区弹起，才能越网落到对方近网的地方（见图 5–60）。

图 5-60 反手发轻短球

（四）高抛发球

发球者先将球抛至高度为 2～3 米的空中，待下落到一定高度时击球。挥拍时上臂外展的幅度较大，要借助转腰和蹬地的力量。由于抛球高度大幅度提高，使球体下落时的重力加速度骤增，因此，高抛球具有球速快、旋转强、时间差明显等特点。

高抛发球有侧身正手左侧上（下）旋球、侧身正手上旋长球、反手右侧上（下）旋球等。

三、接发球方法

接发球指回接对方发球时使用的各种方法。首先，接发球时应根据对方发球时的位置来调整自己的站位，一般采用的是斜角对立的方法；其次，应根据对方发球时的挥臂方向、幅度和拍面角度，以及球的飞行弧线、速度来判断其旋转和落点，尤其要看清对方球拍触球瞬间的触球部位和挥拍方向等情况，然后运用针对性的技术加以回击。

接发球的主要战术有：

（1）以搓球和削球来削弱对方的攻势。

（2）用快搓、摆短球遏制对方的发力抢攻。

（3）以快拨、推挡和提拉等技术回接，争取形成对攻局面。

（4）力争抢拉、抢攻在先，以免陷入被动挨打的困境。

四、击球时的基本步法

步法是指乒乓球运动员为选择合适的击球位置所采用的移动方法，是衔接各项技术动作的枢纽，也是执行各项战术的有力保证。因此，从初学乒乓球技术开始，就应该重视步法的训练。

（一）步法的基本要求

在练习步法时，必须注意以下几点：

（1）移动过程中尽量保持身体重心平稳，不妨碍下次击球。否则，虽然踉踉跄跄跑过去接到了球，但失去了重心，势必会影响下一次击球。

（2）两脚蹬地要有力，蹬地的力量大，身体移动的速度就快。

（3）重心交换是步法的灵魂，在重心交换中，腰的灵活性具有极其重要的作用。

（二）基本步法

1. 单步

以一脚的前脚掌为轴，另一脚向前、后、左、右某个方向移动一步。

单步的特点是移动范围较小，重心较稳定。多在来球离身体不远的情况下使用，如上步接近网短球、让步接追身球等。

2. 跨步

以一脚向来球方向跨出一大步，另一脚跟着移动。多在来球急、角度大的情况下使用，如“打回头”、削接左右大角度的来球等。

跨步的特点是移动范围较大，身体重心起伏也大，一般适用于打借力球。

3. 滑步

两脚几乎同时向来球方向蹬地，然后离来球远的脚先落地，离来球近的脚后落地。多在来球角度较大、球速快时采用，如连续攻（拉）等。

滑步的特点是移动范围较大，身体重心平稳，便于发力。

4. 交叉步

离球远的脚朝来球方向跨出一大步，并从前面超过另一只脚形成交叉状，另一只脚再向来球方向移出一步。多在来球远离身体的情况下采用，如侧身后从球台左方移至右方大角击球等。

交叉步的特点是移动范围最大，便于发力进攻，需要上下肢、腰和髋等部位协调配合。

五、常用击球方法

（一）推挡球

推挡球是以球拍推击球的一种技术，其特点是站位近、变化多、速度快、动作小，在相持或防御时使用能起到调动对方和助攻的作用。

推挡球包括挡球、快推、快拨、加力推、减力挡、推下旋、挤推、拱推等多种方法，下面介绍其中几种常用的方法。

1. 挡球

特点：力量轻，球速慢，动作简单易掌握。

动作要领：击球前，前臂与台面平行伸向来球。球拍触球时，前臂和手腕稍向前移动，借助来球的反弹力将球挡回。拍面接近垂直，并在来球的上升期击球的中部（见图 5–61）。

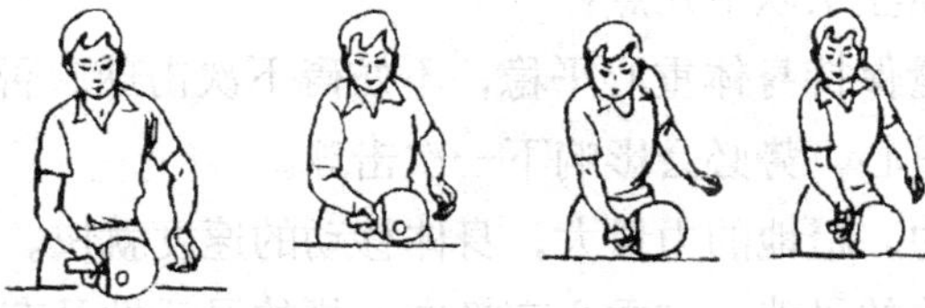

图 5–61　挡球

2. 快推

特点：出手快，动作灵活。若结合落点变化，能起到调动、控制对方的作用。

动作要领：两脚平行站立，身体靠近球台。引拍时肘关节靠近身体右侧，前臂与台面平行。将球拍后引至左腹前，拍面垂直。击球时，前臂和手腕迅速前伸。食指用力，拇指放松使拍面稍前倾，在上升期击球的中上部（见图 5–62）。

图 5–62 快推

3. 加力推

特点：动作幅度较大，力量重，球速快。若结合落点变化，能增加一定的攻击力。

动作要领：引拍时，前臂向后上方屈收的幅度较大，使球拍的位置稍高一些，并根据来球的高度调整好球拍角度。击球时以手臂发力为主，借助右脚蹬地和转腰的力量。在来球的上升后期或高点期击球的中上部（见图 5–63）。

图 5–63 加力推

4. 减力挡

特点：力量轻，落点短，节奏变化快，能起到干扰和调动对方的作用。

动作要领：在触球瞬间，球拍前移的动作骤然停止，也可将球拍稍微后移，以减弱来球的反弹力。根据来球力量和上旋强度的大小，调节好拍面角度，控制好触球瞬间球拍后移的幅度（见图 5–64）。

图 5–64 减力挡

（二）搓球

特点：搓球是近台还击下旋球的一种技术，特点是动作小、弧线低、落点活、旋转变化多等，可以牵制对方的攻势，并为抢攻或抢拉创造机会。搓球在左半台使用较多。搓球种类较多，根据击球时间、落点和旋转的不同，分快搓、慢搓、转与不转搓球、侧旋搓球等。

动作要领：球拍在体前，击球时上臂前伸，拍面稍后仰，利用上臂前伸和旋外力量，将球拍向前下方送出，在来球的下降期摩擦球的中下部（见图 5–65）。

图 5–65　搓球

（三）攻球

攻球是比赛中争取主动和得分的重要手段，其特点是种类多、球速快、力量大。

如果按身体方位划分，攻球有正手攻球、反手攻球、直拍反面攻球和侧身攻球等；如果按接站位划分，攻球有近台快攻、中台快攻和远台快攻等；如果按动作划分，攻球有快抽、拉抽、扫抽和扣杀等。

1. 正手攻球

特点：正手攻球又称近台快抽，其特点是站位近、动作小、球速快。若配合落点变化，可创造更好的扣杀机会。

动作要领：击球前，左脚稍前站立，身体离台约 50 厘米。当来球将落至台面时，前臂外展，将球拍后引至身体右侧稍后。当来球从台面弹起时，上臂带动前臂向左前上方快速挥动，并配合前臂内旋动作将拍形前倾，在上升期击球的中上部。击球过程中，身体重心从右脚移至左脚，击球后球拍继续挥至头部高度，然后迅速还原成击球前的准备姿势（见图 5–66）。

图 5–66　正手攻球

2. 提拉球

特点：提拉球是攻球运动员对付下旋球时常用的技术之一。特点是落点活，球路稳健，并带有一定的主旋力。比赛中，双方处于相持阶段时用此过渡，常能为扣杀创造机会。

动作要领：击球时，球拍从右下方朝左前上方加速挥动，拍面接近垂直，在来球的下降期击球的中部或中下部（见图 5–67）。

图 5–67　提拉球

3. 扣杀

扣杀的特点是动作大、力量重、攻击力强，是还击半高球时得分的重要手段。击球时，拍面和击球约成直角，前臂和手腕同时下压，等球弹到高点时击球的中上部。要求最大限度地发挥整个手臂的力量，并配合转腰和蹬地的力量。

（四）弧圈球

弧圈球是将速度与旋转相结合的一种进攻技术。弧圈球的弧线曲度大，落台后前冲力大、攻击力强，是乒乓球比赛中得分的主要手段。

拉弧圈球时，要求运动员使用反胶海绵球拍。击球时球拍前倾，击球的中部或中上部，依靠腿部、腰部和手臂等部位的协调发力完成动作。

如果按击球方法划分，弧圈球包括正手弧圈球（见图 5–68）、反手弧圈球和侧身弧圈球；如果按旋转特点划分，弧圈球包括加转弧圈球、前冲弧圈球、侧旋弧圈球和不转弧圈球（假弧圈）。

特点：站位稍远，动作大，速度稍慢，弧线曲度大，落台后前冲并向下滑落，一般用于拉下旋球。

动作要领：

（1）两脚左右开立，稍大于攻球时距离，右脚在后，身体重心较低。

（2）执拍手沉肩垂臂，引拍至身体后下方，拍面稍前倾，身体重心移至右脚。

（3）大臂带动前臂向前上方挥拍，逐渐加快挥拍速度。此外，还应根据来球旋转程度控制好拍形角度并找准击球时间。

（4）身体重心向左脚移动。拍触球时，右脚蹬地向左侧转体，迅速收缩前臂，发力要以腰、手为主，在来球下降期击球的中部或中上部。

（5）拉球后，球拍随势挥至头部高度，身体重心移至左脚上。

图 5–68　正手拉弧圈球

第二课 乒乓球运动基本战术

一、乒乓球基本战术的特点

乒乓球有各种各样不同的打法，还有多种战术。不管是什么打法，战术如何变化多端，乒乓球技术离不开四个基本因素，那就是力量、速度、旋转和落点。力量作用于球，是通过球的前进速度和旋转强度表现出来的。如果你在进攻中猛力扣杀，使对方接不好，那么你就要打得有力量。如果你是在加强旋转的强度，无论是制造上旋或下旋，那么你一定要用力摩擦球。

为了尽量减少对方的准备时间，你必须抓紧时间，争取在最短、最快的时间内把球回击到对方的台面上，使对方措手不及。为了增加对方还击的难度，还可以制造各种旋转球，迫使对方回球失误后出机会球。

二、乒乓球比赛时常用的战术

1. 推攻战术

主要运用正手攻球和反手推挡的速度和力量，并结合落点变化和节奏变化来压制和调动对方，以争取主动或得分。推攻战术是左推右攻打法对付攻击型打法的主要战术，有反手推挡能力的两面攻运动员、攻削结合运动员等也常使用。

2. 两面攻战术

主要利用正、反手攻球技术的速度和力量压制对方，争取主动和创造扣杀机会。两面攻技术是两面攻打法对付攻击型打法的主要战术。

3. 拉攻战术

连续运用正手快拉创造进攻机会，然后采用突击和扣杀作为得分手段。拉攻战术是快攻打法对付削球类打法的主要战术。

4. 拉、扣、吊结合战术

由拉攻与放短球结合而成，是快攻型打法对付削球打法的常用战术。

5. 搓攻战术

主要运用“转、低、快、变”的搓球控制对方，以寻找战机，然后采用低突、快点或拉攻等技术展开攻势并进入连续进攻。在搓球中遇到机会球时进行扣杀，常常带有突然性，往往可以直接得分。搓攻战术是乒乓球各种打法都不可缺少的辅助战术。

6. 削攻反攻战术

由削球和攻球结合而成，常以逼角加转削球为主，伺机反攻；或以转、低、稳、变的削球，迫使对手在走动中拉攻，以从中寻找机会，予以反攻。这种战术有“逼、变、凶、攻”的特点，是攻、削结合打法的主要技术。

7. 发球抢攻战术

发球抢攻战术是以旋转、线路、落点以及速度不同的发球来增加对方回击的难度，使其出现机会球，或降低回球质量，然后抢先进攻，以争取主动或直接得分，这是乒乓球所有打法，特别是进攻型打法的主要战术和得分手段。

8. 接发球抢攻战术

由某一单项攻球技术形成，进攻性强，可变接发球的不利地位为主动地位，也可直接得分，是乒乓球运动中各种打法，特别是进攻型打法的主要战术。

第三课　乒乓球运动竞赛规则简介

具体内容请扫描右侧二维码。

文本阅读
乒乓球运动竞赛规则简介

第五节　羽毛球

现代羽毛球运动诞生于英国，大约在1800年，由网球派生而来。我们可以注意到，现今的羽毛球场地和网球场地仍非常相似。1870年，出现了用羽毛、软木做的球和穿弦的球拍。那时的活动场地是葫芦形，两头宽中间窄，窄处挂网，直至1901年才改为长方形。

第一课　羽毛球运动基本技术

一、握拍法

羽毛球握拍法正确与否，对于掌握和提高羽毛球技术水平有着重要的影响。羽毛球技术中的握拍法是多样的，但是基本的握拍法有两种，即正手握拍法和反手握拍法。

（一）正手握拍法

握拍之前，先用左手拿住球拍，使拍面与地面垂直；再张开右手，使手掌下部靠在球拍的握柄底托部位，虎口对着球拍柄。小指、无名指、中指自然并拢，食指与中指稍稍分开，自然弯曲并贴在拍柄上（见图5-69）。

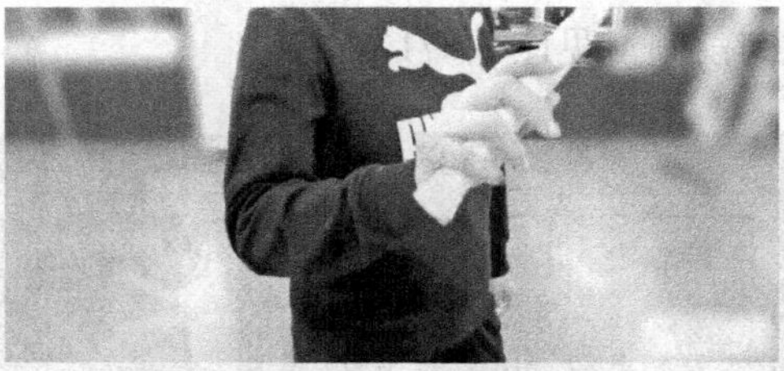

图5-69　正手握拍

（二）反手握拍法

在正手握拍的基础上，拇指和食指将拍柄稍向外转，拇指顶点在拍柄内侧的宽面上或内侧棱上，中指、无名指和小指并拢握拍，柄端靠近小指根部，使掌心留有空隙。球拍斜侧向身体左侧，拍面稍后仰（见图 5–70）。

图 5–70　正手握拍

二、发球

发球是运动员在发球区将球用球拍击出，使之在空中飞行，落到对方的接发球区的技术动作。

发球可分为正手发球和反手发球两种。若按球在空中飞行的弧线，又可分为发高远球、平快球、平高球和网前球。在单打比赛中，以上几种发球应用得较普遍；而在双打比赛中，则以发网前球结合发平高球用得最多。

（一）正手发球

1. 正手发高远球

准备发高远球的时候，站在离前发球线 1 米左右的发球场区中线附近，面对球网，两脚自然开立。左脚在前，右脚在后。身体重心放在右脚，身体略微向后仰，右手向右后侧举起，肘部稍弯曲，左手拿球置于胸前。发球的时候，左手将球落下，右手的大臂带动小臂，从右后方往左前上方挥动。大臂开始挥动的同时，身体重心随势由右脚移到左脚。当球落到击球人手臂向下自然伸直能触到球的部位的一刹那，握紧球拍，并利用甩手腕的力量，向前上方鞭打击球，在把球击出的同时，手臂向上方挥动，击球之后，身体重心也由右脚移至左脚，身体微微向前倾（见图 5–71）。

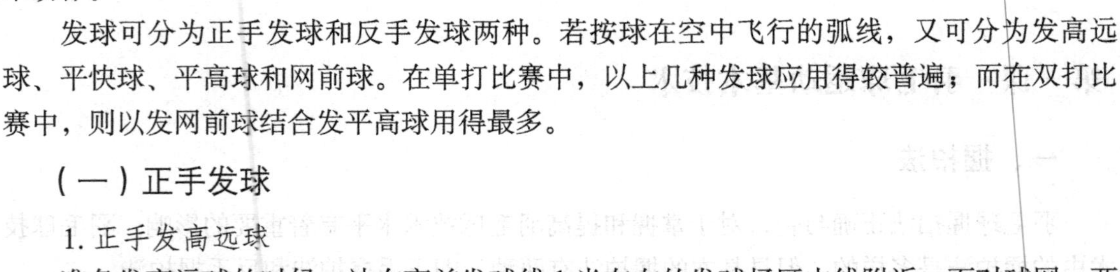

图 5–71　正手发高远球

2. 正手发平高球

发平高球时动作过程大致与发高远球相同，只是在击球的一刹那，前臂加速带动手腕向前上方挥动，拍面要向前上方倾斜，以向前用力为主（见图 5-72）。

图 5-72　正手发平高球

3. 正手发网前球

发网前球时，握拍要放松，上臂动作要小，主要靠前臂带动手腕向前切送，球的弧线要贴网而过，落点在前发球区（见图 5-73）。

微课

正手发网前球

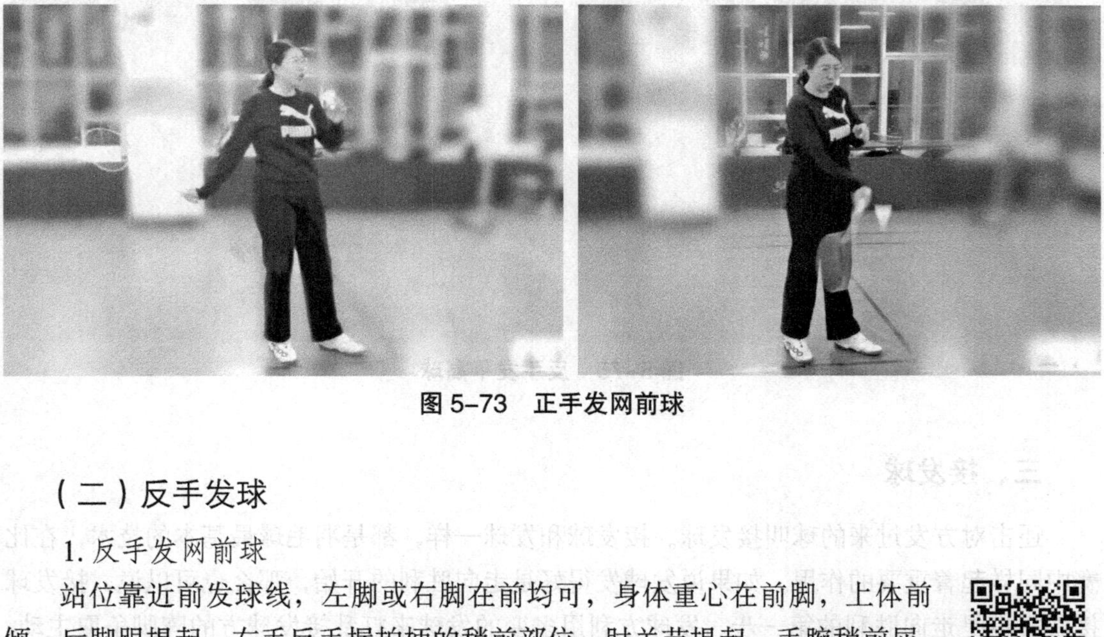

图 5-73　正手发网前球

（二）反手发球

1. 反手发网前球

站位靠近前发球线，左脚或右脚在前均可，身体重心在前脚，上体前倾，后脚跟提起。右手反手握拍柄的稍前部位，肘关节提起，手腕稍前屈，球拍低于腰部，斜放在下腹前方；左手持球在拍面前方。发球时，球拍由后向前推送击球，使球运行的弧线最高点略高于网顶，球拍触球时，拍面呈切削式击球，使球落到对方场区的前发球线附近（见图 5-74）。

微课

反手发网前球

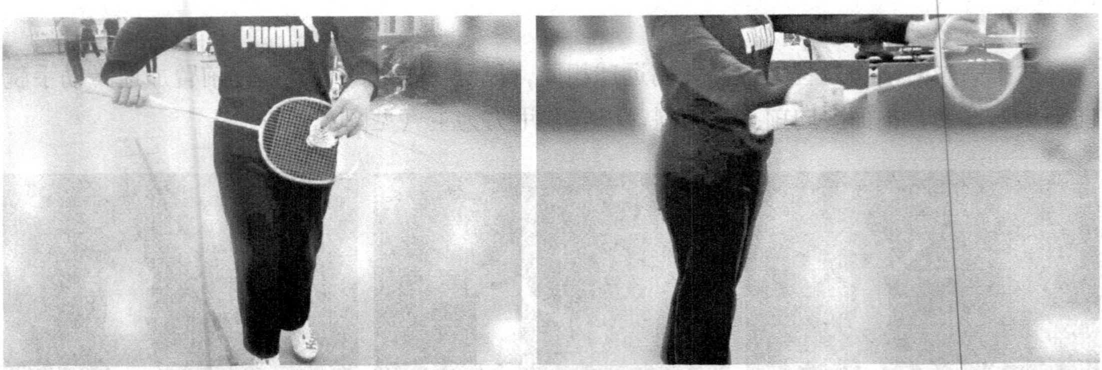

图 5–74　反手发网前球

2. 反手发平高球

反手发平高球与正手发平高球的球路、角度、落点一样。发球时，球拍的挥动方向也与反手发网前球一样，只是在击球的一刹那，手腕有弹性地击球，拍面与地面角度接近垂直，将球击到双打后发球线以内的区域（见图 5–75）。

微课
反手发平高球

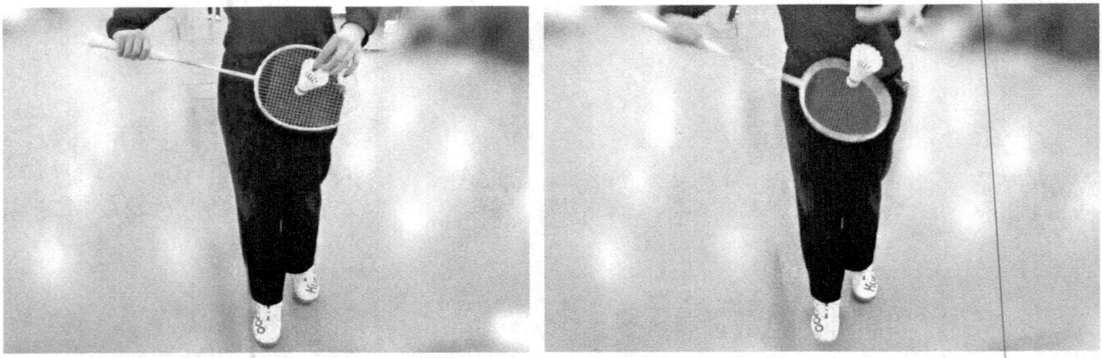

图 5–75　反手发平高球

三、接发球

还击对方发过来的球叫接发球。接发球和发球一样，都是羽毛球最基本的技术，在比赛中同样起着重要的作用。如果说发球发得好是走向胜利的开始，那么也可以说，接发球接得好也是走向胜利的第一步。发球方利用多变的发球来打乱接发球方的阵脚争取主动，接发球方则通过多变的接发球来破坏发球方的企图。

（一）接发球的站位和姿势

1. 单打站位

单打站位一般是在离发球线 1.5 米处。站在右发球区时，要站在靠近中线的位置；在左发球区时，则站在中间位置，主要是防备对方直接进攻反手部位。一般左脚在前，右脚在后，双膝微屈，收腹含胸，身体重心放在前脚上，后脚脚跟稍抬起。身体半侧向球网，球拍举在身前，两眼注视对方（见图 5–76）。

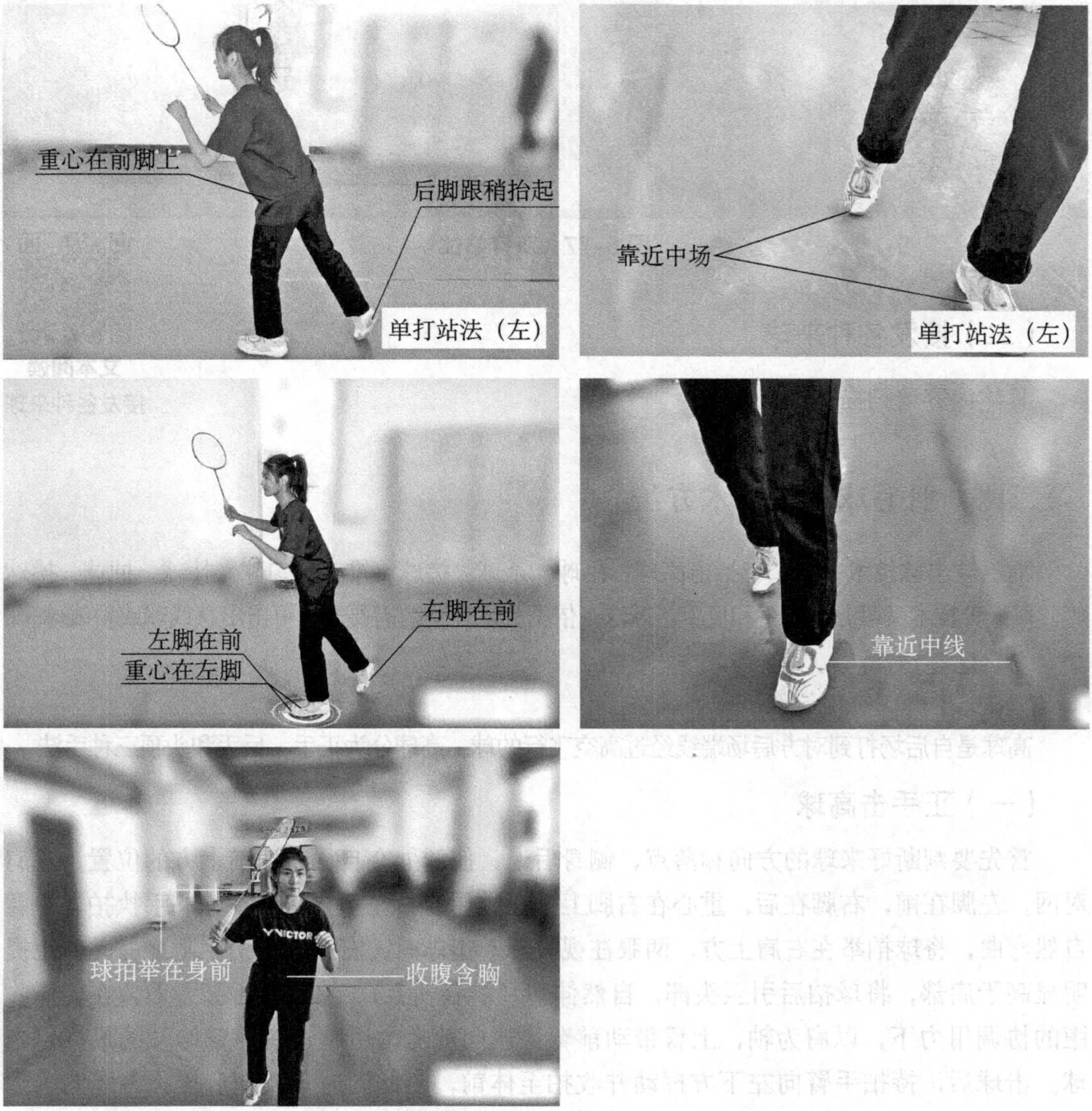

图 5–76　单打站位

2. 双打站位

由于双打发球区比单打发球区短 0.76 米，发高远球易被对方扣杀，因此双打发球多以发网前球为主。接发球时要站在靠近前发球线的地方。双打准备姿势和单打的接发球姿势基本相同，略有区别的是身体前倾较大，身体重心可以随意放在任何一脚，球拍举得高些，在球来到网上最高点时击球，争取主动，但要注意右场区对方发平快球突袭反手部位(见图 5–77)。

图 5-77　双打站位

（二）接发各种来球

具体内容请扫描右侧二维码。

文本阅读
接发各种来球

第二课　羽毛球击球技术方法

羽毛球击球技术方法，包括击高球、吊球、杀球、搓球、推球、勾球、扑球、抽球、挑球等，每一种技术又可分为正手和反手击球法。依据战术球路的需要，又可击出直线球或斜线球来。

一、高球

高球是自后场打到对方后场端线经过高空飞行的球。高球分为正手、反手和头顶三种手法。

（一）正手击高球

首先要判断好来球的方向和落点，侧身后退，使球处在自己右肩前上方的位置。左肩对网，左脚在前，右脚在后，重心在右脚上。左臂屈肘，左手自然高举，右手执拍，手臂自然弯曲，将球拍举在右肩上方，两眼注视来球。击球时，右上臂后引，随之肘关节上提明显高于肩部，将球拍后引至头部，自然伸腕（拳心朝上）。然后再后脚蹬地，在转体收腹的协调用力下，以肩为轴，上臂带动前臂快速向前上方甩腕，在手臂伸直的最高点击球。击球后，持拍手臂向左下方挥动并收拍至体前，与此同时，左脚后撤，右脚向前迈出，身体重心由后脚移至前脚上。正手高球也可起跳击球，按上述要求做好准备动作，然后右脚起跳，随即在空中转体，并完成引拍击球动作。击球动作在球将从空中最高点落下的瞬间完成（见图 5-78）。

（二）反手击高球

具体内容请扫描右侧二维码。

（三）头顶击高球

具体内容请扫描右侧二维码。

文本阅读
反手击高球

文本阅读
头顶击高球

图 5–78 正手击高球

二、吊球

吊球是自后场打到对方前场向下坠落的球。吊球技术分为正手、反手和头顶三种手法。按球的飞行弧线和击球动作的不同分为劈吊、拦截吊和轻吊。

（一）正手吊球

击球准备和前期动作同正手高球，只是击球时拍面稍向内倾斜，手腕快速切削下压动作，击球托的后部和侧后部。若吊斜线球，则球拍切削球托右侧并向左下方发力；若吊直线球，则拍面正对前方向下切削（见图 5–79）。

微课
正手吊球

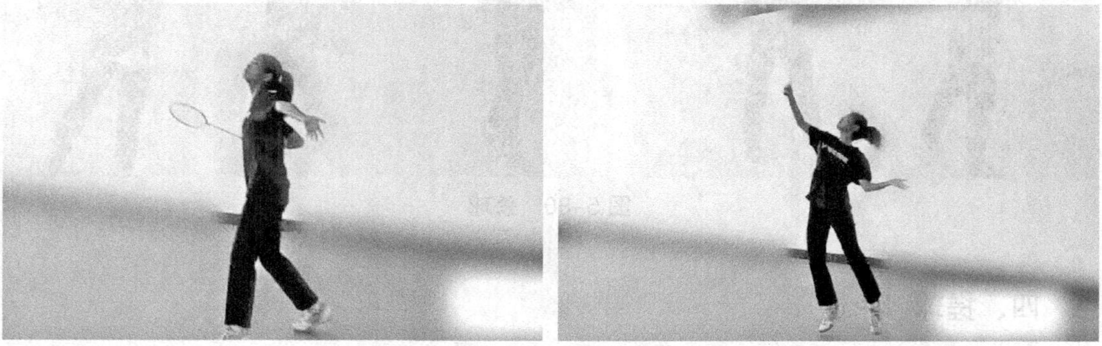

图 5–79 正手吊球

图 5-79　正手吊球（续）

（二）反手吊球

具体内容请扫描右侧二维码。

（三）头顶吊球

具体内容请扫描右侧二维码。

文本阅读 反手吊球　文本阅读 头顶吊球　微课 头顶吊球

三、杀球

杀球是把对方击来的球在尽量高的击球点上斜压下去。这种球力量大、弧线直、落地快，给对方的威胁很大，是进攻的主要技术。本课重点讲解头顶扣杀球。

微课 正手杀球

头顶扣杀球准备姿势、击球动作与头顶击高球相似。当球恰好落在头顶上空或左肩上空适当高度时，持拍手臂向上举拍并绕头由左肩上，突然加快小臂、手腕的“闪”动并下压，同时右脚向左后方蹬地跳起。左脚后撤，身体成背弓形，利用腰腹力量和手部力量协调地向前下方用力将球击出。左脚着地时，要快速蹬地起步回位，准备回击下一来球（见图 5–80）。

图 5–80　杀球

四、搓球

搓球是用球拍搓击球的左侧或右侧下部与球托底部，使球向右侧或左侧旋转与翻滚过网。搓球有正手搓球和反手搓球。

（一）正手搓球

侧身对右边网前，正手握拍。球拍随着前臂伸向右前上方斜举。当球拍举至最高点时，前臂向外旋转，手腕稍后伸并稍内收闪动，握拍手的食指和拇指夹住拍，中指、无名指和小指轻握拍柄，使球拍在手腕和手指的挥摆下用力，搓击来球的右下底部，使球旋转翻滚过网（见图 5–81）。

微课
正手搓球

图 5–81　正手搓球

（二）反手搓球

具体内容请扫描右侧二维码。

文本阅读
反手搓球

微课
反手搓球

五、推球

推球是把对方击来的网前球推击到对方后场两底角去。球飞行的弧线较低平，速度较快。推球分正手推球和反手推球两种。

（一）正手推球

站在右网前，球拍向右侧前上举。在肘关节微屈回收时，前臂稍外旋，手腕稍向后撤，球拍也随之往右下后摆，拍面正对来球。这时，小指和无名指稍松开，使拍柄稍离开鱼际肌，拇指和食指向外捻动拍柄，拍面更为后仰。推球时，身体稍往前移，右前臂往前伸并带内旋，手腕和手指控制拍面角度，手腕由后伸直并闪腕，食指向前压，小指和无名指突然握紧拍柄，拍子急速地由后经前上至左地挥动推球，使球沿边线飞向对方后场底角。在回收过程中，拍子回收（见图 5–82）。

微课
正手推球

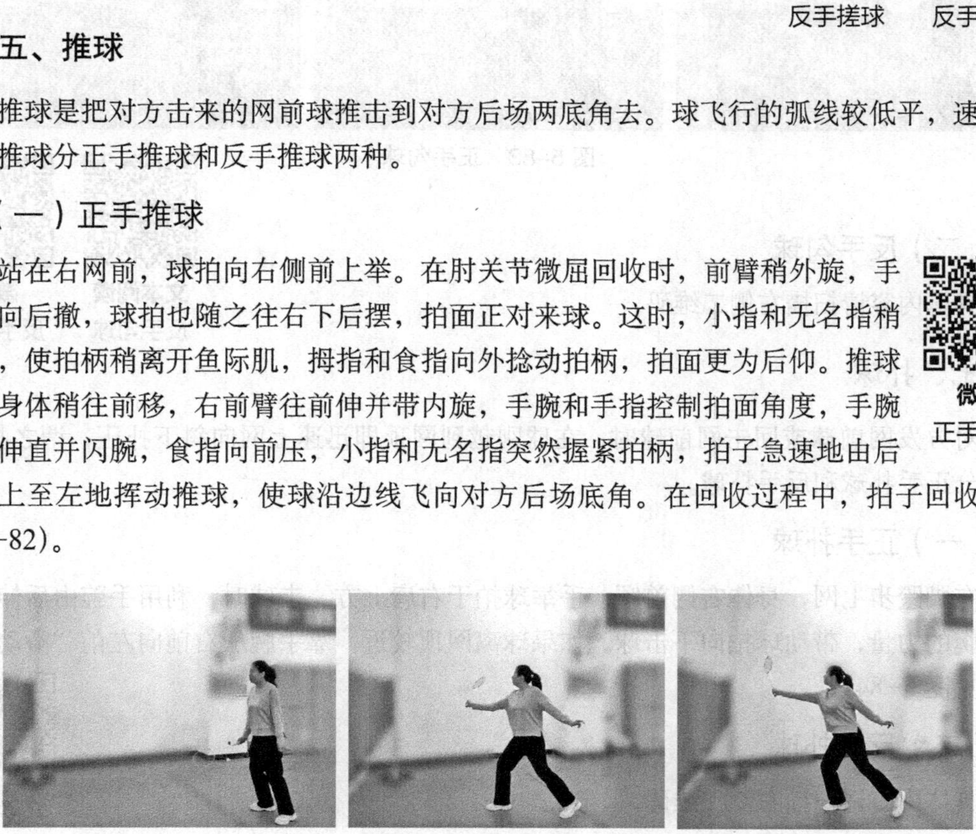

图 5–82　正手推球

（二）反手推球

具体内容请扫描右侧二维码。

文本阅读
反手推球

六、勾球

勾球是把在本方右（左）边的网前球击到对方左（右）边网前去的技术动作。勾球分正手和反手两种。

（一）正手勾球

用并步加蹬跨步上右网前，球拍随着前臂往右前斜上举。在前臂前伸时稍有外旋，手腕微后伸，握拍手将拍柄稍向外捻动，使拇指贴在拍柄的宽面上，食指的第二指关节贴在拍柄背面的宽面上，拍柄不触掌心。球拍随着向右侧前挥动，拍面朝着对方右网前。击球时，靠前臂稍有内旋往左拉收，手腕由稍后伸至内收闪腕，挥拍拨击球托的右侧下部，使球向对方网前掠网坠落。击球后，球拍回收至肩前（见图 5-83）。

图 5-83　正手勾球

（二）反手勾球

具体内容请扫描右侧二维码。

文本阅读
反手勾球

微课
反手勾球

七、扑球

对方发网前球或回击网前球时，在球刚越到网顶即迅速上网向斜下扑压，谓之扑球。扑球分正手扑球和反手扑球。

（一）正手扑球

右脚蹬步上网，身体右侧前倾，手举球拍于右肩上方。击球时，利用手腕由后伸到前屈收腕的力量，带动球拍向下击球。如果球离网顶较近，靠手腕从右前向左前“滑动”击球（见图 5-84）。

（二）反手扑球

具体内容请扫描右侧二维码。

文本阅读
反手扑球

图 5-84 正手扑球

八、抽球

抽球是把在身体两侧、肩以下、腰以上的来球平扫过去。抽球有正手抽球和反手抽球两种。

（一）正手抽球

站在右场区中部，两脚平行开立稍宽于肩，重心在两脚间，微屈膝收腹，正手握拍举于右肩前。击球前肘关节前摆，前臂稍往后带外旋，手腕稍外展至后伸，引拍至体后。击球时前臂内旋，手腕伸直闪动，手指抓紧拍柄，球拍由右后往右前方高速平扫盖击来球。击球后手臂左摆，左脚往左前方迈一步，右脚跟一步回中心位置（见图 5-85）。

图 5-85 正手抽球

（二）反手抽球

具体内容请扫描右侧二维码。

文本阅读
反手抽球

九、挑球

挑球是把对方击来的吊球或网前球挑高回击到对方后场去，这是在比较被动的情况下采取的一种防守性技术。挑球有正手挑球和反手挑球两种。

（一）正手挑球

正手握拍举在胸前，右脚向网前跨出一大步，左脚在后，侧身向网，重心在右脚上，同时右臂向后摆，自然伸腕，使球拍后引。然后以肘关节为轴，屈臂内旋，并握紧球拍，用食指及手腕的力量，将球向前上方击出。如图 5-86 所示。

图 5-86　正手挑球

（二）反手挑球

具体内容请扫描右侧二维码。

第三课　羽毛球战术训练

具体内容请扫描右侧二维码。

第四课　羽毛球竞赛规则简介

具体内容请扫描右侧二维码。

文本阅读
反手挑球

文本阅读
羽毛球战术训练

文本阅读
羽毛球竞赛规则简介

第六节　网　球

网球运动孕育在法国，诞生在英国，开始普及和形成高潮在美国，现在盛行于全世界，被称为世界第二大球类运动。网球因时尚、高雅而深受当代大学生的喜爱，网球运动作为隔网的健身运动项目，对加强人的体质、愉悦身心、发展智力、培养顽强意志具有良好的作用。

第一课　网球的基本技术

一、握拍方法

正确的握拍方法是一切击球技术完成的第一步。我们将拍面与地面垂直，将拍柄末端分为八个面（见图 5–87）。

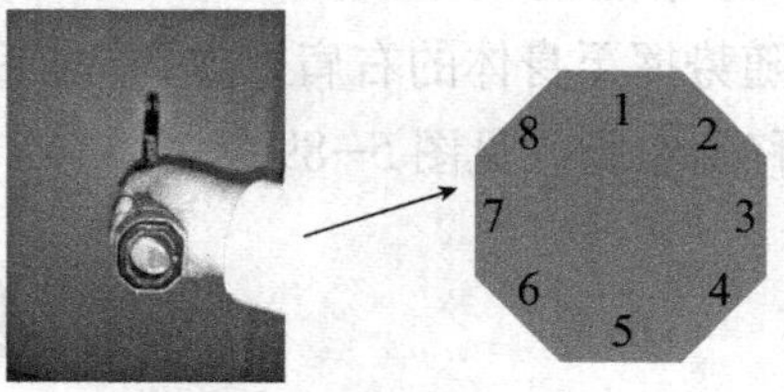

图 5–87　握拍示范

常用的握拍方法有 5 种：东方式握拍、大陆式握拍、西方式握拍、半西方式握拍、双手反手握拍。

文本阅读
5 种握拍方法

二、准备姿势

双脚开立比肩略宽，脚掌着地、脚跟微抬起，身体重心置于两脚前脚掌之间，两膝微屈，并保持膝关节的良好弹性，上体稍前倾，两眼注视对手或来球。球拍置于腰腹之间，拍头斜向上。用正手握法轻握球拍，非持拍手轻扶着球拍的颈部。

三、基础技术

（一）正手平击球

正手平击球是在端线附近回击来球和进攻对方的重要基础技术，正手平击球速度快、力量较大，球被击出后有一定弧线，比赛中常用来进行底线长抽攻击，在上网前也多使用。

动作方法：右手持拍（以后动作举例同）从准备姿势开始，移动到来球位置，最后一步要保持左脚在前，身体左侧朝向来球方向。这时将球拍充分向后挥摆，拍头翘起，手臂伸展，眼睛注视来球。击球时要保证手腕固定，拍面与地面垂直。击球后保持拍面继续前挥，身体重心从右脚逐渐移到左脚，利用蹬地、转腰、收臂协调发力并将球拍随势挥至身体的左肩上方（见图 5–88）。

图 5–88　正手平击球

（二）反手平击球（单手握拍）

反手平击球是球落在身体左侧采用的一种击球方法，是网球重要的基础技术之一。

动作方法：当来球飞向反手方向时，移动到位的最后一步，要保持右脚在前，身体右侧朝向来球方向，球拍向左后挥摆。这时持拍手臂的肘部保持适当弯曲，拍头稍翘起，在迎球过程中，挥拍手臂与向右转体动作相配合，使球拍由低向高挥动，拍与球碰撞的击球点在身体左前方，高度在腰间。拍触球时手腕固定，握紧球拍，拍面垂直或稍后仰，击球中部附近部位。击球后球拍随势挥至身体的右肩上方，挥拍手臂伸直，左臂自然展开留在身后，身体重心从左脚逐渐移到右脚（见图 5–89）。

图 5–89　单手反手平击球

（三）反手平击球（双手握拍）

双手反手平击球由于击球时双手在拍柄上有两个支撑点，当球与拍碰撞时，拍面的稳定性强，球拍不容易被来球撞动或扭转。双手挥拍多靠转体配合，击球力量相对比单手反手要大，只是要求双手反手击球时，击球点比单手反手抽球更近身一些，并且要多跑动一步才能选好合适的击球位置。

动作方法：当判断来球是飞向反手方向时，在移动到位的最后一步应保持右脚在前，身体右侧朝向来球方向，双手握球拍向左后挥摆，右臂伸展较大，左臂弯曲。在迎球过程中，挥臂与转体动作配合，拍与球碰撞的击球点保持在髋前。拍触球时双手握紧球拍，两肩和两髋随着转动，拍面垂直于地面，击球的中部位置。击球后双手随势挥至右肩，身体重心从左脚移到右脚，动作完成后迅速还原，恢复成准备姿势（见图 5–90）。

图 5–90　双手反手平击球

四、发球

在现代网球运动中，发球技术是唯一一项由发球员自身完全完成的基本技术，它可以不受对方制约，在较大的程度上能够充分发挥出运动员的特点，用以控制对手，为自己的进攻创造有利条件。发球技术的握拍法常为大陆式或东方式反拍握拍法。

（一）技术要领

（1）准备要势：全身放松，侧身站立在端线外中场标记近旁边（单打），左肩对着左边网柱，面向右边网柱，两脚分开约同肩宽，左脚与端线约成45°，右脚约与端线平行，重心在左脚上。

（2）抛球与引拍：抛球与后摆拉拍动作是同步开始的，持球手将拇指、食指和中指三指的指腹轻托住球，掌心向上。当球拍向下向后引拍时，拍头指向天空，左侧腰、胯成弓形状，同时持球手直臂将球送至最高点再离开手指抛向空中，身体重心随着抛球开始先移向右脚，然后平稳地开始前移。

（3）击球动作：当左手抛出球时，球拍继续向上摆起，这时握拍手的肘关节放松，拍头朝下，身体继续向前转动，利用蹬地、转腰、持拍手腕带动小臂有一个旋内的“鞭打”动作进行击球，并在击球后顺势压腕，使球落点在有效发球区内。

（4）击球后的随挥：动作球发出后，身体向场内倾斜，保持连续的、完整的向前上方伸展的随挥动作。球拍挥至身体的左侧，重心移向前方，做到完全自然地跟进并保持身体平衡。

（二）发球的分类及其方法

发球基本分三种：平击发球、切削发球和上旋发球。每一种发球都有自己的特点和用途，好的发球具有相当大的攻击力，并使发出的球在速度、力量、旋转和落点方面有变化。

1. 平击发球

在诸种发球中，平击发球是球速最快的发球法，也叫炮弹式发球（见图5-91）。该发球方法不但球速快，而且反弹低。这种发球虽然力量大、球速快、威胁大，但命中率比较低。

图 5-91　平击发球

发平击球时的击球点应在身体的右前上方，以拍面中心平直对准球，击球的后上部。因此手腕的向前拌甩和前臂的“旋内鞭打”非常重要，身体充分向上、向前伸展，以获得最高击球点，以提高发球命中率。

2. 切削发球

这是一种以右侧旋转（略带下旋）为主的发球法，就是由球的右上往左下切削击球。由于切削发球的飞行轨迹及弹跳方向所定，该发球不但球速快、威胁大，而且容易提高发球命中率，因此被世界各国多数运动员采纳。

发球时把球抛到右侧斜上方，球拍快速从右侧上方至左下方挥动。击球部位在球的中部偏右侧，使球产生右侧旋转（见图 5–92）。

3. 上旋发球

这是以上旋为主、侧旋为辅的发球法。由于球的上旋成分多于切削发球，使球产生一个明显的从上向下的弧形飞行轨迹过网，发力越强，旋转成分越多，弧形就越大，命中率也越高；落地后高反弹到对方的左侧，迫使对方离位接球，给对方造成很大压力，同时为发球上网带来足够的时间。

发上旋球时把球抛到头后偏左的位置，击球时身体尽量后仰成弓形，利用杠杆力量对球加旋转，球拍快速从左向右上方挥动，从下向上擦击球的背面，并向右带出，使球产生右侧上旋（见图 5–93）。

图 5–92　切削发球　　　　图 5–93　发上旋球

五、接发球

（一）接发球站位

一般位于端线附近，力求在接发球时向前移动击球。保持着两脚平行站位，比肩略宽，右手持拍者一般右脚稍前，两膝微屈，重心应低于正常的击球准备姿势，上体稍前倾，脚跟提起，将球拍置于体前。

（二）要观察对手

在接发球的全过程中眼睛始终要观察对手的抛球，注视来球，这样有利于判断发球的方向和旋转，一直到完成还击动作。

（三）接发球的站位变化

对方第一次发球时多采用大力发球，站位应偏后一些，如果是第二次发球时可略向前移，利于采取攻击性的还击。如果对方发球时速度较快、力量较大，不要做大幅度的后摆动作，而要控制好拍面角度并紧握球拍以免拍面被震转动。

（四）还击来球后的行动

还击来球后要观察对方的行动，对自己的回球路线和落点要有所考虑。选择好接发球落点，对控制手发球后抢攻有重要意义。

六、上旋球

进攻型选手喜欢拉上旋球是因为上旋打法比较凶狠，球落地反弹冲力大、威胁性强、稳定性高。初学者应当在熟练掌握正规的正手平击球之后，再学习拉上旋球。

动作方法：正手拉上旋球时左脚在前，身体侧向来球，球拍后摆动作比一般平击球要大、要低，拍面稍前倾。在由低向高挥拍迎球过程中，拍与球撞击时，拍速要很快，前臂和手腕除随上臂和身体一起向上发力外，还要附加前旋动作，以使球拍向上摩擦而产生强烈上旋，同时握紧拍柄。击球后将球拍向上挥过头部。

七、截击球

截击球是网前技术中的一种攻击性击球方法，当球在落地之前，将球击回到对方场区，它回球速度快、力量重、威胁大。目前国内外优秀网球运动员都普遍采用发球上网或接发球上网战术，因而，截击球技术被提到进攻性打法不可缺少的重要地位（见图 5–94）。

正手截击 反手截击

图 5–94 截击球

正手截击动作方法：截击时站在网前 2.5～3 米的位置，准备姿势与一般击球大体相同，但球拍要举得高一些，约与眼部同高。截击时后摆动作要小，击球点保持在身体前方，拍触球瞬间手腕固定，用力紧握球拍，略加向前推击的动作即可。截击较近的球，左脚跨出一步，截击较远的球时要跨出一大步。

反手截击动作方法：反手截击的击球点要靠前一点，要及早跨出。右脚重心也要置于右脚。击球时手腕固定，用力紧握球拍，拍面稍后倾，抽球中上部。击球后右臂伸展，向前下方压送。

八、高压球

高压球多用在网前的击球动作，高压球分为原地高压球、跳起高压球和后退高压球。

高压球要及时侧身，早举球拍，眼睛看准球，找准击球点。高压球一般以平击高压为主，也可以用切削高压打出好的角度和落点。当对方挑高球挑得很高很深时，可打落地高压球。打这种球要快速侧身后退，后退时眼睛不能离开球，要求步子退足，然后再向前做高压击球动作（见图 5–95）。

图 5–95　高压击球

第二课　网球基本战术

具体内容请扫描右侧二维码。

文本阅读
网球基本战术

第三课　网球竞赛规则

具体内容请扫描右侧二维码。

文本阅读
网球竞赛主要规则简介

学思践行

凝聚集体力量 共展青春风采

第六章 武 术

导论

武术是我国的传统体育项目，具有广泛的群众基础，是各级各类学校体育教材的重要内容。它是把踢、打、摔、拿、跌、击、劈、刺等动作按照一定规律组成徒手的和器械的各种攻防格斗功夫、套路和单势练习。武术具有极其广泛的群众基础，是中国人民在长期的社会实践中不断积累和丰富起来的一项宝贵的文化遗产。

第一节 初级长拳三路

长拳属于外家拳，是一种拳术流派的总称。原国家体委把群众中流传广泛的查、华、炮、洪、弹腿、少林等拳种，根据其风格特点，综合整理创编了长拳。其特点是姿势舒展、动作灵活、快速有力、节奏鲜明，并多起伏转折、蹿蹦跳跃、跌扑滚翻等动作和技术。

初级长拳三路套路编排合理，由简而繁、由易到难，有利于循序渐进地进行练习；套路布局和路线变化前后呼应、左右兼顾、均匀合理；强调动作规格化，在注重功力的同时，还较好地体现了武术招式的攻防意识。

视频
初级长拳三路（全套动作）

预备式

一、预备动作

(1) 两脚并步站立，两臂垂于身体两侧，五指并拢贴靠腿外侧，眼向前平视。

(2) 头要端正，颌微收，挺胸，塌腰，收腹。

二、虚步亮掌

(1) 右脚向右后方撤步成左弓步。右掌向右、向上、向前划弧，掌心向上，左臂屈肘，左掌提至腰侧，掌心向上，目视右掌。

(2) 右腿微屈，重心后移。左掌经胸前从右臂上向前穿出伸直，右臂屈肘，右掌收至腰侧，掌心向上，目视左掌。

(3) 重心继续后移，左脚稍向右移，脚尖点地，成左虚步。左臂内旋向左、向后划弧成勾手，勾尖向上；右手继续向后、向右、向前上划弧，屈肘抖腕，在头上方成亮掌（即横掌），掌心向前，掌指向左，目视左方。

(4) 三个动作必须连贯。成虚步时，重心落于右腿上，右大腿与地面平行。左腿微屈，脚尖点地。

三、并步对拳

(1) 右腿蹬直，左腿提膝，脚尖里扣，上肢姿势不变。

(2) 左脚向前落步，重心前移。左臂屈肘，左勾手变掌经左肋前伸；右臂外旋向前下落于左掌右侧，两掌同高，掌心均向上。

(3) 右脚向前上一步，两臂下垂后摆。

(4) 左脚向右脚并步，两臂向外向上经胸前屈肘下按，两掌变拳，拳心向下，停于小腹前。目视左侧。

(5) 并步后挺胸、塌腰。对拳、并步、转头要同时完成。

第一段

一、弓步冲拳

(1) 左脚向左上一步，脚尖向斜前方，右腿微屈，成半马步。左臂向上、向左格打，拳眼向后，拳与肩同高；右拳收至腰侧，拳心向上。目视左拳。

(2) 右腿蹬直成左弓步。左拳收至腰侧，拳心向上，右拳向前冲出，高与肩平，拳眼向上。目视右拳。

(3) 成弓步时，右腿充分蹬直，脚跟不要离地。冲拳时，尽量转腰顺肩。

二、弹腿冲拳（右腿）

(1) 重心前移至左腿，右腿屈膝提起，脚面绷直，猛力向前弹出伸直，高与腰平。

(2) 右拳收至腰侧，左拳向前冲出。目视前方。

(3) 支撑腿可微屈，弹出的腿要有爆发力，力点达于脚尖。

三、马步冲拳

(1) 右脚向前落步，脚尖里扣，上体左转。左拳收至腰侧，两腿下蹲成马步；右拳向前冲出。目视右拳。

(2) 成马步时，大腿要平，两脚平行，脚跟外蹬，挺胸、塌腰。

四、弓步冲拳

(1) 左脚向左蹬地转体，右臂向上、向右格打，拳眼向后，拳与肩同高。目视右拳。

(2) 左腿蹬直成右弓步。右拳收至腰侧，拳心向上，左拳向前冲出，高与肩平，拳眼向上。目视左拳。

(3) 成弓步时，左腿充分蹬直，脚跟不要离地。冲拳时，尽量转腰顺肩。

五、弹腿冲拳（左腿）

(1) 重心前移至右腿，左腿屈膝提起，脚面绷直，猛力向前弹出伸直，高与腰平。

(2) 左拳收至腰侧，右拳向前冲出，目视前方。

(3) 支撑腿可微屈，弹出的腿要有爆发力，力点达于脚尖。

六、大跃步前穿

(1) 左腿屈膝。右拳变掌内旋，以手背向下挂至左膝外侧，上体前倾。目视右手。

(2) 左脚向前落步，两腿微屈。右掌继续向后挂，左拳变掌，向后、向下伸直。目视右掌。

(3) 右腿屈膝向前提起，左腿立即猛力蹬地向前跃出。两掌向前、向上划弧摆起。目视左掌。

(4) 右腿落地全蹲，左腿随即落地向前铲出成仆步。右掌变拳抱于腰侧，左掌由上向右、向下划弧成立掌，停于右胸前。目视左脚。

(5) 跃步要远，落地要轻，落地后立即接做下一个动作。

七、弓步击掌

(1) 右腿猛力蹬直成左弓步。

(2) 左掌经左脚面向后划弧至身后成勾手，左臂伸直，勾尖向上，右拳由腰侧变掌向前推出，掌指向上，掌外侧向前，目视右掌。

八、马步架掌

(1) 重心移至两腿中间，左脚脚尖里扣成马步，上体右转。右臂向左侧平摆，稍屈肘；同时左勾手变掌由后经左腰侧从右臂内向前上穿出，掌心均朝上。目视左手。

(2) 右掌立于左胸前，左臂向左上屈肘抖腕亮掌于头部左上方，掌心向前。目右转视。

(3) 马步同前。

第二段

一、虚步栽拳

(1) 右脚蹬地，屈膝提起；左腿伸直，以前脚掌为轴向右后转体 180°。右掌由左胸前向下经右腿外侧向后划弧成勾手；左臂随体转动并外旋，使掌心朝右。目视右手。

(2) 右脚向右落地，重心移至右腿上，下蹲成左虚步。左掌变拳下落于左膝上，拳眼向里，拳心向后。

(3) 右勾手变拳，屈肘向上架于头右上方，拳心向前。目视左方。

二、提膝穿掌

(1) 右腿稍伸直。右拳变掌收至腰侧，掌心向上，左拳变掌由下向左、向上划弧盖压于头上方，掌心向前。

(2) 右腿蹬直，左腿屈膝提起，脚尖内扣。右掌从腰侧经左臂内向右前上方穿出，掌心向上，左掌收至右胸前成立掌。目视右掌。

(3) 支撑腿与右臂充分伸直。

三、仆步穿掌

(1) 右腿全蹲，左腿向左后方铲出成左仆步。

(2) 右臂不动，左掌由右胸前向下经左腿内侧，向左脚面穿出。目随左掌转视。

四、虚步挑掌

(1) 右腿蹬直，重心前移至左腿，成左弓步。右掌稍下降，左掌随重心前移向前挑起。

(2) 右脚向左前方上步，左腿半蹲，成右虚步。身体随上步左转 180°。在右脚上步的同时，左掌由前向上、向后划弧成立掌，右掌由后向下、向前上挑起成立掌，指尖与眼平。目视右掌。

(3) 上步要快，虚步要稳。

五、马步击掌

(1) 右脚落实，脚尖外撇，重心稍升高并右移，左掌变拳收至腰侧；右掌俯掌向外掳手。

(2) 左脚向前上一步，以右脚为轴向右后转体 180°，两腿下蹲成马步。左掌从右臂上成立掌向左侧击出，右掌变拳收至腰侧。目视左掌。

(3) 右手做掳手时，先使臂稍内旋、腕伸直，手掌向下、向外转，接着臂外旋，掌心经下向上翻转，同时抓握成拳。收拳和击掌动作要同时进行。

六、叉步双摆掌

(1) 重心稍右移，同时两掌向下、向右摆，掌指均向上。目视右掌。

(2) 右脚向左腿后插步，前脚掌着地。两臂继续由右向上、向左摆，停于身体左侧，均成立掌，右掌停于左肘窝处。目随双掌转视。

(3) 两臂要划立圆，幅度要大，摆掌与后插步配合一致。

七、弓步击掌

(1) 两腿不动。左掌收至腰侧，掌心向上；右掌向上、向右划弧，掌心向下。

(2) 左腿后撤一步，成右弓步。右掌向下、向后伸直摆动，成勾手，勾尖向上；左掌成立掌向前推出，目视左掌。

八、转身踢腿马步盘肘

(1) 两脚以前脚掌为轴向左后转体 180° 。在转体的同时，左臂向上、向前划半立圆，右臂向下、向后划半圆。

(2) 上动不停，两脚不动，右臂由后向上、向前划半立圆，左臂由前向下、向后划半立圆。

(3) 上动不停，右膀向下成反臂勾手，勾尖向上；左臂向上成亮掌，掌心向前上方。右腿伸直，脚尖勾起，向额前踢。

(4) 右脚向前落地，脚尖里扣。右手不动，左臂屈肘下落至胸前，左掌心向下。目视左掌。

(5) 上体左转 90° ，两腿下蹲成马步。同时左掌向前、向左平掳变拳收至腰侧，右勾手变拳，右臂伸直，由体后向右、向前平摆，至体前时屈肘，肘尖向前，高与肩平，拳心向下。目视肘尖。

(6) 两臂抡动时要划立圆，动作连贯。盘肘时要快速有力，右肩前顺。

第三段

一、歇步抡砸拳

(1) 重心稍升高，右脚尖外撇。右臂由胸前向上、向右抡直；左拳向下、向左，使臂抡直。目视右拳。

（2）上动不停，两脚以前脚掌为轴，向右后转体 180°。右臂向下、向后抡摆，左臂向上、向前随身体转动。

（3）紧接上动，两腿全蹲成歇步。左臂随身体下蹲向下平砸，拳心向上，臂部微屈；右臂伸直向上举起。目视左拳。

（4）抡臂动作要连贯完成，划成立圆。歇步要两腿交叉全蹲，左腿大、小腿靠紧，臀部贴于左小腿外侧，膝关节在右小腿外侧，脚跟提起，右脚尖外撇，全脚着地。

二、仆步亮掌

（1）左脚由右腿后抽出前上一步，左腿蹬直，右腿半蹲，成右弓步。上体微向右转。左拳收至腰侧，右拳变掌向下经胸前向右横击掌。目视右掌。

（2）右脚蹬地屈膝提起，上体右转。左拳变掌从右掌上向前穿出，掌心向上，右掌平收至左肘下。

（3）右脚向右落步，屈膝全蹲，左腿伸直，成仆步。左掌向下、向后划弧成勾手，勾尖向上，右掌向右、向上划弧微屈，抖腕成亮掌，掌心向前。头随右手转动，至亮掌时，目视左方。

（4）仆步时，左腿充分伸直，脚尖里扣，右腿全蹲，两脚脚掌全部着地。上体挺胸塌腰，稍左转。

三、弓步劈拳

（1）右腿蹬地立起；左腿收回并向左前方上步。右掌变拳收至腰侧，左勾手变掌由下向前上经胸前向左做掳手。

（2）右腿经左腿前方向左绕上一步，左腿蹬直成右弓步。左手向左平掳后再向前挥摆，虎口朝前。

（3）在左手平掳的同时，右拳向后平摆，然后再向前、向上做抡劈拳，拳高与耳平，拳心向上，左掌外旋接扶右前臂。目视右拳。

（4）左右脚上步稍带弧形。

四、换跳步弓步冲拳

（1）重心后移，右脚稍向后移动。右拳变掌臂内旋以掌背向下划弧挂至右膝内侧；左掌背贴靠右肘外侧，掌指向前。目视右掌。

（2）右腿自然上抬，上体稍向左扭转。右掌挂至体左侧，左掌伸向右腋下。目随右掌转视。

（3）右脚以全脚掌用力向下震跺，与此同时，左脚急速离地抬起。右手由左向上、向前掳盖而后变拳收至腰侧，左掌伸直向下、向上、向前屈肘下按，掌心向下。上体右转，目视左掌。

(4) 左脚向前落步，右腿蹬直成左弓步。右拳向前冲出，拳高与肩平；左掌藏于右腋下，掌背贴靠腋窝。目视右拳。

(5) 换跳步动作要连贯、协调。震脚时腿要弯曲，全脚掌着地，左脚离地不要高。

五、马步冲拳

(1) 上体右转 90°，重心移至两腿中间，成马步。

(2) 右拳收至腰侧，左掌变拳向左冲出，拳眼向上。目视左拳。

六、弓步下冲掌

(1) 右脚蹬直，左腿弯曲，上体稍向左转，成左弓步。

(2) 左拳变掌向下经体前向上架于头左上方，掌心向上，右拳自腰侧向左前斜下方冲出。目视右拳。

七、叉步亮掌侧踹腿

(1) 上体稍右转。左掌由头上下落于右手腕上，右拳变掌，两手交叉成十字。目视双手。

(2) 右脚蹬地并向左腿后插步，以前脚掌着地。左掌由体前向下、向后划弧成勾手，勾尖向上，右掌由前向右、向上划弧抖腕亮掌，掌心向前。目视左侧。

(3) 重心移至右腿，左腿屈膝提起，向左上方猛力蹬出。上肢姿势不变，目视左侧。

(4) 插步时上体稍向右倾斜，腿、臂的动作要一致。侧踹高度不能低于腰，大腿内旋，着力点在脚跟。

八、虚步挑拳

(1) 左脚在左侧落地。右掌变拳稍后移，左勾手变拳由体后向左上挑，拳背向上。

(2) 上体左转 180°，微含胸前俯。左拳继续向前、向上划弧上挑，右拳向下、向前划弧挂至右膝外侧，同时右膝提起。目视右拳。

(3) 右脚向左前方上步，脚尖点地，重心落于左脚，左腿下蹲成右虚步。左拳向后划弧收至腰侧，拳心向上，右拳向前屈臂挑出，拳眼斜向上，拳与肩同高。目视右拳。

第四段

一、换跳步弓步顶肘

(1) 重心升高，右脚踏实。右臂内旋向下，直臂划弧以拳背下挂至右膝内侧，左拳不变。目视前下方。

(2) 左腿蹬直，右腿屈膝上抬。左拳变掌，右拳不变，两臂向前、向上划弧摆起。目随右拳转视。

(3) 左脚蹲地起跳，身体腾空，两臂继续划弧至头上方。

(4) 右脚先落地，右腿屈膝，左脚向前落步，以前脚掌着地。同时两臂向右、向下屈肘停于右胸前，右拳变掌，左掌变拳。右掌心贴靠左拳面。

(5) 左脚向左上一步，左腿屈膝，右腿蹬直成左弓步。右掌推左拳，以左肘尖向左顶出，高与肩平。目视前方。

(6) 交换步时不要过高，但要快。两臂抡摆时要成圆弧。

二、转身左拍脚

(1) 以两脚前脚掌为轴向右后转体180°。随着转体，右臂向上、向右、向下划弧抡摆，同时左拳变掌，掌心向下，经后方向前上抡摆。

(2) 左腿伸直向前上踢起，脚面绷平。左掌变拳收至腰侧，右掌由体后向上、向前拍击左脚面。

(3) 右掌拍脚时手掌稍横过来，拍脚要准而响亮。

三、右拍脚

(1) 左脚向前落地，左拳变掌向下、向后摆，右掌变拳收至腰侧。

(2) 右腿伸直向前上踢起，脚面绷平。左拳变掌由后向上、向前拍击右脚面。

(3) 与本段的转身左拍脚相同。

四、腾空飞脚

(1) 右脚落地。

(2) 左脚向前摆起，右脚猛力蹬地跳起，左腿屈膝继续前上摆。同时右拳变掌向前向上摆起，左掌先上摆而后下降拍击右掌背。

(3) 右腿继续上摆，脚面绷平。右手拍击右脚面，左掌由体前向后上举。

(4) 蹬地要向上，不要太向前冲，左膝尽量上提。击响要在腾空时完成，右臂伸直成水平。

五、歇步下冲拳

(1) 左、右脚先后相继落地。左掌变拳收至腰侧。

(2) 身体右转90°，两腿全蹲成歇步。右掌抓握、外旋变拳收至腰侧；左拳由腰侧向前下方冲出，拳心向下。目视左拳。

六、仆步抡劈拳

(1) 重心升高，右臂由腰侧向体后伸直，左臂随身体重心升高，向上摆起。

(2) 以右脚前脚掌为轴，左腿屈膝提起，上体左转270°。左拳由前向后下划立圆一周；右拳由后向下、向前上划立圆一周。

（3）左腿向后落一步，屈膝全蹲，右腿伸直，脚尖里扣成右仆步。右拳由上向下抡劈，拳眼向上；左拳后上举，拳眼向上。目视右拳。

（4）抡臂时一定要划立圆。

七、提膝挑掌

（1）重心前移成右弓步。同时右拳变掌由下向上抡摆，左拳变掌稍下落，右掌心向左，左掌心向右。

（2）左、右臂在垂直面上由前向后各划立圆一周。右臂伸直停于头上，掌心向左，掌指向上，左臂伸直停于身后成反勾手。同时右腿屈膝提起，左腿挺膝伸直独立。目视前方。

（3）抡臂时要划立圆。

八、提膝劈掌弓步冲拳

（1）下肢不动。右掌由上向下猛劈伸直，停于右小腿内侧，用力点在小指一侧；左勾手变掌，屈臂向前停于右上臂内侧，掌心向左。目视右掌。

（2）右脚向右后落地，身体右转 90°。同时左掌变拳收至腰侧，右臂内旋向右划弧做劈掌。

（3）上动不停，左腿蹬直成右弓步。右手抓握变拳收至腰侧，左拳由腰侧向左前方冲出，目视左拳。

收势

一、虚步亮掌

（1）右脚扣于左膝后，两拳变掌，两臂右上左下屈肘交叉于体左前。目视右掌。

（2）右脚向右后落步，重心后移，右腿半蹲，上体稍右转。同时右掌向上、向右、向下划弧停于左腋下；左掌向左、向上划弧停于右臂上与左胸前，两掌心左下右上。目视左掌。

（3）左脚尖稍向右移，右腿下蹲成左虚步。左臂伸直向左、向后划弧成反勾手；右臂伸直向下、向右、向上划弧抖腕亮掌，掌心向前。目视左方。

二、并步对掌

（1）左腿后撤一步，同时两掌从两腰侧向前穿出伸直，掌心向上。

（2）右腿后撤一步，同时两臂分别向体后下摆。

（3）左脚后退半步向右脚并拢。两臂由后向上经体前屈臂下按，两掌变拳，停于腹前，拳心向下，拳面相对。目视左方。

（4）还原两臂自然下垂，目视正前方。

第二节 太极拳

太极拳，国家级非物质文化遗产，是以中国传统儒、道哲学中的太极、阴阳辩证理念为核心思想，集颐养性情、强身健体、技击对抗等多种功能为一体，结合易学的阴阳五行之变化、中医经络学、古代的导引术和吐纳术形成的一种内外兼修、刚柔相济的中国传统拳术，太极拳的技术与理论经过数百年的演化、发展始臻完善。

传统太极拳门派众多，常见的太极拳流派有陈式、杨式、武式、吴式、孙式、和式等，各派既有传承关系，相互借鉴，也各有自己的特点，呈百花齐放之态。

中华人民共和国成立后推行简易太极拳套路。为了便于在广大群众中推广太极拳，1956年在杨式太极拳的基础上，删去繁难和重复的动作，选取24式，编成“简化太极拳”。20多年来，简化太极拳已盛行于国内外，深受人们喜爱。

预备势

两脚并拢，双膝微微放松，双臂自然下垂，中指紧贴裤缝。百会穴上顶，含胸拔背，收腹敛臀，两眼平视前方，注意力集中，尽力做到心静体松，呼吸自然。

第一段

一、起势

（1）吸气屈膝松髋，重心微微右移，提脚，离开地面，不要超过10厘米，向左侧步平行迈出同肩宽，脚尖先落地。

（2）呼气落脚，重心跟上，脚掌踏实。

微课
起势

（3）吸气前膨，两臂内旋至大腿前侧，由肩带动，然后到肘、腕、手依次前膨，两臂升至与肩高，两手掌自然伸直，成舒松自然掌型，掌心向下，掌指朝前，两掌之间的距离略宽于肩。

（4）呼气屈膝松髋，松肩坠肘，两臂略向内收，两肘自然左右稍开，使两臂呈环状收回，掌心依然向下，两掌指尖向前，按至脐下四指的关元穴。

二、左右野马分鬃

左野马分鬃：

（1）抱手收脚——吸气，重心移至右脚，左脚收至右脚内侧，脚尖点地，双臂经稍微外展，双臂屈抱于胸前，成右抱球，眼看右手。

（2）转体上步——吸气上体左转，左脚向左前方迈出一步，脚跟轻轻着地，重心仍在右腿，两脚保持20厘米的距离。

（3）弓步分手——呼气，重心前移，左脚踏实，左腿屈膝前弓，右腿自然蹬直，右脚跟外展，成左弓步；两掌前后分开，左手分至体前，高与眼平，手心斜向上，右手按至右胯旁，手心向下，指尖向前；两臂稍屈；眼看左掌。

右野马分鬃：动作与左野马分鬃一致，方向相反。

三、白鹤亮翅

微课 左右野马分鬃与白鹤亮翅（上）

微课 左右野马分鬃与白鹤亮翅（下）

（1）后脚跟半步，双手左抱球。

（2）重心后坐微微转腰，右手提起。

（3）虚步分手，左手下按成白鹤亮翅。

四、左右搂膝拗步

微课 左右搂膝拗步

（1）右手体前画弧下落，手心向下，左手向上划弧至右胸前，手心斜向下，同时左脚收至右脚内侧，脚尖点地，目视右手，上体左转，左脚向左、向前方开步成左弓步；同时右手屈，由耳侧向前推出，高与鼻尖平，左手向下由左膝前搂过落于左胯旁，指尖向前，目视右手。

（2）重心移至右腿，左脚尖外撇，脚重心移至左腿，右脚收至左脚内侧，脚尖点地，同时左手向上划弧至左肩外侧，右手向下划弧落于左胸前，手心斜向下，目视左手，上体右转，右脚向右前方开步成右弓步，同时左手由耳侧向前推出，高与鼻尖平，右手向下，由右膝前搂过落于右胯旁，指尖向前，目视左手。

五、手挥琵琶

微课 手挥琵琶

（1）右脚跟进半步，上体后坐，重心移至右脚上，上体半面向右，左脚略提起稍向前移，变成左虚步，脚跟着地，脚尖跷起，膝部微屈。

（2）同时左手由左下向上挑举，高与鼻尖平，掌心向右，臂微屈；右手收回放在左臂肘部里侧，掌心向左；眼看左手食指。

第二段

一、左右倒卷肱

微课 左右倒卷肱

左倒卷肱：

（1）上体右转，右手翻掌（手心朝上）经腹前由下向后上方划弧平举，手臂微屈，左手随即翻掌向上，视线随着向右转体先向右手看，再转向前方看左手。

（2）右臂屈肘折向前，由耳侧向前推出，掌心向前，左臂屈肘后撤，掌心朝上，撤至左肋外侧，同时左腿轻轻提起向左后方退一步，脚掌先着地，然后全脚慢慢踏实，身体重心移到左腿上，成右虚步，目视右手。

右倒卷肱：动作同左倒卷肱，方向相反。

二、左揽雀尾

（1）上体微向右转，同时右手随转体向后上方划弧平举，手心向上，左手放松，掌心向下，目视左手。

微课
左揽雀尾

（2）身体继续向右转，左手自然下落逐渐翻转经腹前划弧至右肋前，掌心向上，右臂屈肘，手心转向下，收至右胸前，两手相对成抱球状，同时身体重心落在右腿上，左脚收到右脚内侧，脚尖点地，目视右手。

（3）上体微向左转，左脚向左前方迈出，上体继续向左转，右腿自然蹬直，左腿屈膝，成左弓步，同时左臂向左前方掤出（即左臂平屈成弓形，用前臂外侧和手背向前方推出），高与肩平，手心向后，右手向右下落于右胯旁，掌心向下，指尖向前，目视前臂。

（4）身体微向左转，左手随即前伸，翻掌向下，右掌翻转向上，经腹前向上、向前伸至左前臂下方，然后两手下捋，即上体向右转，两手经腹前向右后上方划弧，直至右手手心向上，高与肩齐，左臂平屈于胸前，手心向后，同时身体重心移至右腿，目视右手。

（5）上体微向左转，右臂屈肘折回，右手附于左手腕里侧。上体继续向左转，双手同时向前慢慢挤出，左手心向右，右手心向前，左前臂保持半圆，同时身体重心逐渐向前移变成左弓步，目视左手腕部。

（6）左手翻掌，手心向下，右手经左腕上方向前、向右伸出，高与左手齐，手心向下，两手左右分开，与肩同宽，然后右腿屈膝，上体慢慢后坐，身体重心移至右腿上，左脚尖翘起，同时两手臂屈肘收至腹前，手心均向前下方，目视前下方。

（7）上势不停，身体重心慢慢前移，同时两手向前、向上按出，掌心向前，左腿前弓成左弓步。

三、右揽雀尾

（1）上体后坐并向右转，身体重心移至右腿，左脚尖里扣，右手向右平行划弧至右侧，然后由右下经腹前向左上划弧至左肋前，手心向上；左臂平屈于胸前，左掌心向下与右手成抱球状，同时身体重心再移至左腿上，右脚收至左脚内侧，脚尖点地，目视左手。

微课
右揽雀尾

（2）上体微向右转，右脚向左前方迈出，上体继续向右转，左腿自然蹬伸，右腿屈膝，成右弓步，同时右臂向右前方掤出，高与肩平，手心向后，左手向左下方落于左胯旁，手心向下，指尖向前，目视前方。

（3）身体微向右转，左手随即前伸，翻掌向上，经腹前向上、向前伸至左前臂下方，然后两手下捋，即上体向左转，两手经腹前向左后方划弧，直至左手手心向上，高与肩齐，右臂平屈于胸前，手心向后，同时身体重心移至左腿，目视左手。

（4）上体微向右转，左臂屈肘折回，左手附于右手腕里侧。上体继续向右转，双手同时向前慢慢挤出，右手掌心向右，左手掌心向前，右前臂保持半圆，同时身体重心逐渐前移成右弓步，目视右手腕部。

（5）右手翻转，手心向下，左手经右腕上方向前、向左伸出，高与右手齐，手心向下，两手左右分开，与肩同宽，然后左腿屈膝，上体慢慢后坐，身体重心移至左腿上，右脚尖翘起，同时两手臂屈肘收至腹前，手心均向前下方，目视前下方。

（6）上势不停，身体重心慢慢前移，同时两手向前、向上按出，掌心向前，右腿前弓成右弓步。

四、单鞭

（1）上体后坐，重心逐渐移至左腿，右脚尖里扣，同时上体左转，两手（左高右低）向左弧形运转，直至左臂平举，伸于身体左侧，手心向左，右手经腹前运至左肋前，手心向后上方。

（2）重心再渐渐移至右腿上，上体右转，左脚向右脚靠拢，脚尖点地，同时右手向右上方划弧，手心由里转向外，至右侧方时变勾手，臂与肩平；左手向下经腹前向右上划弧停于右肩前，手心向里，眼视左手。

微课
单鞭
（第二段）

（3）上体微向左转，左脚向左前侧方迈出，右脚跟后蹬，成左弓步；在身体重心移向左脚的同时，左掌随上体继续左转慢慢翻转向前推出，手心向前，手指与眼齐平，臂微屈；眼视左手。

第三段

一、云手

（1）身体重心移至右腿，身体渐向右转，左脚尖里扣，左手经腹前向右上划弧至右肩前，手心斜向后，同时右手变掌，掌心向右前，目视左手。

（2）上体慢慢左转，身体重心随之逐渐左移，左手经脸前向左侧运转，手心渐渐转向左方，右手经右下腹前向左上划弧至左肩前，手心斜向后，同时右脚靠近左脚，成小开立步，目视右手。

微课
云手

（3）上体再向右转，同时左手经腹前向右上划弧至右肩前，手心斜向后，右手向右侧运转，手心翻转向右，随之左腿向左横跨一步，目视左手。

（4）后面动作重复前面三个动作即可。

二、单鞭

（1）上体向右转，右手随之向右运转，至右侧方时变成勾手；左手经腹前向右划弧至右肩前，手心向内；重心落在右腿上，左脚尖点地；眼视左手。

微课
单鞭
（第三段）

（2）上体微向左转，左腿向左前侧方迈出，右脚跟后蹬，成左弓步；在身体重心移向左脚的同时，上体继续左转，左掌慢慢翻转向前推出，成“单鞭”式。

三、高探马

（1）右脚跟进半步，身体重心逐渐后移至右腿上；右勾手变成掌，两手心翻转向上，两肘微屈；同时身体微向右转，左脚跟渐渐离地，眼视右前方。

（2）上体微向左转，面向左前方；右掌经右身旁向前推出，手心向前，手指与眼同高；左手收至左侧腰前，手心向上；同时左脚微向前移，脚尖点地，成左虚步；眼视右手。

微课
高探马

四、右蹬脚

（1）左手手心向上，前伸至右腕背面，两手相互交叉，随即向两侧分开并向下划弧，手心斜向下；同时右脚提起向左前侧方进步（脚尖稍外撇），身体重心前移；右腿自然蹬直，成左弓步；目视前方。

（2）两手由外圈向里圈划弧，交叉合抱于腹前，右手在外，两手心均向后；同时右脚向左脚靠拢，脚尖点地；眼睛平视右前方。

（3）两手臂左右划弧分开平举，肘部微屈，两手心均向外；同时右腿屈膝提起，右脚向右前方慢慢蹬出；目视右手。

微课
右蹬脚与
双峰贯耳

五、双峰贯耳

（1）右腿回收，屈膝平举；左手由后向上、向前下落至体前；两手心均翻转向上，两手同时向下划弧，分落于右膝盖两侧；目视前方。

（2）右脚向右前方落下，重心渐渐前移，成右弓步，面向右前方，同时两手下落，慢慢变拳，分别从两侧向上、向前划弧至面部前方，两拳相对，高与耳齐，拳眼都斜向内下（两拳中间距离约 10～20 厘米）；目视右拳。

第四段

一、转身左蹬脚

（1）左腿屈膝后坐，身体重心移至左脚，上体左转，脚尖里扣；同时两拳变掌，由上向左右划弧分开平举，手心向前；目视左手。

（2）身体重心再移至右腿，左脚收到右脚内侧，脚尖点地；同时两手由外圈向里圈划弧合抱于胸前，左手在外，两手心均向后；目视左方。

（3）两手臂左右划弧分开平举，肘部微屈，手心均向外；同时左腿屈膝提起，左脚向左前方慢慢蹬出；目视左手。

微课
转身左蹬脚

二、左下势独立

微课
左下势独立

（1）左小腿收回平屈，上体右转；右掌变成勾手，左掌向上、向右划弧下落，立于右肩前，掌心斜向后；目视右手。

（2）右腿慢慢屈膝下蹲，左腿由内向左侧伸出，成左仆步；左手下落，掌心朝外，向左下顺左腿内侧向前穿出；目视左手。

（3）身体重心前移，左脚跟为轴，脚尖外撇，左腿前弓，右腿后蹬，右脚尖里扣，上体微向左转并向前起身；同时左手臂继续向前立掌伸出，掌心向右，右勾手下落，勾尖向后；目视左手。

（4）右腿向前屈膝提前，成左独立式；同时右手变掌，由后右下方顺腿外侧向前弧形上挑，屈臂立于右腿上方，肘与膝相对，手心向左；左手落于左胯旁，手心向下，指尖向前；目视右手。

三、右下势独立

微课
右下势独立

（1）左腿慢慢屈膝下蹲，右腿由内向右侧伸出，成右仆步，右手下落（掌心向外），顺右腿内侧向前穿出，目视右手。

（2）身体重心前移，右脚跟为轴，脚尖外撇，右腿前弓，左腿后蹬，左脚尖里扣，上体微向右转并向前起身，同时右手臂向前立掌伸出，掌心向左，左勾手下落，勾尖向后，目视右手。

（3）左腿向前屈膝提起，成右独立式，同时左手变掌，由左后下方顺左腿外侧向前弧形挑起，屈臂立于左腿上方，肘与膝相对，手心向右，右手落于左胯旁，手心向下，指尖向前，目视左手。

四、左右穿梭

微课
左右穿梭

（1）身体微向左转，左脚向前落地，脚尖外撇，右脚跟离地，两腿屈膝成半坐盘式，同时两手在左胸前成抱球状（左上右下），然后右脚收到左脚内侧，脚尖点地，目视左手。

（2）身体右转，右脚向右前方迈出，屈膝弓腿，成右弓步，同时右手由脸前向上举起内旋翻掌停在右额前，手心斜向上，左手先向左下再经体前推出。

（3）身体重心略向后移，右脚尖稍向外撇，随即重心再移至右腿，左腿跟进，停于右脚内侧，脚尖点地，同时两手在右胸前成抱球状（右上左下），目视右手。

（4）第四步动作和第二步动作相同，只是左右相反。

五、海底针

微课
海底针

（1）右脚向前跟进，身体重心移至右腿，左腿稍向前移半步；右手下落经体前向后、向上提抽至肩上耳旁，左手下落至体前侧。

（2）左脚尖点地成左虚步；同时身体稍向右转；右手再随身体左转，由右耳旁斜向前下方插出，掌心向左，指尖斜向下；与此同时，左手向前、向下划弧落于左胯旁，手心向下，指尖向前。

六、闪通臂

上体稍向右转，左脚向前迈出，屈膝弓腿成左弓步，同时右手由体前上提，屈臂上举，停于右额前上方，掌心翻转斜向上，拇指朝下，左手上起经胸前向前推出，高与鼻尖平，手心向前，目视左手。

微课
闪通臂

七、转身搬拦捶

（1）上体后坐，重心移至右腿，左脚尖里扣，身体向右后转，然后身体重心再移至左腿上；与此同时，右手随转体向右、向下（变拳）经腹前划弧至左肋旁，拳心向下，左掌上举于头前，掌心斜向上，目视前方。

微课
转身搬拦捶

（2）向右转体，右拳经胸前向前翻转撇出，拳心向上，左手落于左胯旁，掌心向下，指尖向前，同时右脚收回后再向前迈出，脚跟着地，脚尖外撇，目视右拳。

（3）重心移至右腿，左脚向前迈一步，同时左手上起经左侧向前划弧拦出，掌心向前下方，右拳内旋向右划弧收到右腰旁，拳心向上，目视左手。

（4）左腿前弓成左弓步，同时右拳向前打出，拳眼向上，高与胸平，左手附于右前臂内侧，目视右拳。

八、如封似闭

（1）左手由右腕下向前伸出，右拳变掌，两手手心逐渐翻转向上并慢慢分开回收，同时身体后坐，左脚尖翘起，重心移至右腿，目视前方。

（2）两手在胸前翻掌，向下经腹前再向上、向前推出，腕部与肩平，手心向前，同时左腿前弓成左弓步，目视前方。

微课
如封似闭

九、十字手

（1）吸气屈膝后坐，重心移至右腿，左脚尖里扣90°，向右转体。

（2）吸气，继续右转，右手随着转体动作向右平摆划弧，与左手成两臂侧平举，肘部微屈，同时右脚尖随着转体稍向外撇90°，成右侧弓步，目随右手。

（3）右脚尖里扣90°，重心慢慢左移，右脚向左收回半步，两脚距离与肩同宽，同时两手向下经腹前交叉右手在下，掌心稍向前。

（4）稍微起身，同时，双臂膨抱于胸前，两臂撑圆，腕高与肩平，右手在外，手心均向后，成十字手，目视前方。

微课
十字手与收势

十、收势

(1) 吸气两手向外边膨出，翻掌打开，至前平举手心向下；
(2) 呼气垂肘按掌，按到大腿前侧；
(3) 左脚收步还原，同时双手停于身体两侧，目视前方。

第三节 太极功夫扇

太极扇是一种风格独特的武术健身项目，它融合了太极拳与其他武术、舞蹈的动作，刚柔并济、可攻可守，充满了飘逸潇洒的美感与武术的阳刚威仪，是同时具有观赏性及艺术性的健身运动。

人们常常练习的有陈式太极扇、杨式太极扇、莲花太极扇、四维太极扇、太极功夫扇等，本教材选编的是太极功夫扇。

太极功夫扇又称五十二式太极扇，由国际级武术裁判、中华武林百杰、中国人民大学李德印教授创编。太极功夫扇吸取中华传统武术精华，将扇子的挥舞与太极运动技巧以及不同风格的武术动作共熔一炉，糅合了不同流派的太极拳、太极剑动作，以及快速有力的长拳、南拳、京剧舞蹈动作等，又使武术动作与中国功夫的歌曲旋律巧妙结合，内容丰富新颖，载歌载“武”，易学易练。

预备式

一、预备动作

身体保持自然并步直立，心静体松，目视正前方，精神集中，右手握扇根，扇顶向下，贴于裤缝。如图 6–1 所示。

图 6–1　预备势

二、起势——开步抱扇

（1）左脚向左开半步，同时两手经侧平举；

（2）向前抱于体前，手与肩平高，扇柄竖直，扇顶向上，两脚平行，与肩同宽。如图 6–2 所示。

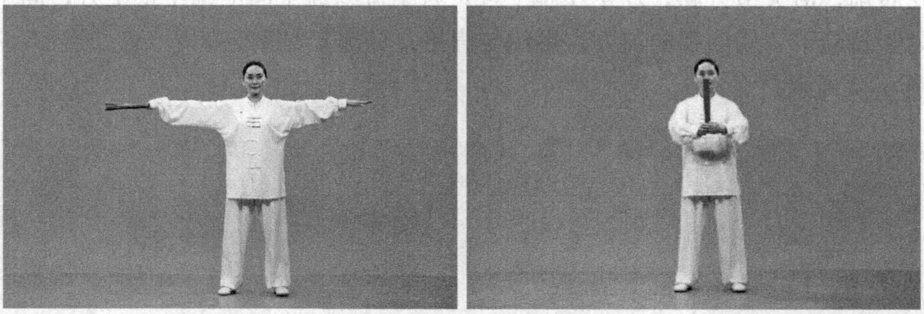

图 6–2　起势——开步抱扇

第一段

一、侧弓步举扇

（1）两臂绕转，转移重心于左脚，屈蹲收右腿，双手于体前抱圆，面向正前方；

（2）右脚向右侧跨出一大步，成侧弓步，向右转腰，带动右手臂斜上举；

（3）左手向斜下按于左腹前，转头向左前方，成侧弓步举扇亮相，要求含胸沉肩顶头。

如图 6–3 所示。

图 6–3　侧弓步举扇

二、虚步亮扇

（1）向左转腰摆扇，经左弓步，左手收于腰间，掌心向上；

（2）穿掌转腰经右弓步；

（3）以腰带动，蹬左腿左脚收回，面向正前方，左脚前脚掌点地，成虚步，同时左手下按至左腹前，肘关节外膨，左手左腕下按；右手持扇经下向上绕至正上方，向下抖腕开扇，扇骨竖直向下，扇面朝向前方，手约与肩平，成虚步亮扇。

如图 6–4 所示。

图 6–4　虚步亮扇

三、进步刺扇

（1）抖腕合扇；

（2）向左转腰摆扇，经下回拉于体前，随身体趋势，左手顺势上盖于扇上，左腿提起；

（3）左转身上步，双手收于腰间；

（4）上右步成弓步刺扇，高与肩平，力点在扇顶，左手心向上举于头侧上方，肘关节外膨。

如图 6–5 所示。

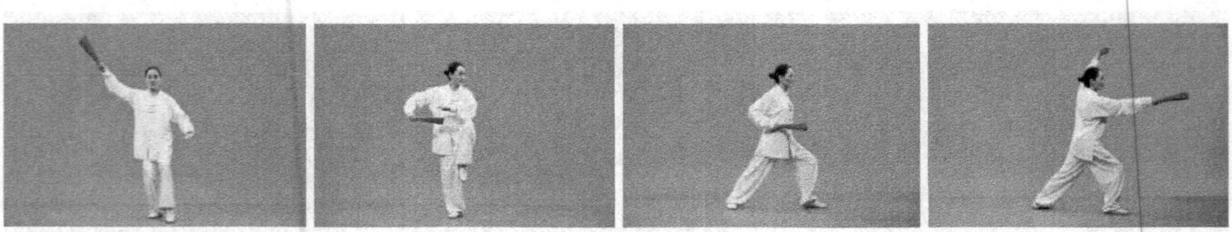

图 6–5　进步刺扇

四、转身下刺扇

（1）后坐收扇，勾起右脚尖，扇子横收于胸前，左手盖于扇上；

（2）扣右脚尖，提左膝转身；

（3）左脚落于左前方 45° 成弓步，左手心向上举于头侧上方，肘关节外膨，右手持扇下刺，身体略向前倾。

如图 6–6 所示。

图 6–6 转身下刺扇

五、独立撩扇

（1）左脚蹬地，重心转移到右腿，收半步，右臂上，左手顺势经下上托；

（2）扇经上在体侧绕一个立圆然后由下向前、向上撩；

（3）右手臂绕到与地面水平，右膝提起，同时抖腕开扇，扇骨水平竖直向前，扇沿竖直向上，左手遮于头的左侧上方，成提膝亮扇，撩扇的动作力点在扇顶。

如图 6–7 所示。

图 6–7 独立撩扇

六、翻身劈扇

（1）右脚脚跟下落并右转，转腰同时推掌合扇，两手分开，眼看右侧的扇子；

（2）左脚向前盖步，手臂经上绕，成歇步按扇；

（3）三翻身举扇于头顶；

（4）右脚向右跨出成右弓步，同时，右手持扇前劈开扇，扇骨水平于地面，扇顶向下，叫翻身弓步劈扇，也叫力劈华山。

如图 6–8 所示。

七、转身抡压扇

（1）以腰带动，左臂经上绕，随重心转移从右弓步变成左弓步；

（2）上右步，转腰手臂继续抡转至左手在最高处；

图 6-8　翻身劈扇

（3）继续以腰带动抡转，扇面朝前由下和前、向上转摆至最高处；

（4）后撤左步成右弓步，扇经上向下压下来，正压然后再反压，左手斜向上，与右臂成一条斜线，扇面与地面平行，离地与小腿高，整个动作过程中，扇面朝前绕成立圆。

如图 6-9 所示。

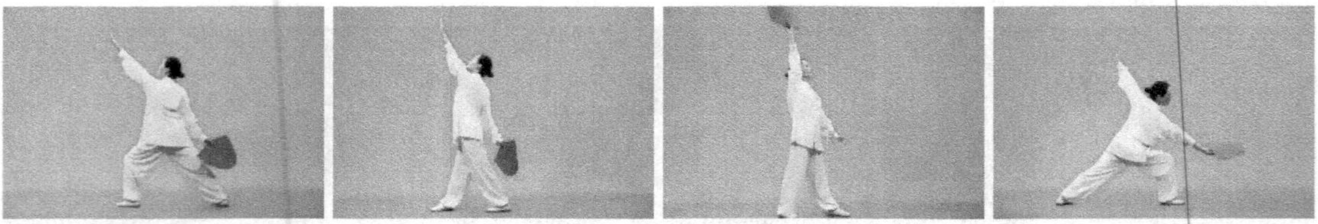

图 6-9　转身抡压扇

八、马步亮扇

（1）收右脚虚步推掌合扇；

（2）右脚后撤成下势，双手经腋下穿掌；

（3）弓步向后穿扇，转腰重心经下右移，成右弓步举扇；

（4）转身至正前方成马步，腰带动手臂，于右膝上方开扇，左臂上举托掌成马步亮扇，扇根停于右膝的上方，扇面朝向右前方，右摆头眼睛看扇面的方向。

如图 6-10 所示。

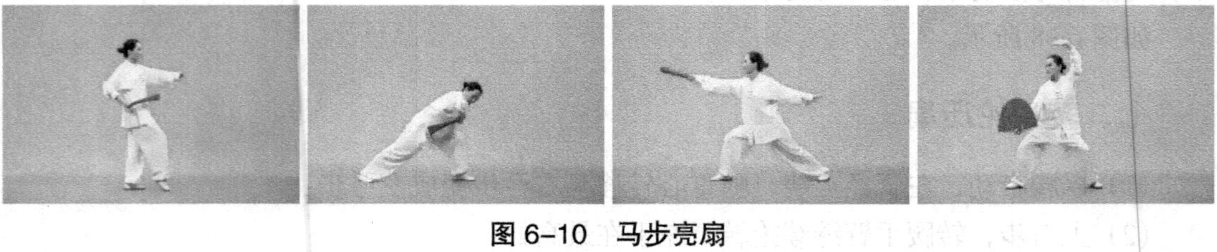

图 6-10　马步亮扇

第二段

一、弓步削扇

(1) 合扇合手，重心稍左移，身体稍向左转，两手交叉合在胸前；

(2) 左蹬脚转身成右弓步削扇，方向正向左，扇顶的高度与头同高。

如图 6–11 所示。

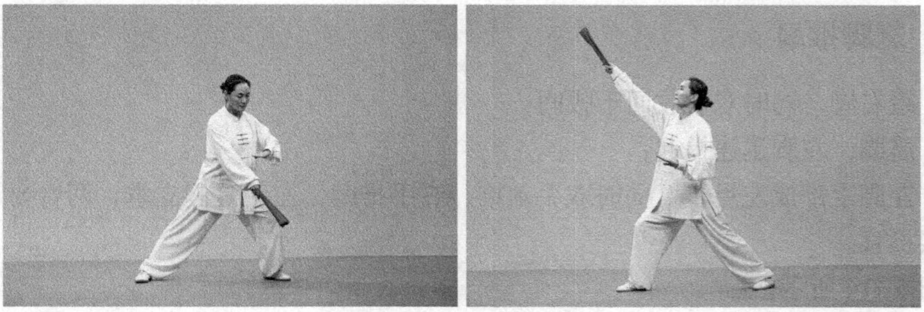

图 6–11　弓步削扇

二、并步亮扇

(1) 转腰穿掌；

(2) 分手摆掌并步，左手抱拳于腰间，转腰摆头侧立于头顶开扇，眼向左看，这个动作要干脆利落、明快有力。

如图 6–12 所示。

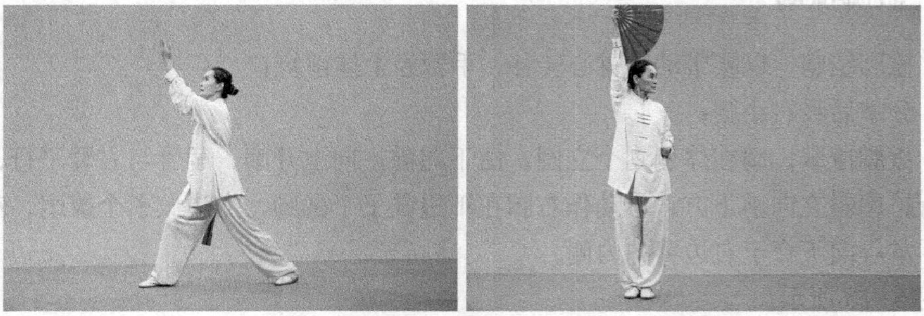

图 6–12　并步亮扇

三、进步刺扇

(1) 合扇转身上左步；

(2) 上右步成右弓步，右手持扇经腰间向前直刺。

如图 6–13 所示。

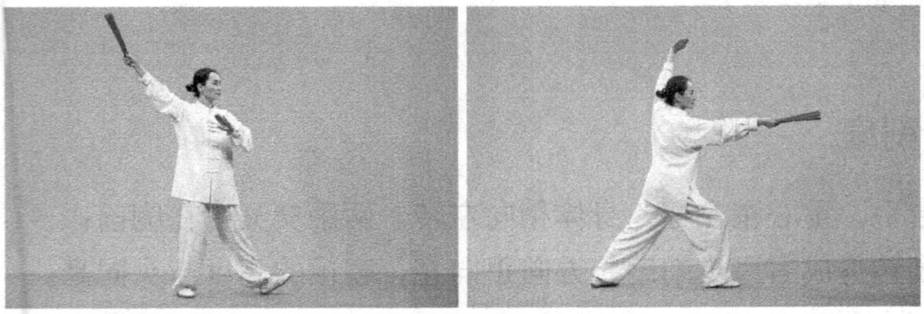

图 6-13　进步刺扇

四、震脚推扇

（1）蹬右脚，同时双手收回于腰间；

（2）震脚，左脚迅速提起；

（3）左脚上部成左弓步，同时双手前推，右手推扇，左手是侧立掌，两臂要有力地推出去，腰挺直。

如图 6-14 所示。

图 6-14　震脚推扇

五、戳脚撩扇

（1）撇脚绕扇，以腰带动做重心转移，手臂经上体前绕；

（2）分掌后吸右小腿；

（3）戳脚撩扇，扇在体侧划个立圆，由下向前、向上开扇，扇骨与右臂平行，右臂与右腿平行，扇斜立向前下方；本动作右脚在下边做了个戳脚，上边做了个撩扇，左手小臂体前屈，掌心向下合于右边臂的内侧。

如图 6-15 所示。

图 6-15　戳脚撩扇

六、盖步按扇

(1) 转腰撇脚，合扇分手；

(2) 盖步下按扇，两手相合，扇顶向左。

如图 6–16 所示。

图 6–16 盖步按扇

七、翻身藏扇

(1) 翻腰转身举扇绕一个挽花；

(2) 退右步推左掌，右手拉着扇根向后藏扇；

(3) 本动作握扇要松活，腕关节翻转缠绕要灵活。

如图 6–17 所示。

图 6–17 翻身藏扇

八、马步亮扇

(1) 反穿掌右手举扇，扇顶向前斜下方；

(2) 转身成右弓步向前刺扇；

(3) 马步亮扇，本动作与第一段第八个动作相同。

如图 6–18 所示。

图 6–18　马步亮扇

第三段

一、马步推扇

（1）合扇收脚，收扇于腰间，扇顶朝上，身体向右转，右拳也在腰间，随着收回来半步，右脚尖点地；

（2）向右跨步成马步，发力推扇，扇顶竖直向上。

如图 6–19 所示。

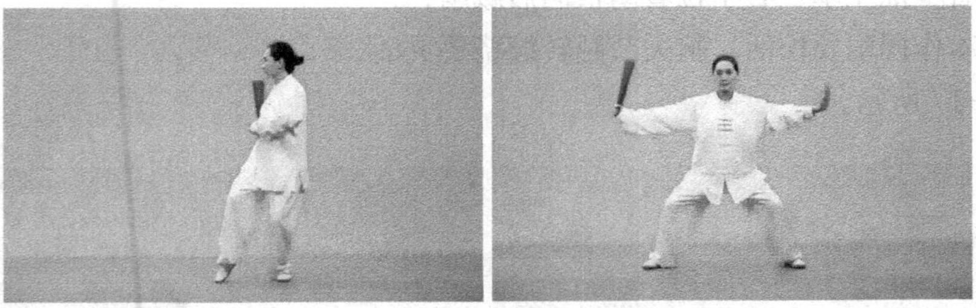

图 6–19　马步推扇

二、转身刺扇

（1）向左转，两手合抱，扇顶朝前，左脚后撤成脚尖虚点地；

（2）左脚上步成左弓步，左手包裹着右手，持扇前刺，力点送到扇顶，臂要伸直，高与胸齐，扇要刺平。

如图 6–20 所示。

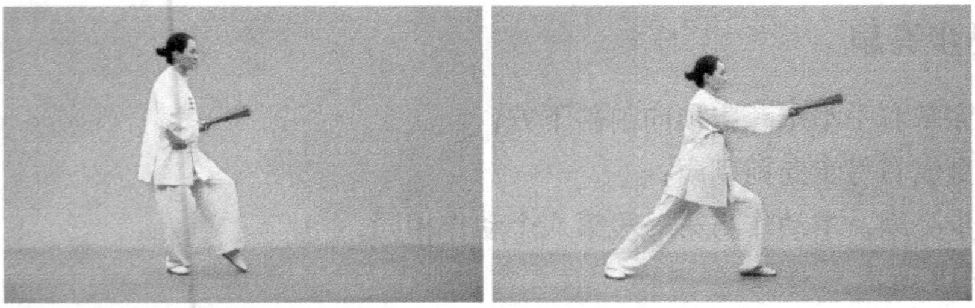

图 6–20　转身刺扇

三、叉步反撩

（1）撇脚绕扇，左手摆到身前；

（2）上步转身向前撩扇；

（3）左转身左脚向右叉步，持扇手向身后摆出，反手斜立开扇，右臂斜向后下方，扇骨与右臂平行，成叉步反撩扇。

如图 6–21 所示。

图 6–21　叉步反撩

四、点步挑扇

（1）起身挑扇，右臂与肩平，左臂体前屈，掌心向下，合于右臂；

（2）左脚上步前点成高虚步，身体直立，左手向前推立掌，右臂向上伸直，持扇上举。

如图 6–22 所示。

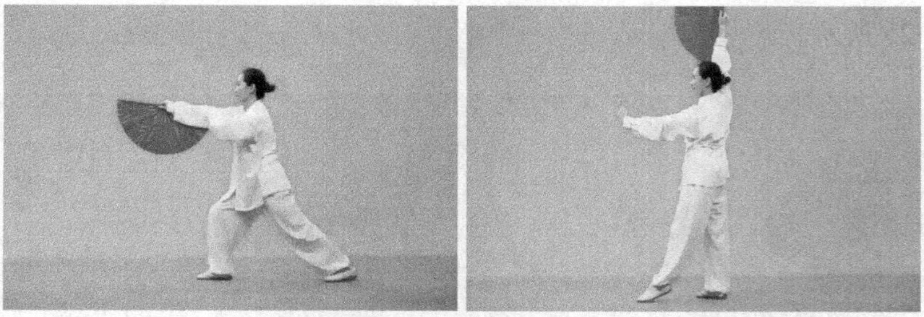

图 6–22　点步挑扇

五、歇步抱扇

转腰撇脚屈蹲成歇步，右手持扇，拇指在外，把扇子横立抱在胸前，扇沿高不要超过下颌，眼睛看向前方。如图 6–23 所示。

图 6–23　歇步抱扇

六、并步贯扇

（1）起身顺势经右转，双手推拉合扇成分手开步；

（2）腰带动左转身，左脚并向右脚，双臂在腰的带动下，左手握拳收于腰间，右手持扇横握经过一个弧线，停在右肩前，扇顶向左，高与肩平，成并步贯扇。

如图 6–24 所示。

图 6–24　并步贯扇

七、云手劈扇

（1）左手下叉于右手下，然后在头顶云开；

（2）右脚向右后撤一大步成左侧弓步，右手持扇用扇骨向斜前方劈下去，左手合在右臂的内侧。

如图 6–25 所示。

图 6–25　云手劈扇

八、歇步亮扇

（1）蹬左脚，起身双手经两侧打开，左腿有拖拉之意；

（2）右脚落于左脚后成歇步，左手收立掌于右胸前，身体朝向正前方，右手持扇绕至头顶，头转看左，同时开扇亮相。

如图 6–26 所示。

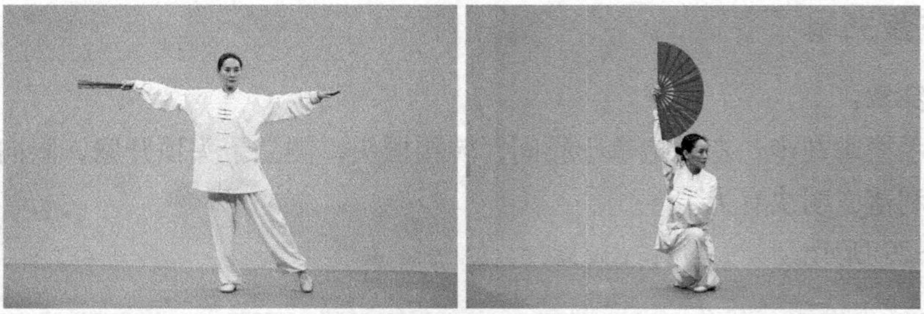

图 6-26 歇步亮扇

九、开步抱扇

一开立步双手经前交叉时，左右手推拉合扇，二分手摆弧于胸前举抱，同起势。如图 6-27 所示。

图 6-27 开步抱扇

第四段

一、弓步削扇

(1) 合扇合手，重心稍左移，身体稍向左转，两手交叉合在胸前；

(2) 左蹬脚转身成右弓步削扇，方向正向左，扇顶的高度与头同高。

如图 6-28 所示。

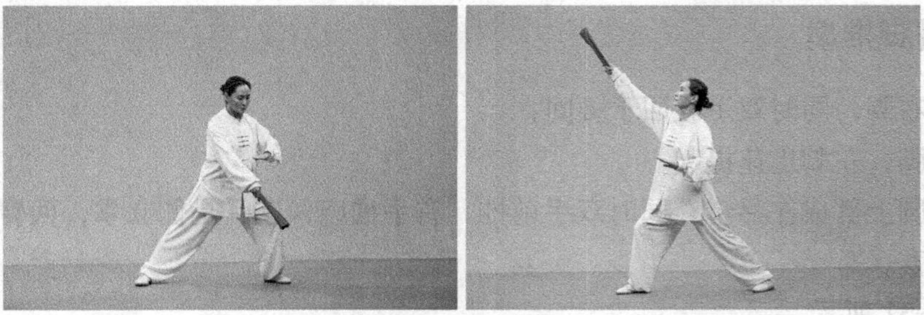

图 6-28 弓步削扇

二、并步亮扇

（1）腰穿掌；

（2）分手摆掌并步，左手抱拳于腰间，转腰摆头，侧立于头顶开扇，眼向左看，这个动作要干脆利落、明快有力。

如图 6–29 所示。

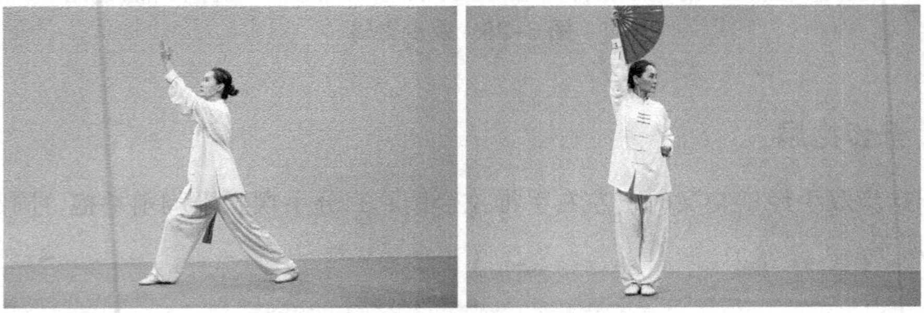

图 6–29　并步亮扇

三、进步刺扇

（1）合扇转身上左步；

（2）上右步成右弓步，右手持扇经腰间向前直刺。

如图 6–30 所示。

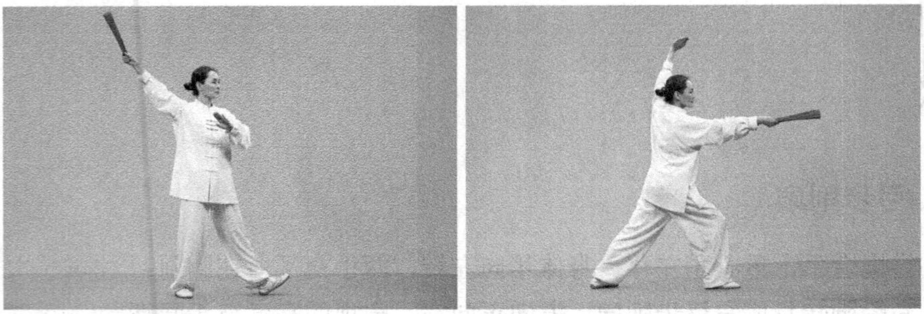

图 6–30　进步刺扇

四、震脚推扇

（1）蹬右脚，同时双手收回于腰间；

（2）震脚，左脚迅速提起；

（3）左脚上部成左弓步，同时双手前推，右手推扇，左手是侧立掌，两臂要有力地推出去，腰挺直。

如图 6–31 所示。

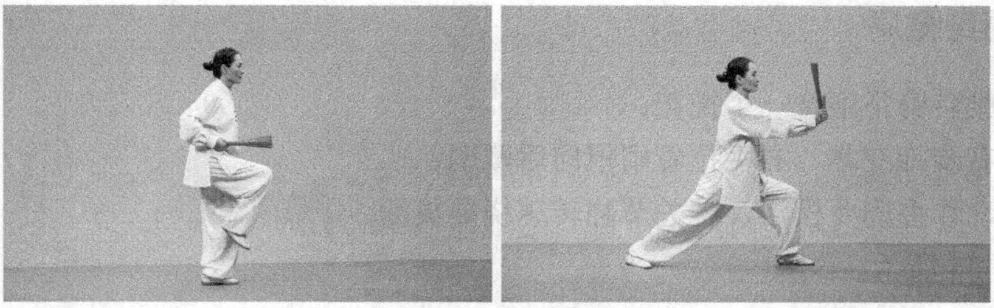

图 6–31　震脚推扇

五、戳脚撩扇

(1) 撇脚绕扇，以腰带动做重心转移，手臂经上体前绕；

(2) 分掌后吸右小腿；

(3) 戳脚撩扇，扇在体侧划个立圆，由下向前、向上开扇，扇骨与右臂平行，右臂与右腿平行，扇斜立向前下方；

(4) 本动作右脚在下边做了个戳脚，上边做了个撩扇，左手小臂体前屈，掌心向下合于右边臂的内侧。

如图 6–32 所示。

图 6–32　戳脚撩扇

六、盖步按扇

(1) 转腰撇脚合扇分手；

(2) 盖步下按扇，两手相合，扇顶向左。

如图 6–33 所示。

图 6–33　盖步按扇

七、翻身藏扇

（1）翻腰转身举扇绕一个挽花；

（2）退右步推左掌，右手拉着扇根向后藏扇；

（3）本动作握扇要松活，腕关节翻转缠绕要灵活。

如图 6–34 所示。

图 6–34　翻身藏扇

八、马步亮扇

（1）反穿掌右手举扇，扇顶向前斜下方；

（2）转身成右弓步向前刺扇；

（3）马步亮扇，本动作与第一段第八个动作相同。

如图 6–35 所示。

图 6–35　马步亮扇

第五段

一、马步顶肘

（1）合扇，两手相抱；

（2）向侧后方发力顶肘，练习时可以发声。顶肘时，右手握扇，左手握拳，转头看右肘。

如图 6–36 所示。

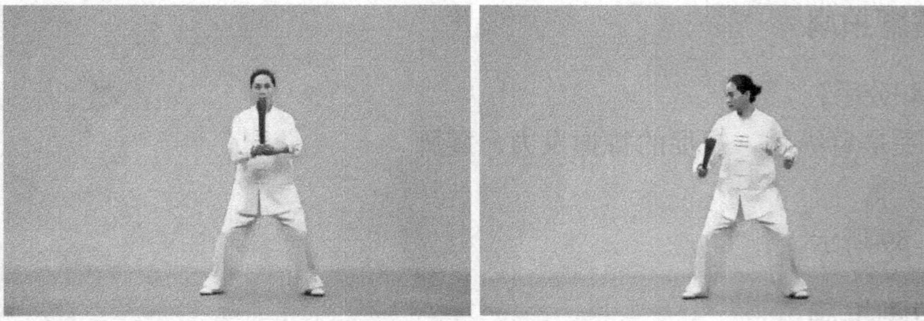

图 6–36　马步顶肘

二、马步翻砸

（1）微向右转，两拳相叠，左拳在上，右拳在下，两拳交叉相叠；

（2）绕臂再叠拳，右拳在上，左拳在下；

（3）马步分砸拳，眼看左拳。

如图 6–37 所示。

图 6–37　马步翻砸

三、虚步拨扇

（1）转身摆手，勾左脚尖；

（2）左转身撇脚，上右步成虚步，由右经下向左、向前下方拨开，持扇手心向上。

如图 6–38 所示。

图 6–38　虚步拨扇

四、震脚拍扇

图 6–39　震脚拍扇

（1）屈膝分手；

（2）合手摆臂纵跳，短促的抖掸发力，震脚拍扇。

如图 6–39 所示。

五、蹬脚推扇

（1）提膝收扇；

（2）推扇蹬脚架掌，这是个短促的发力动作。

如图 6–40 所示。

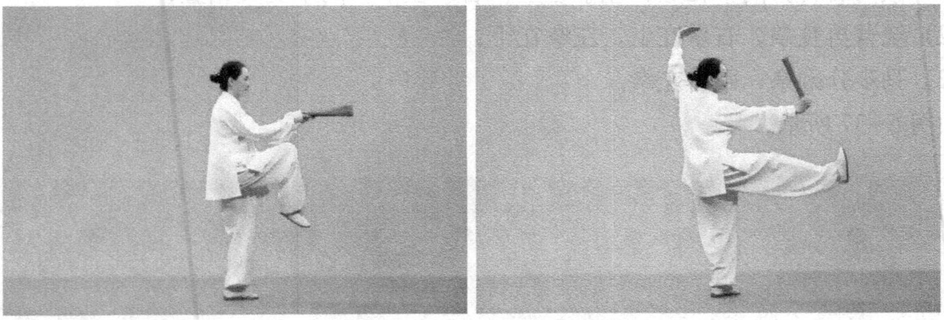

图 6–40　蹬脚推扇

六、望月亮扇

图 6–41　望月亮扇

（1）落脚合臂；

（2）跳叉步展臂；

（3）后举腿，望月平衡，侧立开扇，右腿后伸，小腿向上，脚底朝上，脚面绷平，上体后转，头看后方。

如图 6–41 所示。

七、云扇合抱

（1）开步收手臂抱扇于胸前；

（2）开步云扇，两手经两侧平举、上举然后翻挽，扇于在头顶上云转，平云一圈，两手相合，左手扶在右手腕内侧；

（3）叉步抱扇，左脚向右叉步，扇子落于胸前，横立开扇。

如图 6–42 所示。

图 6-42 云扇合抱

八、歇步亮扇

(1) 右脚向右开步，合扇展臂；

(2) 歇步侧立开扇。

如图 6-43 所示。

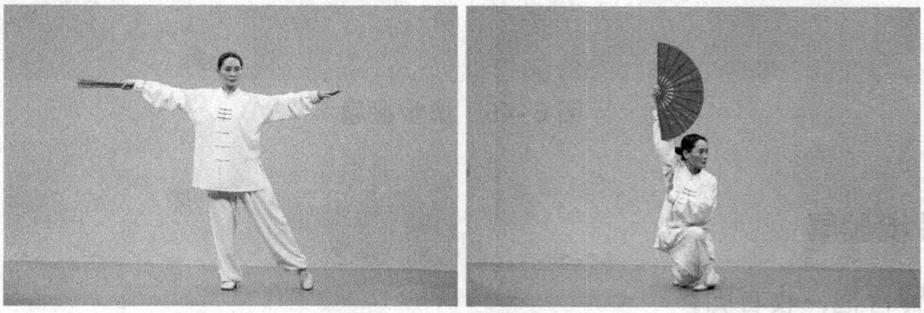

图 6-43 歇步亮扇

九、托扇行步

(1) 向左转身，使扇子沿着身体穿平扇向后方穿出，这叫转身穿扇；

(2) 叉步抱扇亮相，左手上托；

(3) 行步，一共是五步，第六步扣脚合扇转身，开立步，双臂侧平举，行步的要求是轻灵平稳，不能有起伏。

如图 6-44 所示。

图 6-44 托扇行步

第六段

一、虚步掤扇

（1）两手前平举；

（2）屈蹲，两手下按到体侧；

（3）两手划弧向前摆，然后双臂到前边掤架斜立展扇。左手贴扶在右腕的内侧，脚跟着地，脚尖勾起，成一个脚尖勾起的虚步，方向与起势相同。

如图 6–45 所示。

图 6–45　虚步掤扇

二、弓步掤扇

（1）绕臂合抱，收右脚；

（2）转身上步；

（3）右弓步前掤，左手按在体侧。

如图 6–46 所示。

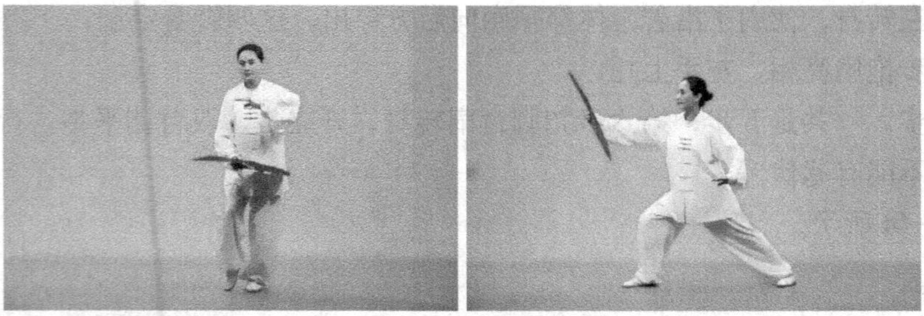

图 6–46　弓步掤扇

三、后捋前挤

（1）左手摆臂接右手，翻扇，两手心上下相对；

（2）坐腿转腰后捋；

(3) 转身搭手，左手搭于右手腕处；
(4) 弓步前挤，力点在扇骨和前手的前臂、手背，所以扇骨竖直。
如图 6–47 所示。

图 6–47 后捋前挤

四、并步背扇

坐腿转腰平云，向右拨开，然后扣脚转腰，向左推出去，再向右转背扇，并步左手前推成立掌。如图 6–48 所示。

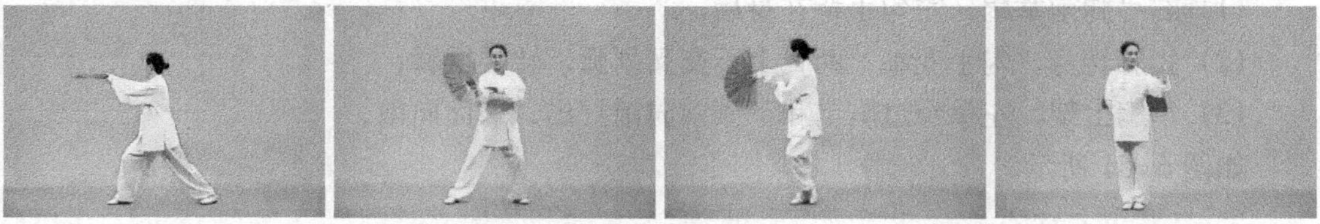

图 6–48 并步背扇

五、弓步戳扇

(1) 举手旋臂合扇，屈蹲；
(2) 屈臂收扇，转身向左出脚上步；
(3) 左弓步搂手戳扇。
如图 6–49 所示。

图 6–49 弓步戳扇

六、仆步穿扇

(1) 左手勾手上提，扣脚转身；

（2）右脚向后出，成仆步穿扇；

（3）直立开扇，亮扇。

如图 6–50 所示。

图 6–50　仆步穿扇

七、弓步架打

（1）右弓腿前举扇，左勾手背在身后；

（2）扣脚转身，勾手变拳，两臂上下交叉划弧，转腰摆臂；

（3）举扇上架，左拳经过胸前和下颚前向前打出，扇面向前。

如图 6–51 所示。

图 6–51　弓步架打

八、虚步亮扇

（1）坐腿扣脚合扇；

（2）分手绕臂；

（3）虚步亮扇。

如图 6–52 所示。

图 6–52　虚步亮扇

九、收势

（1）落手于前推拉合扇，收脚展臂；

（2）并步抱扇；

（3）垂手还原。

如图 6–53 所示。

图 6–53　收势

第四节　跆拳道

跆拳道运动是一项运用拳脚技术，重在以脚法进行搏击格斗的朝鲜民族传统体育项目，是一项广受各国人民喜爱的搏击运动项目，有“世界第一搏击运动”的美称，被世人称为“踢的艺术”。它不仅具有极高的技击实用性和观赏性，而且也是一种美的形体艺术和有效的强身健体方法。跆拳道运动倡导“以礼始，以礼终”的尚武精神，并且以“礼义廉耻，忍耐克己，百折不屈”作为练习的根本宗旨，完善习练者的品格。

一、基本格挡技术

（1）下格挡：下格挡是防守对手和腰髋部位的进攻的方法，格挡手臂腕关节与大腿有一个立掌的距离，手臂与同侧大腿在一个立面上。

（2）中格挡：中格挡是防守对身体中段攻击的方法，格挡手臂弯曲 90° ～120° ，向内格挡止于人体正中线。

（3）上格挡：上格挡是防守对身体上段攻击的方法，格挡的手臂腕关节止于额前上方一个拳头的距离。

二、基本实战技术

1. 前手直拳

技术方法：以左实战式为例，右脚蹬地，腰部右转发力，左肩部主动前送，左手拳内旋向前冲拳，发力后原路收回成左实战式。

动作要点：蹬地、转腰、送肩、冲拳协调一致。快打快收还原成实战式，注意力集中，冲拳时手腕挺直，力达拳峰。

2. 后手直拳

技术方法：以右实战式为例，左脚蹬地，腰部右转，左肩前送，同时左手内旋向前冲拳，发力后原路收回成实战式。

动作要点：蹬地、转腰、送肩、冲拳协调一致，快打快收还原成实战式。冲拳时手腕挺直，力达拳峰。

3. 前踢

技术方法：以右实战式为例，左脚蹬地，身体重心前移，面向攻击目标，右腿以前脚掌着地蹬直，左腿向胸腹前方提膝，左脚尖勾起，大小腿折叠，紧接着髋关节前送，左膝关节伸开，脚尖向上向前踢出，随即手脚落地成左实战式。

动作要点：快速蹬地起动，膝关节迅速向前上提起，踢击，回收动作要连贯协调，力达脚掌，双臂协调配合，眼睛注视目标。

4. 横踢

技术方法：以右实战式开始为例，左脚蹬地，身体重心前移，上体以右脚前脚掌为轴右转，同时左腿屈膝提起，大小腿折叠，随之左脚面绷直，由左向右水平踢击，随即左腿屈膝收回落地成左实战式。

动作要点：蹬地、转体、提膝、踢击，手脚整个过程要连贯协调，快速流畅。支撑脚转动要与身体的转动协调一致。踢击时力达脚背。双臂协调配合，眼睛注视目标。

5. 后踢

技术方法：以右实战式开始为例，重心前移，同时以右前脚掌为轴内扣，头部与身体向左后转约 90°，上体制动。左腿沿右腿内侧折叠，勾左脚向后提起直线踢出。随即收左脚落地成左实战式。

动作要点：右脚跟对准目标方向，沿纵轴快速转体，及时制动，眼睛注视目标。发力时含胸收腹，两臂收拢。收腿、折叠、踢击要锁定目标，保证直线，快速连贯，力达脚掌。

6. 下劈踢

技术方法：以右实战式开始为例，身体重心前移，右脚提踵，右腿撑直，同时左腿经右腿内侧向前上屈膝提起，随即伸直，将左脚摆至头部上方，紧接着左大腿带动小腿，向前下方踢击，随之左腿下落成左实战式。

动作要点：右腿屈膝折叠快速上摆，上体正直，目视前方。右腿至头部高度向下时速度最快，动作过程中要求全身协调用力。

7. 后旋踢

技术方法：以右实战式开始为例，左脚蹬地，重心稍前移，以右前脚掌为轴，头部与上体向左后转动，两眼注视目标。紧接着屈左膝盖向侧后方摆动，至接近目标时，左膝伸直，腰部和左腿主动用力水平摆动，随即左腿收回，身体继续转动至开始方向，左腿落地成右实战式。

动作要点：转头带动身体沿纵轴转动，转头后注视对手。蹬地、转身、摆腿、踢击要协调连贯，快速完成，腰部带动大腿，大腿带动小腿，使右腿踢击目标时形成水平方向的鞭打力，摆腿发力后迅速成实战姿势。

8. 双飞踢

技术方法：以左实战式开始为例，身体重心前移，右腿向前横踢，紧接着左腿蹬地跳起，右腿屈膝下落，左腿在空中完成横踢，随即右腿落地，左腿收回落地成左实战式。

动作要点：挑起不宜过高，通过蹬地和腰部快速转动，带动两腿迅速完成两次横踢，眼睛注视目标，两臂协调配合，上体可适当倾斜。

第五节　空手道

空手道是不使用任何器械，有效利用身体各个部位进行徒手格斗的技术。空手道巧妙地运用拳、脚探究胜负的原理，进而达到超越胜负的境地，是磨炼精神、强健体魄、提升格斗能力，探究心、技、体的运动禅道。

一、组手架构

1. 准备势

准备势是空手道训练比赛中最常用到的动作。准备势时一定要展现出英姿飒爽的一面。准备势时，两脚开立，约与肩宽，两脚平行，两脚尖朝前。双臂自然下垂，并置于体前，双手握拳，拳心向下。上体正直，眼神直视对手。

2. 实战势

两脚前后打开，约与肩同宽，膝关节微屈，身体侧立站立，后脚脚跟抬起，脚尖内旋；两脚尖方向一致，重心位于两腿之间。同时两手握拳，前腿前手同侧，前手大小臂夹角大于 90°，后手放于胸前，肘关节垂直于地面，肩部放松，收腹挺胸，下颌回收，目视前方。

二、基本步法

（1）前滑步：实战势，前脚向前迈出一小步，后脚迅速跟上。注意移动过程中两脚之间保持距离不变。

（2）后滑步：实战势，重心前移，后脚向正后方迈出一小步，前脚迅速跟上。注意移动过程中两脚之间保持距离不变。

（3）左滑步：左腿在前、右腿在后时，左脚向身体左侧迈出一小步，右脚迅速跟上，上肢平稳，不能左右晃动，保持好实战势。

（4）右滑步：顾名思义，就是向右侧移动，和左滑步相反，右脚迈出，左脚迅速恢复实战势。

三、基本拳法技术

（1）上段前手拳：实战势，前拳锁定好击打目标，前臂伸直，调整一臂距离，后脚蹬地，腰部转动，带动前手大臂发力，小臂旋转，直线迅速出击，拳心向下，力达拳峰。

要点：前脚落地的同时前手拳完成击打并收回，迅速脱离对手，保持安全距离。

（2）上段后手拳：实战势，后脚尖内旋蹬地发力，同时转腰、转髋，前脚向前迈进，呈小弓步状。后脚蹬地转腰的同时，后手小臂旋转，拳心向下，直线出击，力达拳峰。击打目标后迅速回收，保持安全距离。

要点：手脚配合协调流畅，要沉肩、沉肘、沉气，中线运行，重心不可起伏。

（3）中段后手拳：实战势，后脚脚尖内旋蹬地发力，前脚向侧前方迈出，屈膝，重心下沉。同时转腰、转髋、呈弓步状，重心放在两腿之间。同时后手拳紧贴身体，转腰直线出击，击打后手收回至腰间。

要点：动作协调连贯，上体保持正直，上身不可前倾或旋转幅度过大。

四、基本腿法技术

（1）前踢腿：实战架构，后腿迅速提膝，提膝时贴紧支撑腿，大腿抬平，大小腿夹紧，脚踝放松，大腿发力带动小腿踢出，绷脚尖，用脚背击打目标。

要点：提膝时膝关节直线向前，踢击后小腿自然回收，重心不能前倾或后仰。

（2）中段踢：实战架构，后脚蹬地发力，重心前移至前腿，后腿贴紧支撑腿迅速提膝，大腿平行，大小腿夹紧，踝关节放松。支撑脚外旋大于90°，同时转腰转髋，带动大腿发力，力达脚背。

要点：提膝要抬高，小腿要夹紧，脚背要绷直。

第六节 防身术

防身术是一项根据生理条件、特点，运用踢、打、摔、拿、反关节等技击方法，以解脱、击退、制服对方、保护自己为目的的专门技术。防身术中的奇妙招法，实质上是中华武术的精华集锦，它把武术中各种适合实践应用的招法分离出来，经过摘编、加工、提炼、创造、完善，使其成为一种散招，并具备简单、实用、易记、易学的特点。

一、素质练习

速度：30 米、50 米、100 米跑等。

耐力：12 分钟跑、1 000 米跑、变速跑等。

力量：单、双杠练习，实心球练习，蛙跳，俯卧撑等。

灵敏：看或听信号快速启动，急速变向，各种移动步伐练习等。

微课
防身术基本素质练习

二、基本动作和技术

1. 垫上动作

微课
倒功练习

前滚翻：在立正姿势的基础上，屈膝下蹲，两手撑地；弯腰勾头，以背部着地，用两脚蹬力向前滚翻，随即双手抱膝，迅速起立。要求：滚翻、起立要快。

后滚翻：在立正姿势的基础上，屈膝下蹲弯腰勾头，借身体后仰和两手撑力，按臀部、背部着地的顺序向后滚翻，随即迅速起立。要求：滚翻、起立要快。

前倒：在立正姿势的基础上，身体自然前倒，同时两臂屈肘，置于胸前，掌心向下，腿挺直，抬头、收腹，两手主动拍地，以两掌及小臂着地。要求：两手主动用力拍地，着地瞬间身体挺直、抬头。

前扑：在立正姿势的基础上，左脚向左跨出一步（约与肩宽），屈膝半蹲，两臂后摆，五指并拢，掌心相对，上体微向前倾，目视正前方。前扑的动作要领：在倒功预备姿势的基础上，两脚蹬地，向前跃出，同时两臂前摆，掌心向下，迅速屈臂，主动拍地，以两掌、小臂及两脚内侧着地，两脚分开比肩宽。要求：跃起、摆臂快，腿要挺直。

侧倒：在倒功预备姿势的基础上，两臂迅速前摆，身体随即向左（右）后转身，右（左）腿向左（右）抡摆扣腿，以右（左）脚全脚掌、两手及小臂拍地，身体左（右）侧着地，右（左）腿在上，两腿弯曲成剪式。要求：摆臂、转身、摆腿协调一致，两手及脚掌主动用力拍地。

后倒：在倒功预备姿势的基础上，两膝向前下顶，上体后倒，两臂前摆并迅速向后挥臂，两手及小臂主动拍地。同时，挺腹勾头，踢右（左）腿，以手臂、背部上端和左（右）脚前脚掌着地，两臂与身体约成 90°。要求：摆臂快，挺腹、勾头协调一致，背、臂同时着地。

2. 防身术准备姿势与移动

（1）准备姿势主要指侧身。侧身是自卫与遭遇其他不测时必须注意的。只有侧身，才能尽量少地暴露易遭攻击的部位。两腿一前一后，屈膝、脚掌着地。两手握拳一前一后。

动作说明：双脚前后开立，距离与肩同或稍宽于肩。前脚尖稍内扣，后脚跟稍离地面，双腿微屈。身体与对手成 45° 角，头颈部正对前方。稍收腹、含胸，双拳提起至肩高，双肘弯曲下垂，肘尖向下，前肘弯曲约 90°，前拳拳眼向后侧上方。后肘弯曲小于 90°，后手大小臂护住肋部。后拳拳眼向后侧上方，拳面指向对手。身体重心居中。左、右势均要练习。

动作要点：双脚不能一前一后成直线站立，应有一定角度。同时双脚也不能分得太开。

（2）移动主要有以下几种。

前滑步：由防身术准备姿势开始，用后脚蹬地，使前脚向前滑动一步，后脚迅速跟进，保持原防身术准备姿势。动作要点：滑步时，要保持好身体平衡，脚滑步时应擦地滑行，不可抬得过高。

后滑步：由防身术准备姿势开始，用前脚蹬地，使后脚向后滑动一步，前脚快速向后跟进，保持原防身术准备姿势。动作要点：同前滑步。

左滑步：由防身术准备姿势开始（左脚在前，右脚在后）。右脚蹬地，使左脚左移，右脚迅速向左滑进，保持原防身术准备姿势。动作要点：双脚在移动过程中要保持自身平衡。左脚向左移步不能太大，并要迅速恢复防身术准备姿势，同时在滑动过程中双脚应擦地滑行。

右滑步：由防身术准备姿势开始（左脚在前，右脚在后）。左脚蹬地，使右脚右移，左脚迅速向右滑进，保持原格斗势。动作要点：同左滑步。

注意：以上的滑步，均应左右脚交换位置，改变方向进行练习。

垫步：由防身术准备姿势开始，后脚蹬地迅速向前脚位置移动，同时前腿提起前移，落地成格斗势。动作要点：应向前腾空移动，而不应向上腾空，且是水平移动。完成整个动作时应协调、自然、迅速，同时要保持自身平衡。

上步：由防身术准备姿势开始，后脚向前上步，同时防身术准备姿势变换一下。动作要点：动作要迅速，步法、手法、身法要配合起来。

撤步：由防身术准备姿势开始，前脚向后撤步。

动作要点：前脚掌蹬地迅速，落地时以前脚掌落地，脚跟微抬起，身体重心在两脚之间。

插步：由防身术准备姿势开始，后脚向前脚后方横插一步，前脚还原防身术准备姿势。动作要点：插步时要把握好重心，动作要迅速。

盖步：由防身术准备姿势开始，后脚向前脚盖步，同时前脚脚尖外展，再还原防身术准备姿势。动作要点：要稳固好自身重心，动作要迅速。

环绕步：由防身术准备姿势开始，前脚向左斜前方或右脚向右斜前方移步，后脚或前脚跟上成防身术准备姿势。动作要点：步法要与身法配合起来，身体重心要稳固，后脚移动步幅始终大于前脚移动步幅。

3. 防身术的手型手法

防身术的手型手法有拳、掌、勾、爪、指法等。

一指型：食指前伸，其余四指弯曲，扣于掌心。食指勿过于伸直，以防触及硬物时被折。劲力贯注食指，手腕要有一定硬度。插眼，攻击咽喉，攻击肋部。

二指叉：食指、中指前伸，微分开 3 厘米左右，其余手指弯握于掌心，食指、中指不要伸成反弯曲状，防止攻击到人体坚硬部位折伤，手腕要保持一定硬度。插眼（食指、中指距与双眼同宽）、戳肋。

锁喉指：食、中、拇三指弯曲相对，余两指内扣，劲力贯注在食、中、拇指上，有一种碰物即抓的意识。三指弯曲，有一种碰物即抓的意识，用来锁控锁喉。

爪：两指弯曲，成抓物状，保持适当的弯曲度，要内含一定劲力，要有鹰爪之力。主要用来近身缠斗。

掌尖：四指并拢，力在指尖，拇指为自然状态。指关节不要伸得太直，防止被反折，造成指关节骨折，出击时要像蛇吐信一样迅捷，插眼、戳喉、击肋、拂眼。

掌根：五指弯曲紧扣，掌竖直，突出掌根，掌握好攻击的着力点，手腕在击中时要挺住劲，推撞下巴，撞击心窝，撞肋。

掌侧：四指并拢，第一指关节微曲，拇指关节弯曲，放于掌侧，攻击部位在掌缘后端，切记不要用小指攻击，小指是无法承受反作用力冲击的。劈击脖颈、后脑、锁骨、手臂，横扫击太阳穴、肋部。

勾：五指指尖并在一起，手腕微微曲。攻击部位在指尖合力点，勾击脖颈、后脑，横扫击太阳穴、肋部。

4. 拳法

拳是人最主要的攻击武器之一。在攻防格斗中，手的威力最大，而手的攻击形式以拳为主。

正拳：四指并拢依次卷曲握于掌心，拇指弯曲压在中食指第二关节上。握时不要太紧，以手心上下能贯通一小指粗细纸卷为准。意感手中似乎握着一纸卷，在击中目标瞬间握紧。

自然拳：外形与正拳相似，只是把大拇指放在拳眼上，适度放松，手有握一卷纸的感觉。实际上，当手中握着一个大小适宜的物体攻击时，打击力将明显提高。

突拳：把正拳的中指突出，第二指关节上拇指放在中指第一指关节上。松紧适宜，击中目标时再发力。力点在中指第二指关节。

直拳：又称冲拳，主要是直线用拳直接攻击对方面部和胸部。

勾拳：又称抄拳，主要走弧线或直线，由下方用拳面击打对方腹部、下颌等。

劈拳：由上往下，以拳外背棱或指棱攻击对方面部的拳法。

鞭拳：由左右以拳背攻击对方头部的拳法。

摆拳：主要走平面弧线，由侧方用拳面击打对方颈部、太阳穴等。

5. 防身术的肘法

顶肘：肘部平抬，屈臂，肘尖向前，发力时蹬腿、送髋，同时另一只手大臂向另一侧也产生一股伸张力。蹬腿、送髋、大臂猛伸张，三股力用好了，顶肘动作就完美了。顶肘是以肘尖攻击，以顶击对方腋下，效果最好。顶肘发力距离短，又无旋转助力，练习时难度大些。

微课
基本击法

挑肘：前臂回收弯曲，肘尖由下向前上挑击。发力时蹬腿、旋转身体，要领同直拳、勾拳。挑臂动作同勾拳、挑肘，可用于击打对方胸腹部。

横肘：横肘动作主要是两股力，一是蹬腿，二是旋转身体。大臂向前横移，实际上也是旋身之力的延长。横肘是以肘尖击打对方，适于攻击对方太阳穴、后脑、耳门、颈部以及胸肋等。

砸肘：手臂上抬，肘尖朝前上，砸击时身体迅速下沉，肘由上往下砸击。身体下沉与手臂砸击两股力合二为一。砸肘多用于对方抱腰、腿时砸击其后脑、腰部。

反手顶肘：手臂略上抬，身体迅速下沉（但幅度没有砸肘大），同时两肘向后顶击，力达肘尖。顶肘主要用于攻击背后之敌肋、腹部。

反手横肘：手臂平抬，蹬腿，身体旋转发力，同时手臂随旋转方向向后横向猛击，力达肘尖。反手横肘主要用于攻击背后之敌面部、太阳穴等。

6. 防身术的膝法

提膝：又称顶膝，膝腿上抬，动作要猛，并以双手拉住对方帮助发力。提膝是用以攻击的利器。提膝时可用手帮助发力。

侧撞膝：侧撞膝分为左侧撞膝和右侧撞膝。左侧撞膝是左膝上抬，由左向右侧撞击。动作要领是，微倒身，扭髋内转，两手可抓住对方帮助发力。右侧撞膝动作与左侧撞膝相反。

7. 防身术的腿法

腿法可分为屈伸性腿法和直摆性腿法。直摆性腿法（如摆腿、后扫腿等）难度较大，未经长期特殊练习，不会有任何威力。屈伸性腿法有蹬腿、弹腿、踹腿、侧踹、铲踢等。

（1）蹬腿：一腿支撑，一腿膝上抬，同时向前蹬出。蹬腿要领是脚尖要勾，力达脚跟。蹬腿时身体不可前后俯仰，要脆快有力，蹬出后迅即收回。

（2）弹腿：一腿支撑，一腿提膝，同时膝关节由屈到伸，向正前方弹踢出腿。脚背绷直，力达脚背。弹踢时要脆快有力。弹腿又可分为正弹腿、侧弹腿、低弹腿、中弹腿、高弹腿等。女性自卫一般多用正弹腿攻击对方裆部。

（3）踹腿：又分为正踹、侧踹。一腿支撑，一腿提膝稍上抬，上抬之腿脚尖外摆，向前下方猛力踹击，力达脚跟。正踹腿一般用于攻击对手胫骨（小腿骨）。

（4）侧踹，先转体，一腿上抬，屈膝，勾脚尖，由屈到伸向前踹击，力达脚跟。低侧踹腿可用于攻击对方胫骨和膝关节，中侧踹腿可用于攻击对方裆部、腹部。

（5）铲踢：用脚的外侧或内侧，目标是对手的胫骨或膝盖，攻击这样的目标不要用脚尖，因为使用脚尖攻击接触面小，目标易于滑开。

无预兆的脚尖快速踢裆也是有效手段，踢时脚务必不要后摆蓄势。

8. 头部攻击

以额头为武器攻击对手，头部虽然是薄弱部位，但头部也有坚实的区域，这就是前额，颇见威力，主要用于撞击对方面部和胸部，撞击面部效果较好。撞击面部要瞄准鼻梁处三角区。

9. 防身术的摔法

摔法是指在防身术中用于破坏对方重心，并将其摔倒在地的技法。

防身术的摔法有绊摔、冲摔、抱摔、打摔、钩腿摔、别绊腿、前切摔、背摔等。

微课
解脱与反击

（1）绊摔。就是一边绊对方的腿或者脚，用力将对方摔倒的技术。对技巧要求较高，如果运用得当，可以用很小的力量就将对方摔倒在地。

①基本技术：绊摔主要分为手上的推拉动作以及脚上的绊的动作。要向左斜下方拖拉对方，不应向水平方向上拖拉。如果你在向左斜下方拖拉前，先将对方向后或者向前水平推拉，再向斜下方拖拉。

②脚上的动作：绊腿时不要绊对方的膝关节，而要绊对方的脚腕，并且尽量不用左腿绊对方左腿，右腿绊对方右腿，而是应该尽可能用左腿绊对方右腿，用右腿绊对方左腿。关键点就是手上的拖拉动作与脚上绊的动作要协调一致。

（2）冲摔。冲摔是一种非专业的摔法，冲摔的基本技法是：低头弓腰快速冲向对方，冲到对方跟前后，双手抱住其腰部，利用冲击产生的动能将对方冲倒。一旦把对方摔倒，不要再与他纠缠，而是应该顺势继续实施攻击，直到对方丧失攻击能力。

（3）力量型抱摔。抱摔技术：首先要求抱住对方，利用对方出拳落空等机会，身体下潜实施抱摔。抱住对方后，身体要贴紧对方的身体，中间不要留有间隙，否则很难摔倒对方。在摔对方时，不要仅仅用双臂的力量进行硬摔，而是应该利用身体的力量，即在抱紧对方的同时，身体呈反弓形向后倾，将对方“拔”起，然后向下或者向一侧将其摔倒。同样，摔倒对方以后不要与之纠缠，而是应该继续打击对方，然后快速离开。

学思践行

内练素养，外练体魄

第七章 形体舞蹈

导论

形体舞蹈是对学生进行素质训练，培养其综合能力和塑造其优美体态的一门基础课。通过以人体科学为基础的形体动作训练，可以改善学生形体动作的状态，提高其灵活性和协调性，从而促进增强形体外在表现力与内在气质的相互融合，提高个人的综合素质。

第一节 形体芭蕾

芭蕾，是高雅的舞蹈艺术，有着科学完备的训练方法，作为基本功的芭蕾形体训练，既是追求艺术美的前提，又是一项动作舒展、修身养性的运动，还是塑造美好形体和端庄仪态的良好途径。而形体之美与仪态之美，正是即将走入职场的大学生所需要的。

第一课　芭蕾形体训练的基本要素

一、基本要素：开、绷、直、立

芭蕾形体训练的基本要素被概括为“开、绷、直、立”，关于这一点，我们早已耳熟能详了。但是，如何真正做到这四个字，却是初学者特别是成人学习者心里比较纠结的地方。下面，简单地给大家介绍一些方法和要领，希望能够对大家的学习有帮助。

1. 开

要求从肩、胸、胯、膝、踝五大关节，左右均匀对称地向外尽量打开，尤其是两脚和胯应向外打开到 180°。这样可以最大限度地舒展人体的线条，扩大动作范围，提高身体的平衡力。但是，这个“开”又是芭蕾形体中最难掌握的一个要素。首先，我们应该循序渐进，切忌容易打开的部位使劲打开，不容易打开的部分就不打开，这样容易造成身体上下扭曲，使肌肉或韧带拉伤。要领是：必须从髋关节到膝关节、踝关节、脚趾尖全部打开。

2. 绷

要求把肢体的各个部位收紧“绷”起来，尤其指膝关节和踝关节，连带脊柱和颈椎等关节。芭蕾舞要求舞者从指尖到脚尖的能量的贯穿，进行放射性的舞蹈，只有通过绷才能将能量更好地聚集在肢体末梢，达到轻盈飘逸的舞蹈特征。一般初学者在绷脚练习中经常会出现只绷脚背不绷脚趾或只绷脚趾不绷脚背的现象，这都不符合规范要求。要领是：绷脚必须从踝关节开始把力量一直贯注到脚趾，让脚趾去找脚心，这样脚背脚趾绷得越来越紧，膝盖也会越来越直。

3. 直

直在芭蕾形体训练中是一个整体概念，要求学习者背向上挺直，不能塌腰撅臀，也不能挺胸凸肚，也包括在直立的时候腿必须收紧膝盖。要领是：在意念上寻找颈椎、胸椎、腰椎、尾椎形成一道直线，头顶找天的感觉，逐步达到提、收、松、挺的正确而优美的体态要求。

4. 立

在芭蕾形体训练中，“立”主要指腰部的立，它会产生向上提升的作用，只有腰部的“立”做到位，才能使整个身心能量内聚，重心上提，更稳地立于较高的空间。

二、芭蕾形体训练内容

芭蕾形体训练的初级课程是以芭蕾舞的基本动作为训练内容，通过芭蕾的基本要素，如开、绷、直、立等，对身体各部位进行训练，增强肢体的协调性和灵活性，内外兼修，达到健身健美、提升气质的目的。

芭蕾形体主要包括地面形体训练、扶把形体训练、离把形体训练、跳跃练习、芭蕾舞步练习等基本训练内容。

1. 地面形体训练

地面形体训练包括头和呼吸的练习，腹、背脊的练习，手臂和腰的练习，脚和腿的练习。它帮助初学者在身体不受重的状态下掌握脚、上肢、躯干等部位的正确姿势；寻找肌肉外开、延伸的感觉；掌握身体运动的正确方法；提高身体的柔韧性、下肢肌肉和腹背肌的能力，为后面的正式训练打好基础。

2. 扶把形体训练

常见的扶把练习有擦地、蹲、小踢腿、划圈、单腿蹲、小弹腿、控制、大踢腿等，通过简单的扶把动作组合练习，初步掌握头、躯干和腿部的基本姿态及脚的位置，培养优雅和高贵的气质。

3. 离把形体训练

离把形体训练是芭蕾形体训练中难度较大的内容，有手位与胸位的训练、头的训练、身体方位的训练、手臂与上肢的训练等。通过基本舞姿（三个方向：croise、efface、ecartee）和各种简单的手臂及上肢的练习，培养动作的协调性与节奏感，培养对芭蕾舞姿的感觉和对音乐的感悟。

4. 跳跃练习

通过各种简单的芭蕾小跳练习，锻炼腿的基本能力，强调落地的轻盈感，培养动作的灵活性。

5. 芭蕾舞步练习

将优美动听的古典音乐与简单干净的芭蕾舞蹈相结合，使学习者初步掌握舞步的准确性，并注意身体各部分动作的协调性，培养自身的美感。

三、芭蕾形体训练的程式化语言

舞蹈的程式化语言，是指那些经受了长期的历史考验之后固定下来的舞蹈动作，这些动作具有高度的经典性和频繁的使用率。世界各国、各民族的舞蹈艺术都有其特定的程式化语言，芭蕾舞也有自己独特的语言模式。

这里，我们谨对芭蕾形体训练的程式化语言进行论述。传统的芭蕾技术是建立在外开、伸展、绷直的审美基础之上的，它包括手的基本位置、脚的基本位置、基本舞姿（“arabesque”“attitude”“ecartee”）、腿部技巧（各种擦地、腿的伸展、腿的划圈）、各种幅度和舞姿的跳跃、各种舞步和连接动作、手臂练习等。在芭蕾形体训练中，一般规律都从右脚开始示范，再从左脚重复练习，使身体均衡发展。下面主要讲手的基本位置和脚的基本位置。

1. 手的基本位置

在进行芭蕾形体训练时，手的位置是最具表现力和表演性的训练，各种各样的舞姿都由手的位置构成，手是形成优美体态的重要途径。手的位置在不同的芭蕾学派有不同的做法，但其要求是一致的，本教材介绍的手位是我国芭蕾舞训练一直沿用的位置，手位的训练应在把下完成。

（1）一位手。双手置于身体前，五指自然并拢，手指、手腕、胳膊肘稍稍自然弯曲，成一个柔和的大弧线，手心朝上，两手间的距离为一个横拳左右，双手的小手指离开大腿2厘米，双肩松弛，自然下垂（见图7–1）。

（2）二位手。在一位手的位置上抬起，抬到胃的前端，手心对着胸口，手臂的形状保持不变（见图7–2）。

（3）三位手。在二位手的位置上往上抬到额头上方，双肩松弛，手心对着自己的眼睛，两手间的距离不变（见图7–3）。

图 7-1 一位手

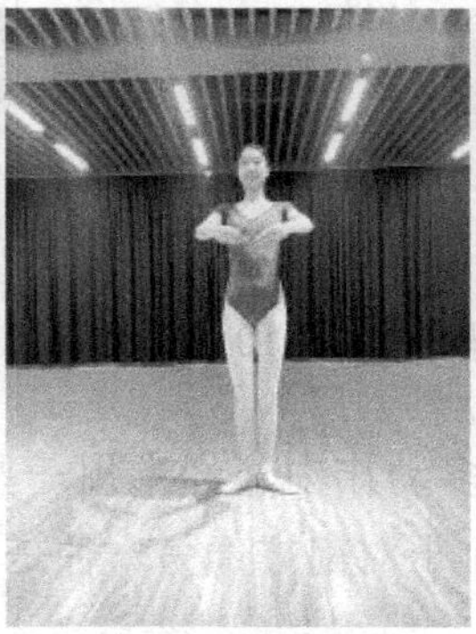
图 7-2 二位手

图 7-3 三位手

（4）四位手。一只手保持三位，另一只手从三位下来成二位（见图 7-4）。

（5）五位手。一只手保持三位，另一只手从二位往旁打开（见图 7-5）。

（6）六位手。一只手在旁边打开，另一只手从三位上由小手指领着切下来成二位（见图 7-6）。

（7）七位手。双手从二位往旁打开，略低于两肩（见图 7-7）。

图 7-4 四位手

图 7-5 五位手

图 7-6 六位手

图 7-7 七位手

2. 脚的基本位置

脚位的学习顺序一般是：一位、二位、三位、四位、五位。双脚站位是要求全脚平放在地面上，力量要均匀，特别是脚指头不能扣住地板，脚趾要求松开放长。

（1）一位。两脚跟紧靠，脚尖向外开成 90° 角，完全成一条水平线（见图 7-8）。

（2）二位。两脚保持一位外开向外展开，两脚跟间距离为一足（见图 7-9）。

（3）三位。两脚跟前后重叠放置，前脚遮住后脚的一半，足尖向外张开（见图 7-10）。

（4）四位。两脚相距一脚的距离。前脚跟与后脚趾关节成一条线（见图 7-11）。

（5）五位。两脚紧贴在一起，一只脚的后脚跟紧挨着另一只脚的脚尖，前脚完全遮盖住后脚（见图 7-12）。

图 7-8　一位脚

图 7-9　二位脚

图 7-10　三位脚

图 7-11　四位脚

图 7-12　五位脚

除了以上五个脚的位置，很多动作中还经常用一些不开的位置，一种是“正步位”，是指两脚的脚跟和脚尖完全并拢，正对前方；另一种是“自然位”，是指两脚的脚跟并拢，脚尖略微分开成 25°～45° 角。

第二课　地面形体训练

一、头颈部的练习

（1）低头：挺胸、下颌尽量向胸骨上端靠近（见图 7-13）。

（2）仰头：头最大限度后仰。

（3）左转头：面向左，下颌对准左肩。

（4）右转头：面向右，下颌对准右肩。

（5）左侧倒头：面向前，头向左侧倒。

（6）右侧倒头：面向前，头向右侧倒。

头颈部的练习如图 7-13 所示。

低头　　抬头　　转头　　倒头

图 7-13　头颈部的练习

二、腹、腰背肌的练习

腹、腰背肌的练习如图 7-14 所示。

腹肌训练

腰背肌训练（1）

腰背肌训练（2）

图 7–14　腹、腰背肌的练习

三、手臂和腰的练习

1. 芭蕾手位组合训练

本部分内容略。

2. 腰的练习

（1）前弯腰。前弯腰有两种做法。①准备姿势正步站立，两腿伸直，两臂上举，掌心向前，上体前屈，尽量头触膝，胸贴腿，双手可抱腿。②准备大八字步姿势，上身正直、手臂两侧平伸，上身向前弯腰，同时双臂向下摆至身前交叉。

（2）后弯腰。后弯腰有两种做法。①准备姿势跪立，两膝分开 25～30 厘米，双手于体侧下垂，上体后屈（头部先后仰），尽量以头触脚，然后双手支撑，按胸、头顺序依次回到开始的部位。②大八字步站立，双臂上举，上体后屈，由头部开始，肩、胸、腰、骨盆依次后仰，力争手指触地，然后由骨盆开始相反顺序还原到站立姿势。

（3）旁弯腰。小八字步或大八字步直腿站立，双臂于体侧下垂。右手上举，掌心向左，骨盆向右移动，上体向左侧屈，然后还原，再做相反方向动作。

（4）涮腰：大八字步直腿站立，双臂于体两侧下垂。先做前腰，然后旁腰、后腰，最后向另一侧旁腰环绕回原位。同时双臂随上身动作做双晃手。

（5）拧腰转体练习：大八字步直腿站立，双臂山膀位。动作时，上体左转 90°，右臂屈肘于胸前按掌位，左臂屈肘于腰后，手心向外，重心移至左脚。然后向右转 180°，动作同上，方向相反。

四、脚和腿的练习

1. 脚的练习

直膝勾绷脚是通过脚踝的屈伸，拉伸大小腿后群肌肉和大小腿前侧肌肉，使膝踝关节充分伸展。

要点：勾脚、绷脚动作应以脚趾带动并经过最远的路线，勾脚时脚跟离地拉长下肢后群肌肉，此时大腿前侧肌肉应收紧，使膝盖部位伸直。绷脚时保持大腿后群肌肉的用力，拉长下肢前侧肌肉。

2. 腿的练习

(1) 踢前腿。准备姿态：仰卧于地面，一条腿直膝，抬脚向上迅速踢起 90° 以上，然后落下。

(2) 踢旁腿。准备姿态：侧卧于地面，右手放在胸前扶地，左手伸直放在头上扶地，双腿直膝绷脚，右（左）腿绷脚直膝向旁踢起 90° 以上，再轻轻落下。

(3) 踢后腿。准备姿态：俯卧地面，单膝跪地，另一条腿伸直，两手支撑，挺胸、抬头，伸直腿用力向后上方踢起到最高点，再轻轻落下。

腿的练习如图 7–15 所示。

踢前腿　　踢旁腿　　踢后腿

图 7–15　腿的练习

第三课　扶把形体训练

一、擦地

擦地。脚由全脚掌着地逐渐用力远伸至脚尖点地，再由脚尖点地用力回收至全脚掌着地的过程。通过擦地练习，可以锻炼腿部肌肉，增强脚底肌群、腿外侧肌群的力量和脚踝关节的灵活性（见图 7–16）。

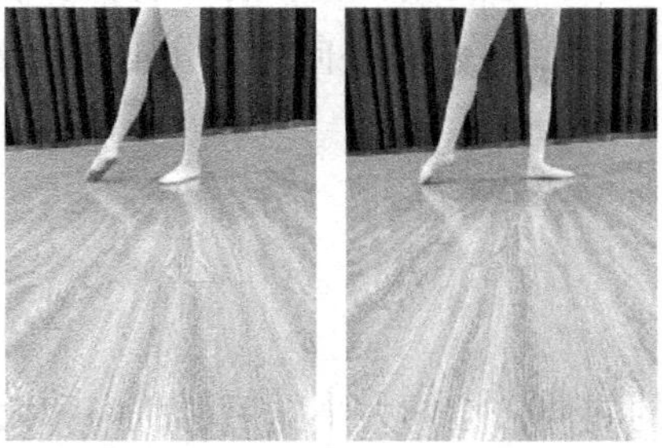

前擦地　　旁擦地

图 7–16　擦地

二、蹲

蹲有半蹲和全蹲两种。两膝盖对准脚尖，身体垂直地面、连贯地向下蹲，以不抬脚跟蹲到最大限度为半蹲。继续向下蹲，迫使脚跟抬起，臀部接近腿根时为全蹲。全蹲直起时，边起边压脚跟至半蹲。全脚着地，双腿伸直。蹲是跳跃动作的基础，能锻炼腿部肌肉的弹力和控制力，还能拉长大小腿肌肉（见图 7–17）。

半蹲　　全蹲

图 7–17　蹲

三、小踢腿

小踢腿。脚尖经过擦地快速有力地踢起到 25° 后收回。通过此练习训练腿部肌肉的力量、控制力和柔韧性。做小踢腿时，上体要正直，收腹、立腰、收臀，两腿外旋，重心在支撑腿上。踢腿时要求有一个停顿感并停于 25° 的角度（见图 7–18）。

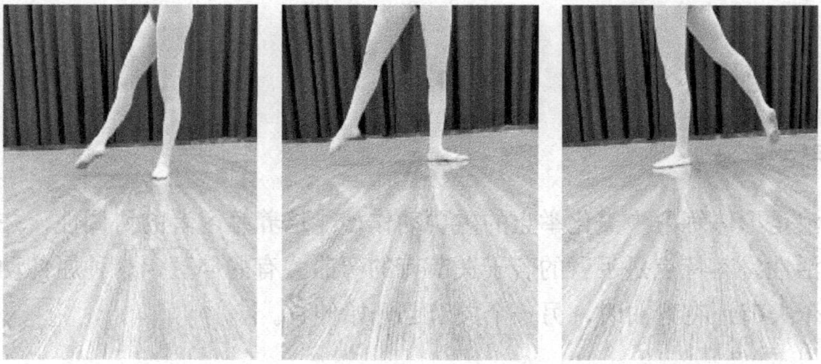

小踢腿（前）　　小踢腿（旁）　　小踢腿（后）

图 7–18　小踢腿

四、地面划圈

地面划圈动作是以单腿支撑，另一腿以髋关节为轴，脚尖在地上划半圆。该动作要求上体正直，收腹、立腰，支撑腿伸直或半蹲，另一腿伸直外旋，膝盖和脚面始终保持向外。此练习的目的在于训练腿的控制力和髋关节的灵活性。

五、控制

控制练习，即上体保持正确姿态，收腹、立腰，一腿支撑，另一腿在一定的位置和高度上停止不动。此练习的目的在于锻炼腿部肌肉的控制能力（见图 7–19）。

控制（前腿）　控制（旁腿）

图 7–19　控制

六、大踢腿

大踢腿，即以大腿的力量急速地向上踢起，在保持身体正确姿势的要求下，踢得越高越好，踢起和落回时都要经过擦地，落回时要求轻而具有控制力。大踢腿练习可以训练腿的软度、力量和后背的控制力。

第四课　离把形体训练

一、手臂练习

手臂波浪是形体练习中美化举止的重要动作，能培养练习者的协调性，并能增强手臂各关节的灵活性。其特点是手臂的若干关节有的弯曲、有的伸直，这种屈伸动作是同时进行的，当一个关节还在弯曲时，另一个关节已开始伸直。

二、步法训练

1. 柔软步

自然站立，两臂于体侧自然下垂，第 1 拍左腿膝和脚面绷直向前伸出，脚面向外，第 2 拍由脚尖过渡到全脚掌落地，身体重心随之前移，接着右脚向前伸出落地，两腿依次交替进行，两臂自然前后摆动。

要点：摆动腿向前伸出由脚尖过渡到全脚落地，重心前移，收腹立腰。

2. 足尖步

左腿直膝，脚面向前伸出（脚尖稍向外），由脚尖过渡到前脚掌落地支撑，重心前移，两腿交替进行。

要点：身体正直，收腹立腰，步幅均匀，不宜过大，支撑腿脚踝充分向上立。

3. 变换步

变换步是一种常用的舞步，具有柔和、舒展的特色，动作变化多样，包括普通变换步、前屈膝变换步，后举腿变换步、转体变换步及跳的变换步。

普通变换步：第 1 拍上半拍，左脚向前柔软步；第 1 拍下半拍，右脚与左脚并成自然位，同时两臂成一位。第 2 拍，左脚向前柔软步，重心前移，右脚伸直后点地，脚面绷直稍向外，同时右臂前平举，左臂侧平举。

要点：收腹立腰，上身正直，髋要正，后腿伸直点地，膝与脚外旋。

4. 华尔兹步

华尔兹步是常见舞步，它具有轻盈、优美、流畅的特色，动作形式变化多样，可向前、向后、向侧、转体等行进。该舞步以 3 拍完成，做时采用 3/4 节拍的华尔兹舞曲。

第五课　跳跃练习

一、一位、二位小跳

双脚芭蕾一位或者二位脚，双手一位或者叉腰，双腿半蹲跳起，然后快速直起时双脚绷脚在空中，脚尖垂直于地面，落地时先落脚掌到全脚半蹲，直立还原，如图 7-20 所示。

图 7-20　一位、二位小跳

二、五位小跳和五位互换跳

双脚五位脚站好，一位手，双腿半蹲推离地面跳起，双脚在空中转为一字位，落地时换成另外一只脚在前的五位半蹲还原（见图 7-21）。

图 7-21　五位小跳

第二节　体育舞蹈

体育舞蹈是以人自身的形体动作为手段，通过充满生命活力的韵律，抒发人内心情感的身体活动。体育舞蹈集体育、音乐、舞蹈于一体，具有健身、竞技、消遣、娱乐、审美等功能。

体育舞蹈又称“国际标准舞”，其原名为“舞厅舞”，或称“舞会舞”，也有人称之为“社交舞”“交谊舞”“交际舞”。体育舞蹈包含摩登舞和拉丁舞两大类，共 10 个舞种。摩登舞分为华尔兹、探戈、狐步、快步、维也纳华尔兹；拉丁舞分为伦巴、恰恰、桑巴、斗牛舞和牛仔舞。

第一课　体育舞蹈各舞种介绍

一、体育舞蹈的项目分类

体育舞蹈按舞蹈的风格和技术结构，可分为摩登舞和拉丁舞两大类。按竞赛项目可分为三大类：摩登舞、拉丁舞和团体舞。

1. 摩登舞

摩登舞又称“现代舞”，起源于欧洲，具有端庄、含蓄、稳重、典雅的风格和绅士风度，包括华尔兹、探戈、狐步、快步和维也纳华尔兹。

2. 拉丁舞

拉丁舞起源于非洲和拉丁美洲，具有热情、奔放、浪漫的特点，包括桑巴、伦巴、恰恰、斗牛舞和牛仔舞。

3. 团体舞

团体舞是摩登舞或拉丁舞的混合舞，由 8 对选手组成，借助音乐的引导，用 5 种舞蹈在变化莫测的队形变动中编织出丰富多样的图案，它将音乐、舞姿、队形、图案和选手们的和谐配合融为一体，达到了完美的统一，使体育舞蹈的风格特点得到了更为鲜明的表现。

二、体育舞蹈各舞种的特点

体育舞蹈也称“国际标准交谊舞”，是体育运动项目之一。它是以男女为伴的一种步行式双人舞的竞赛项目，分两个项群、10 个舞种。其中摩登舞（标准舞）项群包括华尔兹、维也纳华尔兹、探戈、狐步和快步；拉丁舞项群包括伦巴、恰恰、桑巴、牛仔舞和斗牛舞。每个舞种均有各自的舞曲、舞步及风格。根据各舞种的乐曲和动作要求，组编成各自的成套动作。

（一）摩登舞

摩登舞又称标准舞，是体育舞蹈项群之一，包括华尔兹、维也纳华尔兹、探戈、狐步和快步。其特点是由贴身握抱的姿势开始，沿着舞程线逆时针方向绕场行进。步法规范严谨，上体和胯部保持相对稳定挺拔，完成各种前进、后退、横向、旋转、造型等舞步动作，具有端庄典雅的绅士风度。曲调大多抒情优美，旋律感强。服饰雍容华贵，一般男士着燕尾服，女士着过膝蓬松长裙。

1. 华尔兹

华尔兹用 W 表示，也称“慢三步”，是摩登舞项目之一。舞曲旋律优美抒情，节奏为 3/4 的中慢拍，每分钟 28～30 小节。每小节三拍为一组舞步，每拍一步，第一拍为重拍，三步一起伏循环。通过膝、踝、足底和掌趾的动作，结合身体的升降、倾斜、摆荡，带动舞步移动，使舞步起伏连绵，舞姿华丽典雅。它是维也纳华尔兹（快三步）的变化舞种。19 世纪中叶，维也纳华尔兹传到美国，当时美国崇尚舒缓、优美的舞蹈和音乐，于是将快节奏的维也纳华尔兹逐渐改变成悠扬而缓慢、有抒发性旋律的慢华尔兹舞曲，舞蹈也改变成连贯滑动的慢速步型，即如今的华尔兹。

2. 维也纳华尔兹

维也纳华尔兹用 V 表示，也称“快三步”，是摩登舞项目之一。舞曲旋律流畅华丽，节奏轻松明快，为 3/4 拍节奏，每分钟 56～60 小节，每小节为三拍，第一拍为重拍，第四拍为次重拍。基本步伐是六拍走六步，两小节为一循环，第一小节为一次起伏。基本动作是左右快速旋转步，完成反身、倾斜、摆荡、升降等技巧。舞步平稳轻快、翩跹回旋、热烈奔放，舞姿高雅庄重。它源于奥地利的一种农民舞蹈，由男女成对扶腰搭肩共同围成一个圆圈而舞，故被称为“圆舞”。著名的约翰·施特劳斯为华尔兹谱写了许多著名的圆舞曲。

3. 探戈

探戈用 T 表示，是摩登舞项目之一。为 2/4 拍节奏，每分钟 32～34 小节，每小节二拍，第一拍为重拍。舞步有快步和慢步，快步占半拍，用 Q 表示；慢步占一拍，用 S 表示。基本节奏是慢、慢、快、快、慢（S、S、Q、Q、S）。舞曲节奏带有停顿并强调切分音；舞步顿挫有力，潇洒豪放；表情严肃，有左顾右盼的头部闪动动作。它源于阿根廷民间舞蹈，20 世纪传入欧洲上层社会，后流行于世界各国。

4. 狐步

狐步也称“福克斯”，用 F 表示，是摩登舞项目之一。舞曲抒情流畅，节奏为 4/4 拍，每分钟 28～30 小节，每小节为四拍，第一拍为重拍，第三拍为次重拍。基本步伐是四拍走三步，每四拍为一循环。分快、慢步，第一步为慢步（S），占两拍；第二、三步为快步（Q），各占一拍。基本节奏为慢、快、快（S、Q、Q）。以足踝、足底、掌趾的动作完成升降起伏，注重反身、肩引导和倾斜技术。舞步流畅平滑，步幅宽大，舞态优雅，从容飘逸，似行云流水。它起源于欧美，后流行于全球。据传系模仿狐狸（马）走路的习性创作而成。

5. 快步

快步用 Q 表示，是摩登舞项目之一。舞曲明亮欢快，舞步轻快灵活、跳跃感强，是一种轻快欢乐的舞蹈。节奏为 4/4 拍，每分钟 50～52 小节。每小节四拍，第一拍为重拍，第三拍为次重拍。舞步分快步和慢步。快步用 Q 表示，时值为一拍；慢步用 S 表示，时值为两拍。基本节奏是慢、慢、快、快、慢（S、S、Q、Q、S）。舞步组合有跳步、荡腿、滑步等动作。它起源于美国，20 世纪流行于欧美和全球。

（二）拉丁舞

拉丁舞是体育舞蹈项群之一，包括伦巴、恰恰、桑巴、斗牛舞和牛仔舞，其特点是舞伴可贴身、可分离，各自在固定范围内辐射式地变换方向角度，展现舞姿。步法灵活多变，各舞种通过对胯部及身体摆动不同的技术要求，完成各种舞步，表现各种风格。舞姿妩媚潇洒，婀娜多姿。风格生动活泼、热情奔放。曲调缠绵浪漫、活泼热烈、节奏感强。着装浪漫洒脱，男士着上短下长的紧身或宽松装，女士着紧身短裙，显露女性曲线美。

1. 伦巴

伦巴用 R 表示，是拉丁舞项目之一。节奏为 4/4 拍，每分钟 27～29 小节，每小节四拍。乐曲旋律的特点是强拍落在每小节的第四拍。舞步从第四拍起跳，由一个慢步和两个快步组成。四拍走三步，慢步占两拍（第四拍和下一小节的第一拍）。快步各占一拍（第二拍和第三拍）。胯部摆动三次。胯部动作是由控制重心的一脚向另一脚移动而形成向两侧做“∞”形摆动。它具有舒展优美、婀娜多姿、柔媚抒情的风格。其产生与西班牙和非洲的舞蹈有密切关系，后在古巴得到发展。

2. 恰恰

恰恰用 C 表示，是拉丁舞项目之一。节奏为 4/4 拍，每分钟 30～32 小节。每小节四拍，强拍落在第一拍。四拍走五步，包括两个慢步和三个快步。第一步踏在第二拍，时间值占一拍；第二步占一拍；第三、四步各占半拍；第五步占一拍，踏在舞曲的第一拍上。胯部每小节向两侧摆动六次。舞曲热情奔放，舞步花哨利落，步频较快，诙谐风趣。它源于非洲，后传入拉丁美洲，在古巴得到发展。

3. 桑巴

桑巴用 S 表示，是拉丁舞项目之一。舞曲欢快热烈。节奏为 2/4 拍或 4/4 拍，每分钟 52～54 小节。强拍落在每小节的第二拍或第四拍。每小节完成一个基本舞步。舞步在全脚掌踏地和半脚掌垫步之间交替完成，通过膝盖上下屈伸弹动，使全身前后摇摆，并沿着舞程线绕场行进，属“游走型”舞蹈。其特点是流动性大，动律感强，步法摇曳紧凑，风格热烈奔放。它源于巴西，是巴西一年一度狂欢节的舞蹈。

4. 牛仔舞

牛仔舞用 J 表示，是拉丁舞项目之一。舞曲旋律欢快，强烈跳跃，节奏为 4/4 拍，每分钟 42～44 小节，六拍跳八步。由基本舞步踏步、并合步，结合跳跃、旋转等动作组合而成。要求脚掌踏地，腰和胯部做钟摆式摆动，其特点是舞步敏捷、跳跃，舞姿轻松、热情、欢快。它源于美国，原是美国西部牛仔跳的踢踏舞。20 世纪 50 年代，爵士乐的流行，加速和完善了这种舞蹈，但风格上还保持美国西部牛仔刚健、浪漫、豪爽的气派。

5. 斗牛舞

斗牛舞用 P 表示，是拉丁舞项目之一。音乐为旋律高昂雄壮、鲜明有力的西班牙进行曲。节奏为 2/4 拍，每分钟 60～62 小节。一拍一步，八拍一循环，特点是舞步流动大，沿着舞程线绕场行进，游走型舞蹈。舞姿挺拔，无胯部动作及过分膝盖屈伸。用踝关节和脚掌平踏地面完成舞步。动静鲜明，力度感强，发力迅速，收步敏捷顿挫。它源于法国，盛行于西班牙，系据西班牙斗牛场面创作而成。男士象征斗牛士，气宇轩昂，刚劲威猛，女士象征红色斗篷，英姿飒爽，柔美多变。

三、体育舞蹈各舞种音乐的特点

体育舞蹈运动离不开音乐，音乐离不开节奏、节拍与速度。在音乐中，节奏是音乐的骨架，节拍是音乐的类型，速度是音乐的快慢。节奏是组织起来的音的长短，具有典型意义的节奏叫节奏型，节奏型的特征是反复出现，能最大限度地表现出该音乐的音乐风格；节拍是在有重音（强音）和无重音（弱音）的相等的时间片段，按照一定的次序循环重复，用强弱关系组织音乐，每一个完整的节拍就构成一个音乐的小节；速度是音乐进行的快慢，基本上可以分为快速、中速和慢速，速度是人为确定的，是为了表达音乐情感、塑造音乐形象而设定的，激动、兴奋、欢乐用快速，抒情的用中速，歌颂的赞歌、回忆、挽歌都用慢速。

在体育舞蹈音乐中，最重要的是速度和节奏，速度和节奏决定舞种的类型。如节奏型是 3/4 ｜ × × × ｜ × × × ｜的音乐，以 28～30 小节/分钟速度演奏时是华尔兹音乐；以 56～60 小节/分钟速度演奏时是维也纳华尔兹音乐。所以，了解音乐速度和节奏的特点对理解体育舞蹈的音乐特点有一定的帮助。表 7-1 是体育舞蹈各舞种音乐特点的概括。音乐是体育舞蹈的灵魂，由于舞种不同，其音乐节奏、旋律和风格特点也各异。摩登舞音乐节奏清晰，拉丁舞音乐节奏鲜明强烈，热情、奔放、浪漫。舞者要根据不同舞种的音乐特点与所做的舞蹈节奏相一致，并充分展现舞蹈的意境，表达音乐的情感，从而使体育舞蹈的艺术表现力更富有感染力。体育舞蹈各舞种音乐的特点见表 7-1。

表 7–1　体育舞蹈各舞种音乐特点

舞种名称		音乐节拍（拍）	速度（小节/分钟）	音乐特点
摩登舞	华尔兹	3/4	28～30	舒缓流畅，委婉陶醉，动听悦耳，富于遐想
	维也纳华尔兹	3/4	56～60	节奏明晰，旋律活泼
	探戈	2/4	32～34	华丽雄壮，停顿附点，强调切分音
	狐步	4/4	28～30	徐缓流畅，柔和飘逸
	快步	4/4	50～52	节奏明快，逍遥自在
拉丁舞	伦巴	4/4	25～27	缠绵抒情，柔美动听
	恰恰	4/4	30～32	欢快热烈，浪漫风趣
	桑巴	2/4 或 4/4	52～54	欢欣愉悦，活泼动听
	牛仔舞	4/4	42～44	热烈欢快，轻松自如
	斗牛舞	2/4	60～62	雄壮激昂，刚健有力，感人奋进

第二课　体育舞蹈基本技术

一、摩登舞

1. 基本位置

(1) 华尔兹、狐步、快步、维也纳华尔兹的架型。

站位（见图 7–22）。两舞者面对面站立，女士在男士的右前侧。当双脚并拢时，女士右脚尖直对男士双脚之间。在支撑腿一侧，两舞者的肋骨下部到膝盖上部会有接触。当然，此接触部位不是固定不变的，取决于两舞者的身高。

手臂位置（见图 7–23）。男士的右手放在女士左肩胛骨下侧，手指并拢、延伸、平放，手腕与小臂成一条直线。女士将左臂放在男士右臂上，手处于男士右肘上侧。男士的左手与女士的右手相握，拇指相互交叉，其余 4 个手指轻轻握在女士的手背上。双手相握的高度保持在两舞者的眼角处（如两舞者身高悬殊，相握手的高度以身高较矮者为准）。两舞者的目光可通过对方的左肩即可。

图 7–22　站位

图 7–23　手臂位置

（2）探戈的架型。

站位（见图 7–24）。女士站在男士右侧，但是位置更靠右，女士的右脚尖几乎直对男士的右脚尖。

脚位。两舞者右脚始终在左脚的后侧，右脚尖与左足中心平齐。

手臂位置（见图 7–25）。女士左手处于男士左臂下侧，左手虎口与男士身体有接触，右手腕不弯曲，手指尖与小臂成直线。

图 7–24 站位

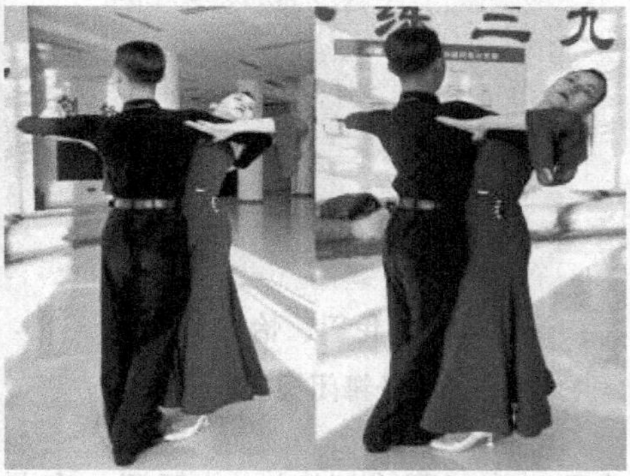

图 7–25 手臂位置

2. 华尔兹

（1）华尔兹基本步法。华尔兹的基本步法包括：左足并换步、右足并换步、右转步、叉形步、左转步、侧行追步、右旋转步等。

（2）华尔兹的套路教学（初级体育舞蹈社会指导员/铜牌）。

L.F.Closed Change 左足并换步（123）

Natural Turn 右转步（123 456）

R.F.Closed Change 右足并换步（123）

Reverse Turn 左转步（123 456）

Whisk 拂步（123）

Chasse from e.p 由侧行至追步（12&3）

Hesitation Change 踌躇换步（123 456）

二、拉丁舞

1. 基本位置

拉丁舞与摩登舞相比具有活泼欢快的特点，因而它的握持姿势没有统一固定的模式，各种舞的握持姿势各异，同时起舞中握持姿势随着舞姿的变化而变换。拉丁舞的舞姿比摩登舞变化多，男女双方相对位置与牵手状况也较复杂，大致有下列几种。

（1）正常闭握姿。即闭握面对姿（闭式舞姿），将体重完全置于重心脚上方，男女双方距离约 15 厘米，男性右手放在女性左肩胛骨，女性的左手放在男性右腕上，沿着肩膀轻放。男性的左手放在眼睛高度处，轻握女性右手。拉丁舞的闭式握姿较摩登舞男女身体相离稍远，双手腕彼此向对方稍延伸，此点是不同的。图 7–26 为伦巴、恰恰、桑巴、牛仔舞闭握式。图 7–27 为斗牛舞闭握式。

图 7–26　伦巴、恰恰、桑巴、牛仔舞闭握式

图 7–27　斗牛舞闭握式

（2）分式面对姿（开式舞姿）。此舞姿一定要注意背部后面要尽量延伸，臀部不要提升向身体内缩，男女双手保持在腰部附近，非重心脚的脚跟提起（见图 7–28）。

握手姿势

握手姿势

分开姿势

图 7–28　分式面对姿势

图 7–29　扇形舞姿

（3）扇形舞姿。扇形舞姿是伦巴及恰恰中常用的基本舞姿。扇形打开时，女性身体侧对男性，身体有点扭转，女性重心脚稍向后。扇形舞姿要如同能容纳三个人一般，圆形要大一些，双手则在男女双方中间紧握（见图 7–29）。

（4）影位姿。影位舞姿在伦巴、恰恰与桑巴中常用到。男女双方面对同一方向，女士在男士右前方，双方的重心、握手方式及手臂位置依不同舞步有差异。例如：有男士左手握女士右手，男士右手握女士左手的影位舞姿，也有男士左手握女士左手，右手则放在女士肩部的影位舞姿，称为同手相握影位舞姿（见图 7−30）。

影位位置（1）　　影位位置（2）

图 7–30　影位姿

2. 恰恰

(1) 恰恰基本步法。基本步、定点转、扇形步、手接手、曲棍步、右陀螺转、右分展步、纽约步、闭式扭臀等。

(2) 恰恰的套路教学（初级体育舞蹈社会指导员/铜牌）。

1−5 Closed basic Movement 闭式基本步

Fan 扇形步

Hockey Stick 曲棍步

Forward × 2 前进锁步 × 2

Backward × 3 后退锁步 × 3

Under Arm Turn to Right 臂下右转步

Hand to Hand × 3 手接手 × 3

Spot Turn Left 原地左转步

第三节　健美操运动

健美操运动作为一项有氧健身运动，更能凸显其健身健美的功能，因此深受高校学生的喜爱。通过本节的学习，可以帮助学习者了解健美操的基本动作和组合动作。

第一课　健美操基本动作

健美操的基本动作包括头颈动作、上肢动作、下肢动作、躯干动作等。

一、头颈动作

1. 动作方向

头颈动作的主要方向是前、后、左、右 4 个方向。另外还有侧前、侧后、侧上、侧下等一些动作方向。

2. 动作内容

(1) 屈。

动作描述：头部向前、后、左、右 4 个方向分别做颈部关节弯曲的运动。

注意要点：身体正直，做动作时应缓慢，充分伸展颈部肌肉。

动作变化：前屈、后屈、左侧屈、右侧屈。

(2) 转。

动作描述：头保持正直，然后头颈部沿身体垂直轴向左、右转动 90°。

注意要点：下颌平稳地左右转动。

动作变化：左转、右转。

二、上肢动作

1. 手型

手型的变化不仅可以使手臂的动作更加丰富多彩、生动活泼，表现出美感，而且有助于加强动作的力量性。常用手型有以下几种：

(1) 掌。

并指掌：大拇指指关节弯曲内扣，其余四指并拢伸直。手腕伸直，使手臂成一条直线。腕关节与掌指关节适度紧张（见图 7–31 中①）。

分指掌：五指用力分开并伸直（见图 7–31 中②）。

屈指掌：手掌用力上屈，五指自然弯曲（见图 7–31 中③）。

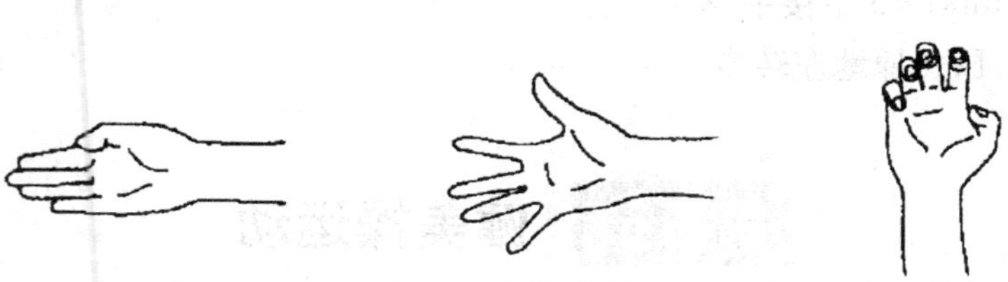

①　②　③

图 7–31　掌

(2) 拳。

实心拳：拇指握住四指，中间无空隙（见图 7–32 中①）。

空心拳：拇指握住四指，中间有空隙（见图 7–32 中②）。

(3) 其他手型。

西班牙舞手型：五指分开，小指内旋，拇指稍内收（见图 7–33 中①）。

剑指：食指和中指并拢伸直，拇指、无名指小指内收（见图 7–33 中②）。

“V”指：拇指与小指、无名指弯曲，食指与中指伸直并尽力分开（见图 7–33 中③）。

响指：无名指与小指屈握，拇指与中指、食指摩擦后，中指击打大鱼际处产生响声（见图 7–33 中④）。

图 7–32　拳

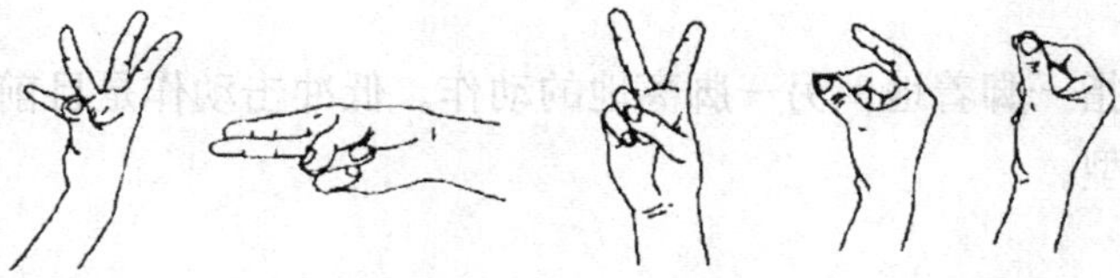

图 7–33　其他手型

2. 手臂动作

（1）举。

动作描述：以肩关节为轴，臂的活动范围不超过 180°，并停止在某一部位。

注意要点：动作到位，路线清晰，有力度。

动作变化：前举、上举、前上举、前下举、侧举、下举、侧下举、侧上举、后下举。

（2）屈、伸。

动作描述：肘关节由弯曲到伸直或由伸直到弯曲的动作。

注意要点：关节做有弹性的屈伸。

动作变化：胸前屈、胸前平屈、肩侧屈、肩侧上屈、肩侧下屈、胸前上屈、腰侧屈、头后屈。

（3）绕和绕环。

动作描述：两臂或单臂以肩为轴做弧线运动。

注意要点：路线清晰，起始和结束动作位置明确。

动作变化：两臂或单臂向内、外、前、后绕或绕环。

三、下肢动作

1. 无冲击动作

（1）半蹲。

动作描述：两腿左右分开站立，与肩同宽或比肩稍宽，脚尖稍外开，两腿同时屈伸。

注意要点：身体重心放在两腿之间，屈膝时，膝关节朝着脚尖的方向，同时膝关节不能超过脚尖，下蹲时身体前倾。

动作变化：并腿半蹲、迈步半蹲、迈步转体半蹲。

（2）弓步。

动作描述：

动作一：两腿前后开立，两脚距离与髋同宽，脚尖朝前，两腿同时屈伸。

动作二：一腿屈膝，另一腿伸直。

注意要点：身体重心在两腿之间，前腿膝关节弯曲不能超过 90°，膝关节不能超过脚尖。

动作变化：原地前后弓步、原地左右弓步、转体弓步。

2. 低冲击动作

低冲击动作是指一脚着地，另一脚离地的动作。低冲击动作是目前健身性健美操编排运用最多的动作类型。

（1）踏步。

动作描述：两腿依次抬起，依次落地。

注意要点：下落时，注意膝、踝关节有弹性地缓冲。

动作变化：踏步转体、踏步分腿、踏步并腿、弹动踏步。

（2）走步。

动作描述：迈步移动，向前走时，脚跟先落地，过渡到全脚掌；向后走时则相反。

注意要点：落地时，注意膝、踝关节有弹性地缓冲，上体可以有节奏地协调摆动。

动作变化：向前向后走步、向侧前和侧后走步、向左右转体或弧线走步。

（3）一字步。

动作描述：以左脚起步为例，左脚向正前方迈一步，右脚并向左脚，然后左脚向后一步，右脚并向左脚。

注意要点：偶数拍都有并步，落地时，注意膝、踝关节有弹性地缓冲。

动作变化：向前向后的一字步、转体的一字步。

（4）V 字步。

动作描述：以左脚起步为例，左脚向左前方迈步，右脚随之向右前方迈步，两脚开立，形成 V 字轨迹，然后左右脚依次还原。

注意要点：开立时两脚距离大于肩宽，重心在两腿之间，屈膝时膝关节朝着脚尖方向。

动作变化：倒 V 字步、转体 V 字步、跳的 V 字步。

（5）漫步。

动作描述：以左脚起步为例，左脚向前迈步，同时重心随之前移，接着右脚稍抬起，然后落下，重心随之后移，左脚随之迈向右脚之后。

注意要点：注意重心前后移动，动作有弹性。

动作的变化：转体的漫步、跳的漫步。

(6) 屈腿。

动作描述：以左脚为例，左脚向侧迈一步，同时膝盖微屈，重心移至左脚上，随后右脚抬离地面，屈膝，然后再做反方向动作。

注意要点：屈膝时膝关节朝着脚尖方向，主力腿始终保持有弹性屈伸，后屈腿脚跟朝着臀部，脚尖绷直。

动作变化：原地后屈腿、前后移动后屈腿、转体后屈腿。

(7) 并步。

动作描述：以左脚起步为例，左脚向侧迈步，同时重心左移，两腿屈膝向下，右腿并向左腿。

注意要点：膝、踝关节的弹动缓冲，重心平稳过渡。

动作变化：左右的并步、前后的并步、向两侧的并步、转体的并步。

(8) 迈步移重心。

动作描述：以左脚起步为例，左脚向左侧迈出一步，落地时双腿屈膝，随之重心下降并移至左腿，然后重心上移，膝盖伸直，右脚点地，然后再做反方向的动作。

注意动作：下蹲屈膝时膝关节朝着脚尖方向，重心上下、左右移动明显。

动作变化：左右移重心、前后移重心、转体移重心。

(9) 交叉步。

动作描述：以左脚起步为例，左脚向左侧迈步，同时重心左移，接着右脚交叉于左脚之后，然后左脚再向左侧移动，重心再向左移，最后右脚并于左脚。

注意要点：重心要及时移动，膝、踝关节有弹性地缓冲。

动作变化：左右的交叉步、转体的交叉步。

(10) 吸腿。

动作描述：一腿屈膝抬起，另一腿屈膝弹动缓冲。

注意要点：保持上体正直，大腿抬起与地面平行，小腿自然下垂，绷脚尖。

动作变化：向前吸腿、向侧吸腿、向侧前吸腿、转体的吸腿、迈步吸腿、上步吸腿。

(11) 摆腿。

动作描述：一腿站立，另一腿自然摆动，然后还原成并步。

注意要点：保持上体正直，主力腿注意屈膝缓冲，摆动腿抬起时幅度不要过大且要有控制。

动作变化：向前摆腿、向侧摆腿。

(12) 踢腿。

动作描述：一腿站立，另一腿加速向上摆动。

注意要点：保持上体正直，主力腿脚跟不能离地，膝关节微屈缓冲。踢腿的幅度因人而异，避免受伤。

动作变化：向前提、向侧踢、向后踢、移动中踢腿。

3. 高冲击动作

高冲击动作是指在做动作时，双脚都离地的动作，即为平常所说的跳类动作。

(1) 跑。

动作描述：两脚依次经过腾空后，一脚落地缓冲，另一腿小腿后屈，双臂配合下肢前后摆动。

注意要点：膝、踝关节有弹性地缓冲，落地时由前脚掌过渡到全脚掌。

动作变化：原地跑、向前跑、向后跑、弧线跑、转体跑。

(2) 双脚跳。

动作描述：双脚并拢有弹性地向上跳起，双臂随身体协调摆动。

注意要点：腾空时，双脚并拢，膝盖伸直，落地时屈膝缓冲，由前脚掌过渡到全脚掌。

动作变化：原地并腿跳、向前并腿跳、左右并腿跳、转体并腿跳。

(3) 开合跳。

动作描述：并腿向上跳起，左右分腿姿势落地，接着再向上跳起，并腿落地。

注意要点：落地时，膝关节有弹性地缓冲，分腿落地时屈膝且朝着脚尖方向。

动作变化：原地开合跳、转体开合跳。

(4) 并步跳。

动作描述：以左脚起步为例，左脚迈出，随之蹬地跳起，右脚并左脚，并腿落地。

注意要点：身体重心随身体迅速移动，落地时注意缓冲。

动作变化：向前并步跳、向后并步跳、向侧并步跳。

(5) 单脚跳。

动作描述：一脚跳跃时，另一脚离地。

注意要点：跳跃落地时注意屈膝弹动。

动作变化：原地单脚跳、移动单脚跳、转体单脚跳。

(6) 弹踢腿跳。

动作描述：双腿起跳，单腿落地，另一腿小腿后撩，然后小腿前踢伸直。

注意要点：无双脚落地的过程，弹踢腿脚尖伸直。

动作变化：向前弹踢腿跳、向侧弹踢腿、转体的弹踢腿跳、移动弹踢腿跳。

(7) 点跳。

动作描述：以左脚起步为例，右脚蹬地跳起，同时左脚向侧迈步落地，随之右脚并左脚点地，随后反方向做一次，动作相同，方向相反。

注意要点：两脚轻松蹬地，身体重心随之平稳移动，注意膝踝的弹动。

动作变化：原地点跳、向前点跳、向侧点跳、向后点跳、转体点跳。

四、躯干动作

躯干是健美操动作中最富有表现力的部位，躯干主要包括胸、腰、髋等部位。

1. 胸部动作

胸部动作包括含胸、展胸、移胸、振胸、捶胸。

（1）含胸、展胸。

动作描述：含胸时，低头收腹，收肩，形成背弓，呼气；展胸时，抬头挺胸，展肩，吸气。

注意要点：含胸时身体放松，但不松懈；展胸时，身体紧张，但不僵硬。

动作变化：结合手臂动作含胸或展胸，如手臂胸前平屈含胸，手臂侧平举展胸。

（2）移胸、振胸。

动作描述：移胸时，髋部位置固定，腰腹随胸部左右移动；振胸时，胸部向一个方向有节奏地摆动。

注意要点：移胸时，腰腹带动胸部移动；振胸时有弹性、有节奏。

动作变化：提肩移胸、手臂侧平举移胸、举臂振胸。

2. 腰部动作

腰部动作包括屈、转、绕和绕环、波浪。

（1）屈。

动作描述：腰部向前或向侧做拉伸运动。

注意要点：充分伸展，运动速度不宜过快。

动作变化：体前屈、体侧屈、体后屈。

（2）转。

动作描述：腰部带动身体沿垂直轴左右转动。

注意要点：身体保持紧张，腰部灵活转动。

动作变化：与上下肢动作相结合协调转动，如迈步移重心与转腰结合运动。

（3）绕和绕环。

动作描述：腰部做弧线或圆周运动。

注意要点：路线清晰，动作圆滑。

动作变化：与手臂动作相结合进行腰部绕和绕环。如一手在头后弯曲，一手叉腰，做腰部绕环运动。

（4）波浪。

动作描述：两腿开立，从头开始，颈、胸、腰、髋各关节依次向侧屈伸，向钻过绳索一样连贯波浪。

注意要点：各部位必须有顺序地依次屈伸，动作要求清晰连贯，过渡自然。

动作变化：手臂配合身体做腰部波浪。

3. 髋部动作

髋部动作包括顶髋、提髋、摆髋、绕和绕环。

(1) 顶髋。

动作描述：两腿开立，一腿支撑并伸直，另一腿屈膝内扣，上体保持正直，用力将髋顶出。

注意要点：用力且有节奏感。

动作变化：体前交叉顶髋、两臂侧平举顶髋、双手叉腰顶髋。

(2) 提髋。

动作描述：髋向上提翻的动作。

注意要点：髋与腿部协调向上。

动作变化：手臂与髋部配合协调运动。

(3) 摆髋。

动作描述：两腿微屈并拢，髋部向左右摆动，腰部要协调配合髋部动作。

注意要点：髋部带动腰部协调摆动。

动作变化：两臂侧平举随髋摆动，两臂上举随髋摆动等。

(4) 绕和绕环。

动作描述：髋部做弧线或圆周运动。

注意要点：运动轨迹圆滑。

动作变化：两臂上举髋部绕环，两臂前举髋部绕环。

第二课　健美操组合动作

一、姿态组合

预备姿势：直立

1. 手臂波浪练习（见图 7-34）

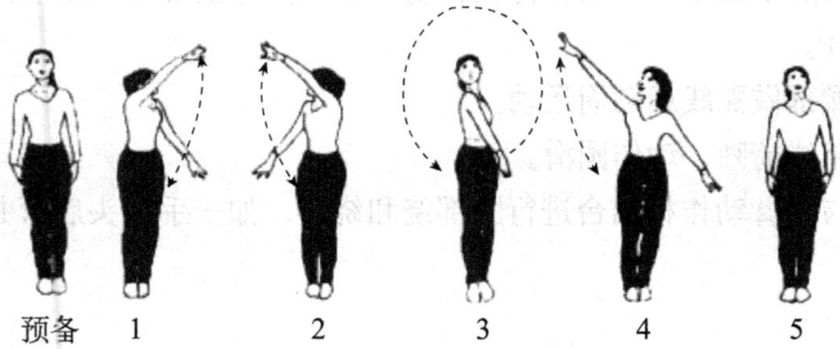

图 7-34　手臂波浪练习

1 拍：右臂向左侧上方波浪，还原；

2 拍：同 1，方向相反；

3 拍：右臂由外向内再向外绕环一周，还原；

4 拍：右臂由侧向上波浪一次，还原；

5～8 拍同 1～4 拍，方向相反。

2. 身体波浪练习（见图 7-35）

图 7-35　身体波浪练习

1 拍：右腿屈膝半蹲，左脚尖向 1 点方位，同时两臂成二位手；
2 拍：右腿伸直，重心移至左腿，左右臂成五位手；
3 拍：右臂前伸，做身体前波浪，重心移至右腿，两臂成七位手；
4 拍：还原；
5～8 拍同 1～4 拍，方向相反。

3. 含胸、展胸练习（见图 7-36）

图 7-36　含胸、展胸练习

第一个八拍：
1～4 拍：左右臂依次体侧波浪各二次；
5 拍：左腿向前成弓步，同时两臂经侧前举交叉（掌心向上），含胸低头；
6 拍：翻掌向斜上方波浪一次；
7 拍：重心移至右腿，左脚尖前点，两臂向斜上方波浪一次；
8 拍：还原。
第二个八拍：
同第一个八拍动作，方向相反。

4. 抖举波浪练习（见图 7-37）
1 拍：左脚尖前点，重心在右腿，两臂成二位手；
2 拍：重心前移，两臂成七位手；
3 拍：右脚尖侧点地，左臂斜上举波浪，右臂斜下举波浪；
4 拍：还原；

5～8 拍同 1～4 拍，方向相反。

图 7–37　抖举波浪练习

5. 展伸练习（见图 7–38）

图 7–38　展伸练习

1 拍：左脚尖点右足弓旁，左膝内扣，同时左臂侧波浪，两腿伸一次；
2 拍：同 1 拍动作；
3 拍：左脚侧出一步，右脚尖点左足弓旁，两腿屈膝、含胸、两臂体前交叉；
4 拍：左脚侧点地，两臂成七位手；
5 拍：同 3 拍动作，方向相反；
6 拍：同 4 拍动作；
7 拍：左脚侧点地。两腿微屈，重心左移，两臂斜上举波浪；
8 拍：同 7 拍动作，方向相反。

6. 综合练习（见图 7–39）

图 7–39　综合练习

第一个八拍：
1 拍：左脚侧点地，两臂经前交叉至侧举；

2 拍：微转 90° 成左弓步，上体前倾，右臂前举，左臂后举；

3 拍：两臂依次前后绕环，右臂成前举，左臂置于体侧；

4 拍：左腿伸直、重心前移；

5 拍：右脚侧点地，两臂成二位手；

6 拍：重心移至右腿，左脚侧点地，两臂成七位手；

7 拍：上右脚，左后转体 270°，三位手立踵；

8 拍：还原。

第二个八拍：

同第一个八拍动作，方向相反。

二、基本动作组合

预备姿势：直立。

第 1 个八拍：1～8 拍两腿原地踏步，两臂体侧自然摆动。

第 2 个八拍：1 拍两腿原地并拢弯曲，两手体前击掌一次；2 拍两腿原地并拢伸直，两手放于体侧；3～8 拍依次同 1～2 拍。

第 3 个八拍：1～4 拍左脚开始向前踏步 4 次，两臂体侧自然摆动；5～6 拍左脚在右脚前交叉点地，同时两手体前击掌一次；7～8 拍同 5～6 拍，换右脚做。

第 4 个八拍：1～4 拍左脚开始向后踏步 4 次，两臂体侧自然摆动；5～8 拍同上一动作 5～8 拍。

第 5 个八拍：1～4 拍原地踏步向左侧转体 90°，两臂体侧自然摆动；5～8 拍左脚向前成左弓步，两手握拳经体侧至平举，拳心相对。

第 6 个八拍：1～4 拍原地踏步向右侧转体 90°，两臂体侧自然摆动；5～8 拍左脚向后成右弓步，两臂体前交叉至侧平举，掌心向前，五指分开。

第 7 个八拍：动作同第 5 个八拍，反方向做。

第 8 个八拍：动作同第 6 个八拍，反方向做。

第 9 个八拍：动作同第 1 个八拍。

第 10 个八拍：1～8 拍原地开合跳 4 次，两臂侧平举。

第 11 个八拍：动作同第 10 个八拍。

第 12 个八拍：动作同第 10 个八拍。

第 13 个八拍：1～2 拍左脚开始向左转 45° 左前吸腿跳，同时右手握拳屈肘于体前，左手握拳直臂斜上举；3～4 拍同 1～2 拍，换右脚做；5～6 拍左脚前踢腿跳，右臂体前、左臂体侧平举；7～8 拍换右脚做。

第 14 个八拍：动作同第 13 个八拍，反方向做。

第 15 个八拍：1 拍右脚向右斜前方上一步，同时右手并掌同右脚方向斜下举；2 拍左脚在右脚后点地，同时右臂屈肘向上，左臂放于体侧；3 拍同 1 拍换左脚做，方向相反；4 拍同 2 拍换右脚做，方向相反；5～8 拍左脚开始向后踏步 4 次，两手并掌从脚前平举至体前侧。

第 16 个八拍：动作同第 15 个八拍。

第 17 个八拍：1 拍右脚向右侧一步，两臂体前冲拳，拳心向下；2 拍左脚在右脚后交叉一步，两手握拳至腰间，拳心向上；3 拍同 1 拍；4 拍左脚并右脚、两手握拳至腰间，拳心向上；5～6 拍右脚弓步跳一次，冲左拳至体前，右拳握腰间；7～8 拍同 5～6 拍，换左脚做。

第 18 个八拍：动作同第 17 个八拍，方向相反。

第 19 个八拍：1～8 拍原地后踢腿跑，两手体前击掌。

第 20 个八拍：1～2 拍左脚向前弹踢腿一次，右臂在体前、左臂体侧平举；3～4 拍换右脚做；5～8 拍同 1～4 拍。

第 21 个八拍：动作同第 19 个八拍。

第 22 个八拍：动作同第 20 个八拍。

第 23 个八拍：动作同第 1 个八拍。

第 24 个八拍：1～6 拍原地踏步，7～8 拍并步立正。

第四节　瑜　伽

瑜伽作为一种修身养性的锻炼方法，既不同于体操和舞蹈，也不同于其他有氧运动。它是一项动作舒缓，结合深长呼吸，循序渐进，强度可自行调控，动静结合的运动，有着独特的技术和文化特点。

第一课　瑜伽体位法

一、站姿及其衍变姿势

1. 山式站立

（1）体式分类：平衡。

（2）山式站立做法：

1）双脚并拢或与肩同宽，目视前方。

2）重心均匀地分布于脚掌上，脚趾抓地，双腿向内收紧，髌骨上提，略收尾骨，脊柱向上延展（见图 7–40 中①正面、②侧面）。

3）颈部伸展，下颌微收，头顶向上；肩胛骨略内收，肩部下沉，手臂沿体侧自然下沉。

4）抬头挺胸，稳定身心，保持 2 次以上深呼吸。

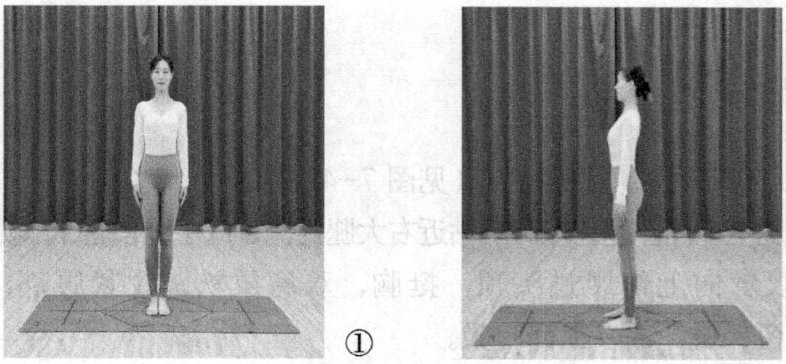

①　②

图 7–40　山式站立做法

（3）山式站立健身效果与注意事项：

健身效果：加强脊柱锻炼，有效改善不良体态，加强腰部和臀部肌肉，使内心更加坚强，提升自信心。

注意事项：练习时，保持身体“上虚下实”，即下半身发力收紧，尾骨适度收缩。平衡能力较差的练习者，可选择两脚与肩同宽练习，以降低练习难度。

2. 风吹树干式

（1）体式分类：侧展。

（2）风吹树干式做法：

1）山式站立，双脚并拢，目视前方（见图 7–41 中①）。

2）吸气，呈擎天式（见图 7–41 中②）。

3）呼气，上体向左侧展（见图 7–41 中③）。

4）吸气，上体收回至正中。

5）呼气，上体向右侧展。

6）吸气，上体收回至正中。

①　②　③

图 7–41　风吹树干式做法

（3）风吹树干式健身效果与注意事项：

健身效果：增强平衡感，增强下肢尤其是脚踝的力量，侧屈时腰部肌肉得到充分伸展，达到消除腹部多余脂肪的目的，促进新陈代谢。

注意事项：保持下身稳定，侧屈动作应由腰侧发力，或脚尖站立。平衡有困难的练习者，双脚分开与肩同宽进行练习。

3. 树式

（1）体式分类：平衡。

（2）树式做法：

1）山式站立，双脚并拢，目视前方（见图 7–42 中①）。

2）重心移到右腿上，屈左腿，左脚底贴近右大腿内侧，双手胸前合十（见图 7–42 中②）。

3）吸气，将双臂向上伸展过头顶，挺胸，双肩放松，收紧腹部，目视前方（见图 7–42 中③）。停留保持 2 次以上深呼吸。

4）呼气，身体逐渐收回至山式站立，放松身心。

5）换另一侧练习。

①

②

③

图 7–42　树式做法

（3）树式健身效果与注意事项：

健身效果：增加身体稳定性，促进身心平衡，锻炼大脑对身体的控制力，增强踝关节、膝关节的力量。

注意事项：平衡能力较差的人，开始练习时可降低抬起脚的高度。练习时，注意身体调整，保持身体稳定。

4. 鸟王式

（1）体式分类：平衡。

（2）鸟王式做法：

1）山式站立，双脚并拢，目视前方（见图 7–43 中①）。

2）重心移到右腿上，吸气，抬左腿缠绕右腿，手臂侧平打开，掌心向下（见图 7–43 中②）。

3）呼气，右臂在上，双臂于胸前叠绕（见图 7–43 中③）。停留保持 2 次以上深呼吸。

4）呼气，身体逐渐收回至山式站立，放松身心。

5）换另一侧练习。

（3）鸟王式健身效果与注意事项：

健身效果：增加身体稳定性，促进身心平衡，锻炼大脑对身体的控制力，增强踝关节、膝关节的力量。

注意事项：平衡能力较差的人，开始练习时可降低抬起脚的高度。练习时，注意身体调整，保持身体稳定。

图 7–43　鸟王式做法

5. 上体前屈式

（1）体式分类：前屈。

（2）上体前屈式做法：

1）山式站立，双脚并拢，目视前方（见图 7–44 中①）。

2）吸气，双臂经前向上举过头顶，大臂贴耳，全身伸展，目视前方。

3）呼气，尾骨向后运动，上体前屈，至双手抓脚踝，前额触小腿前侧（见图中7–44 ②）。停留保持 2 次以上深呼吸。

4）吸气，双臂向前伸直，大臂夹耳、抬头引领脊柱恢复到图 7–44 中③。

5）呼气，身体逐渐收回至山式站立，放松身心。

图 7–44　上体前屈式做法

（3）上体前屈式健身效果与注意事项：

健身效果：有助于消除腰背部疲劳，预防胃部及腹部疾病，减少腹部多余脂肪；促进血液循环，缓解头痛及头部缺氧；促进消化，消除便秘。

注意事项：尽量伸直双腿，柔韧有限的人可以微屈双膝；调整呼吸配合动作，动作舒缓；患有血压异常、心脏病的人，不要尝试此练习。

6. 舞王式

（1）体式分类：平衡。

（2）舞王式做法：

1）山式站立，双脚并拢，目视前方（见图 7–45 中①）。

2）重心逐渐转移到右腿，向后弯曲左腿，左手从后抓住左脚脚踝（见图 7–45 中②）。

3）吸气，右手臂由前向上抬起，大臂贴耳，掌心朝内，向上舒展身体（见图 7–45 中③）。

4）呼气，打开折叠腿，左腿向后、向上充分抬起至最高点，右手臂放低与地面平行，尽量保持身体水平（见图 7–45 中④）。保持 2 次以上深呼吸。

5）吸气，身体恢复至中立位。

6）呼气，手臂放回体侧，身体逐渐恢复到山式站立。

7）换另一侧腿进行练习。

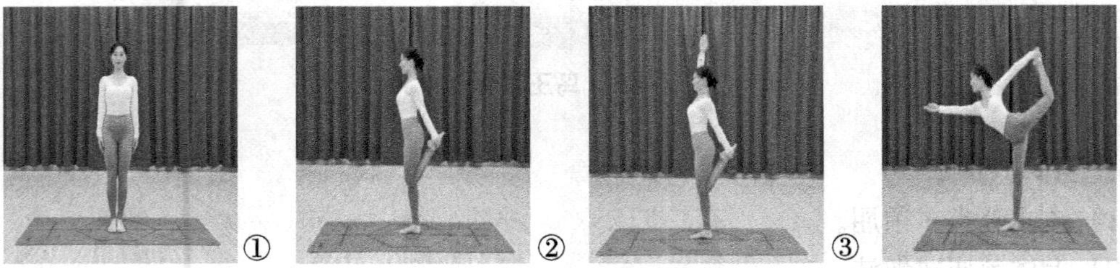
①　②　③　④

图 7–45　舞王式做法

（3）舞王式健身效果与注意事项：

健身效果：可以提升平衡能力；有效舒展内脏器官，促进肠蠕动，有助于消化。

注意事项：保持平衡的时间要尽量长，两侧练习时间尽量一致；保持呼吸节奏，动作缓慢，初学者应逐渐降低伸展手臂的高度。

7. 金字塔式

（1）体式分类：前屈倒立。

（2）金字塔式做法：

1）山式站立，双脚并拢（见图 7–46 中①）。

2）吸气，双腿分开略大于 2 倍肩宽，并在同一直线上，双臂于背后合十，肩胛骨内收，目视前方（见图 7–46 中②③）。

3）呼气，尾骨向后运动，上体最大限度地前屈，颈部伸展（见图 7–46 中④）。停留保持 2 次以上深呼吸。

4）吸气，腰背发力，身体恢复到中立位。

5）呼气，手臂放回体侧，双腿收回至山式站立。

①　②　③　④

图 7–46　金字塔式做法

（3）金字塔式健身效果与注意事项：

健身效果：增加头部血流量，缓解脑疲劳；伸展骨盆和大腿后部肌群。

注意事项：练习时尽量保持头、双脚成一条直线；高血压与低血压病人、眩晕病人、经期女性勿做此练习。

二、坐姿及其衍变姿势

1. 安神式

(1) 体式分类：平衡。

(2) 安神式做法：

1) 任意坐姿坐于垫子上，双手置于双膝上（见图 7–47 中①）。

2) 吸气，双臂经侧向上举，于头顶十指交叉翻转手腕向上推，大臂贴耳，全身伸展，目视前方（见图 7–47 中②）。

3) 呼气，低头，下巴尽量靠近锁骨，放松颈部后侧和背部（见图 7–47 中③）。停留保持 2 次以上深呼吸。

4) 吸气，头颈收回，目视前方。

5) 呼气，松开双手，双臂经侧落回至坐柱式。

图 7–47　安神式做法

(3) 安神式健身效果与注意事项：

健身效果：帮助安定神经系统，净化心灵和大脑；引领气血上行，滋养脊神经和脑部，使头脑保持清醒。

注意事项：练习静止时间应根据练习者自身情况而定。

2. 坐姿上体前屈式

(1) 体式分类：前屈。

(2) 坐姿上体前屈式做法：

1) 坐柱式坐于垫上（见图 7–48 中①）。

2) 吸气，立腰、挺胸、颈部伸展、双肩下沉、头向上顶，目视前方。

3) 呼气，腰背发力，上体向前向下屈，双手向前，尝试用双手抱住双脚脚底或脚踝，尝试用前额触两膝以下部位（见图 7–48 中②③④）。保持 2 次以上深呼吸。

4) 吸气，腰部向前推，抬头，脊柱延展，目视前方。

5）呼气，弯曲双肘向外，引领身体尽量贴向腿面，膝关节伸直。

6）吸气，腰背发力，身体回到正中。

7）呼气，放松身心。

① ② ③ ④

图 7–48　坐姿上体前屈式做法

（3）坐姿上体前屈式健身效果与注意事项：

健身效果：伸展腿后肌群与背部，缓解腰背与腿部疼痛，排出体内废气与淤血；按摩腹部内脏器官，增强内脏器官功能，有利于消化与吸收。

注意事项：尽量调整好呼吸与体式过程的配合，动作舒缓，保持腿部伸直，并尽量延长呼吸时间；背部或脊柱有损伤者，要在有经验的瑜伽老师指导下尝试练习。

3. 坐广角伸背式

（1）体式分类：前屈。

（2）坐广角伸背式做法：

1）坐柱式坐于垫上（见图 7–49 中①）。

2）吸气，双臂经前平行举起，大臂贴耳，掌心相对，同时腰背直立，目视前方（见图 7–48 中②）。

3）呼气，腰背发力，上体向前向下伸展，双手置于体前。双手伸向身体的最远端，腹部、胸部、下巴依次尽量贴在地板上（见图 7–49 中③）。保持 2 次以上深呼吸。

① ② ③

图 7–49　坐广角伸背式做法

（3）坐广角伸背式健身效果与注意事项：

健身效果：髋部关节充分打开，能纠正骨盆歪曲的问题；充分伸展大腿内侧及背部的韧带，增强其柔韧性。

注意事项：打开双体应量力而为；在动作过程中尽量伸直脚跟，以免膝盖内侧疼痛。

4. 半鱼王式

(1) 体式分类：扭转。

(2) 半鱼王式做法：

1) 坐柱式坐于垫上（见图 7–50 中①）。

2) 弯曲左腿，将左脚置于右大腿外侧，右腿屈膝，右脚跟靠近臀部（见图 7–50 中②）。

3) 吸气，右臂经前向上伸展，大臂贴耳，同时腰背直立，目视前方（见图 7–50 中③）。

4) 呼气，右肘抵于左膝外侧，左臂放于身体后侧，指尖触地，右小臂放于左大腿外侧，同时脊柱向左扭转，立腰、挺胸，转头，目视斜后方（见图 7–50 中④）。保持 2 次以上深呼吸。

5) 吸气，手臂收回，身体转回，双腿伸直回到坐柱式。

6) 换另一侧练习。

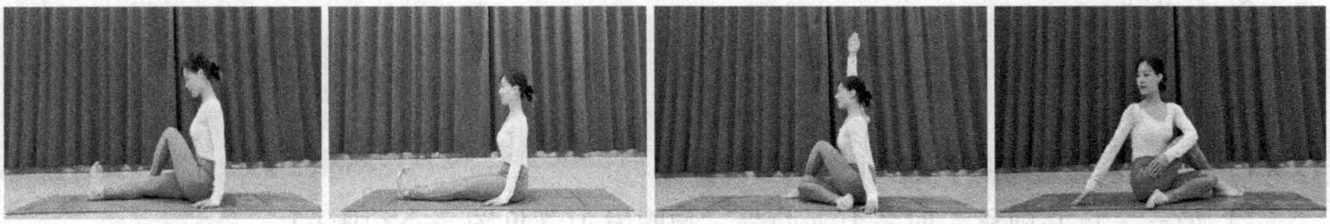

图 7–50　半鱼王式做法

(3) 半鱼王式健身效果与注意事项：

健身效果：强健脊柱，缓解背部疼痛；促进全身血液循环，使精力充沛；按摩腹部内脏器官，增强内脏器官功能，有利于消化。

注意事项：对于初学者而言，可伸直两腿或只弯曲一条腿，脚踩在膝关节外侧进行简单的扭转。

三、跪姿及其衍变姿势

1. 虎式

(1) 体式分类：后弯。

(2) 虎式做法：

1) 霹雳坐坐于垫子上（见图 7–51 中①）。

2) 抬起臀部，俯身向前，双手平放在身体前的垫子上，掌心在肩膀正下方，四肢垂直于地面（见图 7–51 中②）。

3) 吸气，左腿向后伸展，尽可能将左腿腿面抬至最高处，髋关节与地面平行，同时舒展颈部，目视前方（见图 7–51 中③④）。保持 2 次以上呼吸。

4) 呼气，收回左腿，臀部逐渐向后，身体恢复至霹雳坐。

5) 换另一侧进行练习。

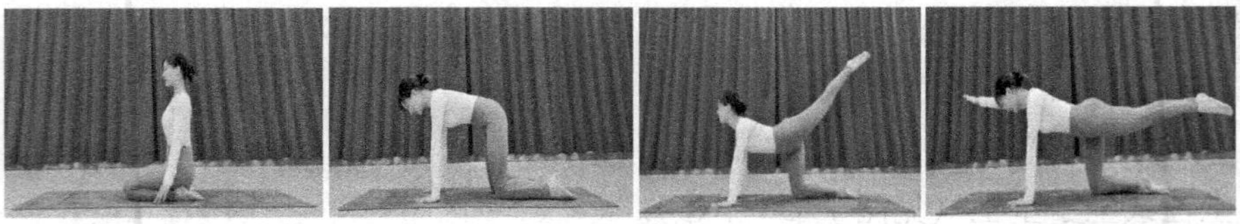

①　②　③　④

图 7–51　虎式做法

(3) 虎式健身效果与注意事项：

健身效果：锻炼双腿并美化腿部线条，减轻坐骨神经痛，还有助于消减腰背部、臀部、腿部过多的脂肪。

注意事项：身体舒展，大腿腿面抬高时避免翻髋；下巴和脚尖尽量向前后延展，整个动作过程中可保持脚尖自然绷直，膝盖避免弯曲。

2. 上犬式

(1) 体式分类：后弯。

(2) 上犬式做法：

1) 平板支撑（见图 7–52 中①）。

2) 吸气，重心前移，肘关节夹肋骨，腰腹发力（见图 7–52 中②）。

3) 呼气，胸口向前向上引领，颈部舒展，尽可能延展胸背部（见图 7–52 中③）。保持 2 次以上呼吸。

①　②　③

图 7–52　上犬式做法

(3) 上犬式健身效果与注意事项：

健身效果：促进肠胃蠕动，促进脊柱附近血液循环；加强颈部肌肉的力量。

注意事项：颈椎、腰椎受伤者，禁止此练习。

3. 单腿下犬式

(1) 体式分类：倒立。

(2) 单腿下犬式做法：

1) 跪姿支撑于垫面，双腿分开与肩同宽（见图 7–53 中①）。

2) 吸气，身体从地面上撑起，臀部继续向上，手臂推直与脊柱成直线，颈部适度放松、舒展，目视脚趾的方向。背部延展，腿部伸直，避免膝关节弯曲，脚跟尽量下压（见图 7–53 中②）。

3) 呼气，抬左腿向后延伸（见图 7–53 中③）。保持 5 次深长呼吸。

①　②　③

图 7–53　单腿下犬式做法

（3）单下犬式健身效果与注意事项：

健身效果：缓解压力和轻度的情绪低落；缓解脚跟的僵硬和疼痛；迅速缓解疲劳，缓解因压力过大或头部缺血引起的头疼晕症。

注意事项：初学者可以将双手放在辅助器械上进行练习。高血压或头痛患者慎做此练习。

4. 骆驼式

（1）体式分类：后弯。

（2）骆驼式做法：

1）霹雳坐坐于垫子中间（见图 7–54 中①）。

2）臀部抬起，吸气，双手撑在腰椎两侧（见图 7–54 中②）。

3）呼气，向后手杯状撑于脚跟，右手经前向上伸展，掌心向内，右臂可以继续向后延伸（见图 7–54 中③）。保持 2 次深长呼吸。

4）吸气，右臂经前收回到腰部，逐渐还原至霹雳坐。

①　②　③

图 7–54　骆驼式做法

（3）骆驼式健身效果与注意事项：

健身效果：伸展肠胃，预防便秘；有效消除背、腰痛。

注意事项：在手臂向后延伸时，逐渐用力向前挺髋、挺胸，如膝盖力量较弱，膝盖下可垫小垫子。

第二课　健身瑜伽锻炼标准规定动作

一、健身瑜伽锻炼标准规定动作一级

具体内容请扫描右侧二维码。

文本阅读

健身瑜伽锻炼标准规定动作一级

二、健身瑜伽锻炼标准规定动作二级

具体内容请扫描右侧二维码。

文本阅读
健身瑜伽锻炼标准规定动作二级

学思践行

舞动青春　活力四射

营养保健篇

第八章 营养与健康

导论

合理的营养有益健康，为了维持生命和健康，保证生长发育、学习思维的需要，人体必须不断从食物中摄取必要的营养物质。这些营养素包括蛋白质、脂肪、碳水化合物、矿物质、维生素、水和膳食纤维，统称为人体七大必需营养素，只有合理的搭配和吸收这些营养物质，才能维持身体健康。

第一节 营养概述

一、营养的概念

营养是维持人体生命活动的物质基础。人体为了生存和生活必须摄取食物，以维持生长发育、正常的物质代谢和生理机能等生命活动。摄取、消化、吸收和利用食物中的养料以维持生命活动的整个过程称为营养。

二、营养的重要性

人体的生长发育受多种因素（包括遗传、运动、营养、环境等）的影响，其中，营养是重要的因素之一。例如：营养不良对婴幼儿大脑发育会产生灾难性的影响，造成智力和体格发育不良；成年人营养不良，则耐力差，易感疲劳，记忆力减退，影响体力和脑力劳动效率。世界卫生组织的调查表明，一个国家或民族的体格发育水平与其营养状况有很大关系。

营养与健康有着密切的联系。合理的营养不仅能够增进健康，而且也是防治疾病、延年益寿的有效手段。营养不良与许多疾病的发生和发展都有直接或间接的关系。营养不足可引起营养缺乏症，如缺铁可患贫血，缺维生素D和钙质可患佝偻病；营养过剩会失去平衡，如热量及脂肪过多，会引起肥胖病、高血压等。营养对健康的综合影响，最深刻地反映在死亡率和平均寿命上，著名营养学家莱纳斯·波林斯曾断言：“合理营养可使人的寿命延长20年。”

此外，进行体育锻炼，也必须有良好的营养保证。进行体育锻炼而缺乏必要的营养，会使体内消耗的物质能量得不到补偿，影响身体的发育和健康。只有两者科学地配合，才能有效地促进身体的生长发育和提高健康水平。

大学生处在特殊生长发育阶段，代谢旺盛，精力充沛，活动量大，因而需要通过合理的膳食，吸收足够的营养作为物质基础，才能增强身体素质，提高健康水平。

三、人体所需的主要营养素及其功能

为了维持生命和健康，保证生长发育和完成各种生理功能，我们必须不断摄取某些物质，这就是营养素。人体所需要的营养素主要有蛋白质、脂肪、糖类、维生素、无机盐和水六类。

1. 蛋白质

蛋白质是构成细胞的主要成分，是生命的物质基础。肌肉、血液、骨骼以及皮肤等都由蛋白质参与组成，身体各组织的生长发育与修复，都需要蛋白质。蛋白质在体内构成许多机能物质，具有多种生理功能（如酶的催化作用、激素的生理调节作用等），供给热能。当蛋白质长期供给不足时，可引起蛋白质缺乏症，机能下降，抵抗力降低，应急能力减弱，出现发育不良、贫血、消瘦等现象。

2. 脂肪

脂肪是高热能的物质，人体皮下、脏器周围的脂肪是人体的“热能仓库”。脂肪的主要生理功能有：储存能量和提高能量；构成机体组织，维持正常体温，保护脏器；促进脂溶性维生素和其他脂溶性物质的吸收等。脂类中的必要脂肪酸缺乏，可引起生长迟缓、生殖障碍以及肾脏、神经和视觉方面的疾病。

3. 糖类

糖是热能的最重要的来源，是构成机体的重要物质，参与许多生命过程。糖可增加肝糖原的储存，维护和加强肝脏功能。糖是维持中枢神经系统正常生理功能的重要物质，是大脑的唯一能源。糖能够促进蛋白质的吸收与利用，维持心肌和骨骼肌的正常功能，有抗生酮作用。但过多摄入则会引起动脉硬化性心脏病等疾病。

4. 维生素

维生素是维护身体健康、促进生长发育和调节生理机能所必需的一类有机化合物。维生素种类很多，它们天然存在于食物中，含量极微，不能被人体合成（除维生素D族外）

或合成量远远不足。每种维生素都有其独特的功能。摄入维生素必须适量，少了会产生相应的维生素缺乏症，多了对机体不仅无益，甚至有害。

5. 无机盐

无机盐也称矿物质，它包括除碳、氢、氧、氮以外的存在于体内的其他各种元素。无机盐对人体十分重要，各种元素都有独特的功能，总的可概括为：参与构成机体组织，调节生理机能，维持正常的代谢。人体在物质代谢中每天都有一定量的矿物质排出体外，必须摄入一定的矿物质以保持体内的动态平衡。若不能得到足够的无机盐（矿物质），则体内的代谢功能和生理机能会受到影响。

6. 水

水占成人体重的60%～70%，是维持人体正常生理活动的重要物质。水的生理功能主要表现在：水参与物质代谢过程，是一切营养素和代谢废弃物的溶剂；水能调节体温；水是人体自备的润滑剂；水能保证腺体正常分泌和体内一切化学变化的正常进行。水的供给量随着年龄、体重、气候、劳动及运动强度的不同而不同。

第二节 合理膳食基本要求

合理膳食是指食物中所含的营养素种类齐全，数量充足，比例适当，膳食中所供给的营养素与机体的需要保持平衡。合理营养和平衡膳食，以及养成良好的饮食习惯，对学生今后一生的健康有着重要的作用。

一、合理的膳食制度

膳食制度是指每日的食物定质、定量、定时地分配给人们食用的一种制度。根据消化系统的功能及规则，食物在胃里停留4～5小时，一般人以一日三餐为标准较合理，早餐时间为上午7点左右，午餐时间为中午12点左右，晚餐时间为下午6点左右。

年轻人的活动量大，新陈代谢也比较快，每日需消耗较大能量，大部分人平均一天约需从食物中摄取11 000～13 000kJ的热量来补充身体的需要。

由于每个人的饮食习惯各不相同，因此饮食量一般以个人主观感受为前提，一日三餐保持在七分到八分饱之间是比较合理的饮食量。进食过多或过少都不利于身体健康，而暴饮暴食和断食少食是极不可取的。

二、合理膳食的安排

膳食要由多种食物组成，要有平衡的膳食结构，粮食类、蛋白质类（如瘦肉、鱼等）、蔬菜水果类、烹调油类，这四类食物每天都应该适当兼顾。因为任何一种食物都不能包含机体所需要的全部营养物质，所以食物要力求多样化。

早餐应以糖类和蛋白质食物为主，如蛋类、谷类等；中餐可食用鱼、肉、蔬菜及豆制品、蛋类、花生、水果等；晚餐应食易消化的食物，而且进食量不宜太多，否则会增加消化道负担，并造成大脑记忆、思维功能迟钝，但如果有晚自修习惯，用脑时间较长，则晚餐可不必减量。

为减肥而进行节食，不要压缩含有丰富维生素的食物摄入，如水果和蔬菜，同时也要注意运动锻炼。当参加大运动量的耐力性运动时，要适当地补充一些碳水化合物，一般的健身运动，则只需多加一杯低糖饮料即可。

三、卫生膳食

“病从口入”是人人皆知的常识，注重饮食卫生可以减少各种疾病的发生。除了要判定食品的洁净度和注意个人卫生之外，还要注意禁吃变质的食品，少吃腌制、油炸或高糖高脂食品，少喝含酒精的饮料，对于隔夜的饭菜要做到彻底加热等，并且在选购食品时尽量避免露天摆放销售和包装标识内容不全的食品，做到安全饮食、谨慎饮食。

四、中国居民膳食指南

（1）食物多样，谷类为主，粗细搭配。
（2）多吃蔬菜、水果。
（3）每天吃奶类、豆类或其制品。
（4）经常吃适量鱼、禽、蛋、瘦肉，少吃肥肉和荤油。
（5）食量与体力活动要平衡，保持适宜体重。
（6）减少调油用量，吃清淡少盐膳食。
（7）每天饮用足量的水。
（8）吃清洁卫生、不变质的食物。

学思践行

营养膳食　运动保障

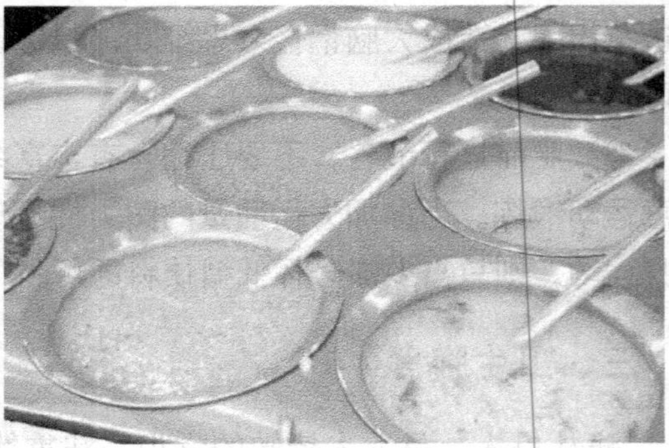

第九章

运动损伤与保健

导论

在体育运动中所发生的损伤，统称“运动损伤”。了解运动损伤的分类、发生原因及其防治，有利于改善运动条件，可以使体育锻炼更好地促进身心健康。运动保健是指在体育锻炼、运动训练和比赛中运用临床医学和体育学的理论知识和方法对体育运动者进行监督与指导的过程。

第一节　运动损伤

一、运动损伤的分类

运动损伤的分类比较多，常见的有以下几种：

（1）按损伤组织的种类可分为肌肉肌腱损伤、滑囊损伤、关节囊和韧带损伤、骨折、关节脱位、内脏损伤、脑震荡和神经损伤等。

（2）按有无创口与外界相通，可分为开放性损伤和闭合性损伤。伤部皮肤或黏膜破裂，创口与外界相通，有组织液渗出或血液自创口流出，称为“开放性损伤”，如擦伤和刺伤等。伤部皮肤或黏膜完整，无创口与外界相通，损伤后的出血积聚在组织内，称为“闭合性损伤”，如肌肉拉伤和关节韧带损伤等。

（3）按发病的缓急，可分为急性损伤和慢性损伤。瞬间遭受直接或间接暴力而造成的损伤，称为“急性损伤”，其发病急，症状骤起，病程短。因局部长期负担过度，由反复微细损伤积累而成的损伤，称为“慢性损伤”，其发病缓慢，症状渐起，病程较长。此外，还可因急性损伤处理不当或过早运动而转变为慢性损伤。

二、运动损伤发生的原因

造成运动损伤的原因是多方面的，它既与锻炼者的运动基础、体质水平有关，也与运动项目的特点、技术难度以及运动环境等外部因素有关。其主要原因有：

（1）思想麻痹大意。这是所有运动损伤因素中最主要的因素。其中包括对预防损伤的意义认识不足，运动前不检查器械，预防措施不得力，争强好胜，常在盲目和冒失的运动中受伤。

（2）准备活动不充分。运动前不做准备活动或准备活动不充分，特别是缺乏有针对性的准备活动，使运动器官和内脏器官功能没有达到运动状态而造成损伤。

（3）缺乏运动经验与自我保护能力。部分学生在运动时，常因犹豫、恐惧及过分紧张而造成损伤事故。更多学生是由于缺乏运动经验和自我保护能力而致伤。如摔倒时用肘部或直臂撑地，造成尺（桡）骨或肘关节损伤。

（4）技术动作上的缺点和错误。技术动作违反人体生理解剖结构的特点和各器官系统功能活动的规律以及力学原理，也易引起运动损伤的发生。如排球的传球时，由于手型不正确引起手指扭挫伤。

（5）纪律松懈或组织不严密。纪律松懈，特别是在场地狭窄、人员拥挤的地方任意冲撞，造成伤害事故，有的则是因组织方法不当致伤。

（6）运动环境不好。运动场地高低不平，器械安装不坚固或年久失修，又缺乏保护措施，运动时的服装和鞋袜不符合体育卫生要求，空气污浊、噪声过大、光线暗淡、气温过高或过低等，都成为致伤的原因。

（7）身体状况不佳。在睡眠不足、休息不好、患病、带伤和伤病初愈阶段，以及疲劳和营养状况不良时，其生理功能和运动能力相对下降。在这种情况下参加剧烈的运动，常常会因肌肉的力量较弱、反应较迟钝和身体协调能力较差等因素导致损伤的发生。

三、运动损伤的预防

（1）加强运动安全教育。克服麻痹思想，提高预防损伤的意识。

（2）认真做好准备活动。对可能发生运动损伤的关节和易伤部位，要及时做好预防措施。

（3）合理安排运动量。做练习时防止局部运动器官负担过重。

（4）加强保护与帮助。在加强同伴间的相互保护与帮助的同时，特别要加强和提高自我保护能力。如摔倒时立即屈肘、低头、团身滚动，由高处跳下时用前脚掌着地，同时屈膝缓冲等。

（5）加强医务监督，提高自我保健意识。

四、常见运动损伤的处理

1. 出血

出血是运动损伤中常见的一种，可分为外出血和内出血两类。其中外出血分为动脉出血、静脉出血和毛细血管出血三种，可从出血的颜色和出血的情形做出判断。动脉出血呈喷射状，血色鲜红；静脉出血慢涌而出，血色暗红；毛细血管出血为缓慢渗出。

一般成年人的血液总量为 4 000～5 000 毫升，若急性大出血达到全身总血量的 20%，即可出现面色苍白、头晕乏力、口渴等急性贫血的症状；若出血量超过全身总量的 30%，将危及生命。因此，对外出血的伤员，尤其是大动脉的出血，必须立即止血；对疑有内脏或颅内出血的伤员，应尽快送医院处理。

止血的方法一般有以下三种：

（1）冷敷法：常用于急性闭合性软组织损伤，最简便的方法是用冷水冲洗或用冷毛巾敷于伤处，有条件的可使用氯化烷喷射。

（2）抬高伤肢法：用于四肢出血，抬高伤肢，使伤处血压降低，血流量减少，以达到减少出血的目的。

（3）压迫法：包括指压法、绷带加压包扎法和止血带法。

需要注意的是：上止血带前，要先将伤肢抬高，尽量使静脉血回流，并用软织敷料垫好局部，然后再扎止血带，以止血带远端肢体动脉刚刚摸不到为度。扎上止血带后，每隔 0.5～1 小时必须放松一次，放松 3～5 分钟后再扎上，以防组织长时间缺氧而坏死，放松止血带时可暂用指压法止血。

2. 软组织损伤

软组织是指人体的皮肤、皮下组织、肌肉、肌腱、韧带、关节囊、滑膜囊、神经和血管等这些组织在受到外力作用下，发生机能或结构的异常，称软组织损伤。软组织损伤分为开放性损伤和闭合性损伤两类。前者有擦伤和撕裂伤等，后者有挫伤和肌肉拉伤等。

（1）开放性损伤。

①擦伤。擦伤是运动中最常发生的一种损伤，多发生于对抗性项目活动及摔倒等意外情况下。

主要症状：皮肤被擦破出血或有组织液渗出，有一定的创口。

处理方法：小面积轻度擦伤，伤口干净者，只需涂抹一些红药水即可；大面积重度擦伤，先用生理盐水清洗伤口后，涂抹红药水，再覆盖消毒布，然后用纱布包扎。

②撕裂伤。在剧烈运动或受到突然强烈撞击时，会造成肌肉撕裂，常见的有眉际撕裂等。

主要症状：伤口周围多不整齐，常常伴有周围软组织的损伤。

处理方法：轻度伤用红药水涂抹即可，裂口大时则需止血和缝合伤口，必要时注射破伤风抗毒血清，以防感染。

（2）闭合性损伤。

①挫伤。挫伤又称“撞伤”，是由于皮肤受钝器打击或直接与硬物碰撞而引起的损伤。

它分为单纯性挫伤和混合性挫伤。前者是指皮肤和皮下组织的挫伤，后者是指在皮肤和皮下组织挫伤的同时，还合并其他组织器官的损伤（如腹部挫伤可能会伴有内脏器官的破裂）。挫伤多发生在大腿、小腿、腹部及头部等部位。

主要症状：单纯性挫伤表现为局部疼痛、肿胀、淤血、压痛和运动功能障碍。内脏器官损伤时，则出现头昏、脸色苍白、心慌气短、出虚汗、四肢发凉、烦躁不安，甚至休克。

处理方法：单纯性挫伤在24小时内冷敷或加压包扎，抬高患肢或外敷中药。24小时后可进行热敷、按摩和理疗。进入恢复期可进行一些功能性锻炼。混合性挫伤并出现休克的伤员，经急救处理后，应尽快送医院检查和治疗。

②肌肉拉伤。肌肉主动强烈收缩或被动过度拉长所造成的肌肉微细损伤、肌肉部分撕裂或完全断裂，称为“肌肉拉伤”。这是最常见的运动损伤之一，在引体向上和仰卧起坐练习时容易发生。

主要症状：肌肉拉伤后，伤处疼痛、肿胀、压痛，肌肉紧张或痉挛，触之发硬。肌肉严重拉伤时，患者可感到或听到断裂声，疼痛和肿胀明显，皮下淤血显著，运动功能出现严重障碍，肌肉出现收缩畸形。肌纤维部分断裂时，伤处可摸到凹陷；肌腹中间完全断裂时，出现“双驼峰”畸形；一端完全断裂时，肌肉收缩成“球状”畸形。

处理方法：轻者可即刻冷敷，局部加压包扎，抬高患肢。24小时后可实施按摩或理疗。肌肉部分或完全断裂时，加压包扎后，立即送医院做手术缝合。

3. 关节韧带损伤

关节韧带损伤是指关节受外力异常扭转而造成的韧带损伤及关节附近其他软组织结构的损伤。在体育运动中以腰部关节、肩关节、髌骨和踝关节的损伤最为常见。例如：跳水时因两腿后摆过大，造成腰部关节扭伤；投掷、排球扣球和大力发球时，常出现肩关节扭伤；跳高、跳远时由于踏跳不合理或摔倒受到撞击，会导致髌骨损伤；由高处跳下时，失去平衡，使踝关节过度内翻或外翻致使踝关节扭伤。

主要症状：一般表现为压痛、疼痛，急性期有肿胀和皮下淤血，关节功能发生障碍等。

处理方法：一般性扭伤在24小时内可采用冷敷，必要时加压包扎。24小时后采用理疗、按摩和针灸治疗。待疼痛减轻后可增加功能性练习。对急性腰部损伤，如果出现剧烈疼痛，则不可轻易扶动，应让患者平卧，并用担架送医院诊治。处理后，应卧硬板床（或在腰部下面垫一枕头），使肌肉韧带处于放松状态。

4. 关节脱位

在体育运动中，因受外力作用，使关节失去正常的连接关系，叫“关节脱位”，又称“脱臼”。关节脱位可分完全性脱位和半脱位（或称“错位”）两种，以肩、肘关节脱位较为常见。严重的关节脱位，伴有关节囊损伤。

主要症状：常出现畸形，即刻发生剧烈疼痛和明显压痛，关节周围显著肿胀，关节功能丧失，有时发生肌肉痉挛，严重时出现休克。

处理办法：用夹板或三角巾固定伤肢，并尽快护送医院治疗。如没有整复技术和经验，切不可随意做复位动作，以免加重病情。

5. 骨折

骨折是指骨的完整性和连续性在外力的作用下遭到破坏的一种损伤。常见的骨折有肱骨骨折、尺（桡）骨骨折、手指骨折、小腿骨折和肋骨骨折等。

运动中有身体某部位受到直接或间接的暴力打击时，可造成骨折。如摔倒时，手臂直接撑地，引起尺骨或桡骨骨折等。

主要症状：患处出现肿胀，疼痛难忍，肢体失去正常功能，肌肉可产生痉挛，骨折部位可见到畸形。严重骨折伴有出血、神经损伤和发烧，乃至发生休克症状。

处理办法：一旦出现骨折后，暂勿随意移动患肢，应先用夹板或其他代用品固定伤肢。如果出现休克，应先施行人工呼吸。若伴有伤口出血，应同时施行止血，并及时护送医院治疗。

6. 脑震荡

脑震荡是指头部受到外力打击后，脑神经细胞和神经纤维普遍受到震荡后所引起的意识和功能的一般性障碍。脑震荡的常见原因是摔倒时头部着地，头部受到外力打击等。

主要症状：伤后即刻发生意识丧失、呼吸表浅、脉搏缓慢、肌肉松弛、瞳孔稍放大但左右对称；清醒后，常伴有头晕、头痛、恶心或呕吐、失眠、耳鸣和记忆力减退等。

处理方法：立即让患者平卧，不可坐起或立起，头部冷敷，注意保暖。对昏迷者可用手指掐点人中、内关等穴或给嗅闻氨水。呼吸障碍者，可施行人工呼吸，并立即送医院诊治。患者在恢复期，要保持环境安静、卧床休息，直至头痛、头晕症状消失。切忌过早地参加体育运动和脑力劳动。

7. 溺水

溺水是指被水淹的人由于呼吸道遇水刺激发生痉挛，收缩梗阻，造成窒息和缺氧。如果时间稍长，则会因缺氧而危及生命。

主要症状：窒息后，脸色苍白、眼睛充血、口鼻充满泡沫、四肢冰冷、神志不清、胃腹满水鼓起，直至呼吸、心跳停止。

处理方法：将溺水者救上岸后，应立即清除口腔内的异物，并进行倒水；及时进行人工呼吸；清醒后立即送医院进一步治疗。在运送途中密切观察溺水者的情况，必要时继续进行人工呼吸。

人工呼吸法有多种，其中以口对口人工呼吸法和心脏胸外挤压法最有效。必要时口对口呼吸法和心脏胸外挤压法同时进行。急救者之间应密切配合，两者以1 ∶ 4的频率进行。

(1) 口对口人工呼吸法：松开衣领、裤带和胸腹部衣服，将溺水者仰卧，头部后仰，一手捏住鼻孔，一手托起下颌，并压住环状软骨（压迫食道）以防空气进入胃里。然后深吸一口气，缓缓吹入患者口中，吹气后将捏鼻子的手松开。如此反复并有节律地（每分钟吹16～20次）进行，直至患者自主恢复呼吸为止。

(2) 心脏胸外挤压法：将患者仰卧在木板或平地上，急救者两手上下重叠，用掌根置于患者胸骨下段，肘关节伸直，借助于自身体重和肩臂部力量，适度用力下压（不能用力太猛，以防骨折），将胸骨下压3～4厘米为度，随即松手（手不离开胸骨）使胸骨复原，如此反复有节律地（每分钟60～80次）进行，直至心跳恢复为止。

第二节 运动保健

运动保健可以促进身体生长发育；增进身心健康，增强体质；防治运动性伤病并促进运动能力的提高。大学生应根据自身健康状况和锻炼水平，运用科学的训练方法，合理安排训练量，预防运动性伤病的发生，制定康复训练手段和方法。

一、按摩及其作用

按摩是以中医的脏腑、经络学说为理论基础，并结合西医的解剖和病理诊断，而用手法作用于人体体表的特定部位以调节机体生理、病理状况，达到理疗目的的方法。也是常见的保健方式。

按摩的作用：

（1）缓解压力：对消除压力非常见效，增强人的精力，减低受伤或生病的可能性。

（2）治疗疼痛或肌肉紧张：缓解多种形式的肌肉压迫和紧张症状，比如抽筋、肩部肌肉紧张等。按摩治疗通过拍打、揉捏等动作直接作用在肌肉上，帮助肌肉放松和恢复正常；同时，还能刺激神经系统发出讯号，促使肌肉逐渐放松。

（3）消除肌肉酸痛：有助于排除运动后积存在肌肉内的废物，消除肌肉酸痛。

（4）有助于体液平衡：能够促进循环，有助于将由受伤、外科手术等引起的过多组织液排出。

二、按摩的手法

1. 推法

推法是用手或掌等部分着力于被按摩的部位上，进行单方向的直线推动。轻推法具有镇静止痛、缓解不适感等作用，用于按摩的开始和结束时，以及插用于其他手法之间。重推法具有疏通经络、理筋整复、活血散瘀、缓解痉挛、加速静脉血和淋巴液回流等作用，可用于按摩的不同阶段。

2. 擦法

擦法是用手的不同部位着力，紧贴在皮肤上，做来回直线的摩动，具有温经通络、行气活血、镇静止痛、提高皮肤温度、增强关节韧带的柔韧性等作用。轻擦法多用于按摩开始和结束时，以减轻疼痛或不适感。重擦法多插用于其他手法之间。

3. 揉法

揉法是用手的不同部位，着力于一定的部位上，做圆形或螺旋形的揉动，以带动该处的皮下组织随手指或掌的揉动而滑动。具有加速血液循环、改善局部组织的新陈代谢、活血散瘀、缓解痉挛、软化瘢痕、缓和强手法刺激和减轻疼痛的作用。全掌或掌根揉法，多用于腰背部和肌肉肥厚部位。拇指揉法多用于关节、肌腱部。拇、中指端揉法是穴位按摩常用的手法。

4. 揉捏法

揉捏法是拇指外展，其余四指并拢，手成钳形，将全掌及各指紧贴于皮肤上，做环形旋转的揉捏动作，边揉边捏边做螺旋形地向心方向推进的手法。具有促进局部组织的血液循环和新陈代谢，增加肌力和防治肌肉萎缩，缓解肌肉痉挛，消除肌肉疲劳，活血散淤、止痛等作用。多用于四肢、臀部等肌肉肥厚处，常与揉法交替使用。

5. 搓法

搓法是用双手挟住被按摩的部位，相对用力，方向相反，做来回快速地搓动的手法。具有疏经通络，调和气血，松弛组织，缓解痉挛，加速疲劳消除，提高肌肉工作能力等作用。适用于腰背、胁肋及四肢部，以上肢部和肩、膝关节处最为常用，常在每次按摩的后阶段使用。

6. 按法

按法是用指、掌、肘或肢体的其他部分着力，由轻到重地逐渐用力按压在被按摩的部位或穴位上，停留一段时间（约 30 秒），再由重到轻地缓缓放松的手法为按法。具有舒筋活络、放松肌肉、消除疲劳、活血止痛、整形复位等作用。拇指按法适用于经络穴位，临床上常与拇指揉法相结合，组成“按揉”复合手法，以提高按摩效应及缓解用力按压后的不适感，掌按法多用于腰背部、肩部及四肢肌肉僵硬或发紧时，也用于关节处，如腕关节、踝关节等。用指端、肘尖、足跟等点按穴位，是穴位按摩常用的手法。

7. 摩法

摩法是用食指、中指、环指指面或手掌面着力，附着于被按摩的部位上。以腕部连同前臂，做缓和而有节奏的环形抚摩活动的手法。具有和中理气，消积导滞，调节肠胃蠕动，活血散瘀和镇静、解痉、止痛等作用。刺激轻柔、缓和舒适，常用于按摩的开始，以减轻疼痛或不适；常配合揉法、推法、按法等，治疗脘腹胀痛、消化不良、痛经等病症。

8. 拍击法

拍击法是用手掌或手的尺侧面等拍击体表的手法。常用的有拍打法、叩击法和切击法 3 种，均具有促进血液循环、舒展肌筋、消除疲劳和调节神经肌肉兴奋性的作用。多用于肩背、腰臀及四肢等肌肉肥厚处。缓缓地拍打和叩击，常用于运动后加速消除疲劳；用力较大、频率较快、持续时间短的切击，常用于运动前提高神经肌肉兴奋性。单指或多指的叩击法是穴位按摩常用的手法。

9. 抖法

抖法分肢体抖动法和肌肉抖动法两种。肢体抖动法时，用双手或单手握住肢体远端，微用力做连续小幅度的上下快速抖动。用肌肉抖动法时，用手轻轻抓住肌肉，进行短时间的左右快速抖动。具有舒筋通络、放松肌肉、滑润关节的作用。多用于肌肉肥厚的部位和四肢关节，常用于消除运动后肌肉疲劳，是一种按摩结束阶段的手法。

10. 运拉法

运拉法是用一手握住被按摩者关节远端肢体，另一手握住关节近端肢体，在关节的生理活动范围内做被动性运动的手法。具有滑润关节、舒筋活血、防止或松解关节粘连、改善关节运动功能和纠正小关节处的微细解剖位置改变等作用。适用于四肢关节及颈腰部，常在按摩的后阶段使用，能增进关节的活动幅度和消除关节屈伸不利等疲劳性酸痛。

11. 拿法

拿法是用单手或双手的拇指与食、中两指，或拇指与其他四指指面着力，做相对用力，在一定的穴位或部位上进行有节律的提拿揉捏的手法。具有疏通经络、解表发汗、镇静止痛、开窍提神、缓解痉挛等作用。主要用于颈项、肩背及四肢部。临床上常拿风池等穴位及颈项两侧部位，治疗外感头痛；也用于运动过程中振奋精神，是穴位按摩的常用手法。

12. 滚法

滚法是用手背近小指侧部分或小指、无名指、中指的掌指关节突起部分着力，附着于一定部位上。通过腕关节伸屈和前臂旋转的复合运动，持续不断地作用于被按摩的部位上，此为滚法。具有活血散瘀、消肿止痛、缓解肌肉痉挛，增强肌肉的活动能力和韧带的柔韧性，促进血液循环及消除肌肉疲劳等作用。本法压力较大、接触面积较广，适用于肩背、腰骶及四肢等肌肉较肥厚的部位，常用于治疗运动损伤及消除肌肉疲劳。

13. 刮法

刮法是拇指屈曲，用指甲（也可用硬币、匙等代替）在病变部位做单方向的匀速刮动的手法。可松解粘连，消散瘀结，改善病变部位的营养代谢和促进受伤组织的修复。常用于治疗髌骨张腱末端病。

14. 掐法

掐法是用拇指指端或指甲缘着力，选取一定的部位或穴位，用持续或间断的力垂直向下按压的手法。具有消肿、防止粘连及开窍醒脑、提神解痉、行气通络的作用，适用于消除局部肿胀。常用于急救，是穴位按摩常用的手法。

15. 筋法（提弹法）

提弹法是用拇指与食、中两指或拇指与其他四指指腹将肌肉或肌腱速提速放的手法。具有舒筋活络、畅通气血、解痉止痛等作用，对局部神经有强刺激作用。一般用于治疗肌肉酸痛和肌肉痉挛等。

16. 拨法（分筋、拨筋）

拨法是用双手的拇指指端陷压于一定部位上，适当用力做与韧带或肌纤维垂直方向来回拨动的手法。具有分离粘连、消肿散结、解痉止痛等作用。常用于治疗肌肉肌腱和韧带的慢性损伤。拨与揉结合，即拨揉是穴位按摩常用的手法。

17. 理筋法（顺筋法）

理筋法是用拇指指腹压迫伤部，顺着肌纤维、韧带或神经行走的方向缓慢移动，以顺理其筋的手法。具有调和气血、顺筋归位的作用。多用于治疗急性闭合性软组织损伤。

学思践行

科学运动　有益健康

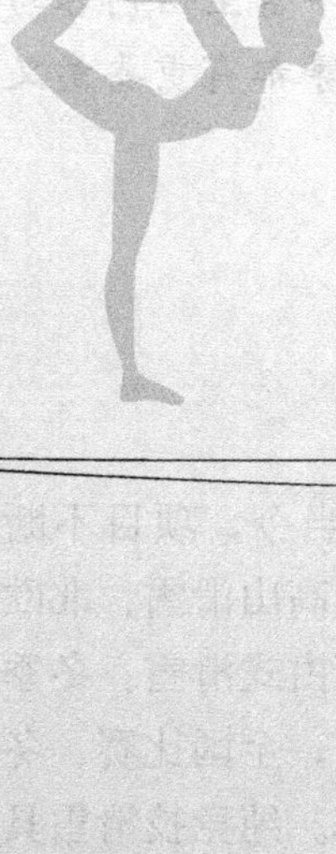

休闲体育篇

第十章 休闲娱乐体育

导论

休闲娱乐体育指人们在闲暇时间以增进身心健康，丰富和创造生活情趣，完善自我为目的的身体锻炼活动。特点是具有自由性、文化性、非功利性和主动性等。对增进健康、强健体魄，预防疾病与康复，提高文化素养与精神文明建设，丰富生活内容与加强人际关系，以及促进人的社会化与个性形成等都有重要意义和作用。

第一节 滑　雪

滑雪运动（特别是现代竞技滑雪）发展到当今，项目不断增多，领域不断扩展。世界比赛正规的大项目分为高山滑雪、北欧滑雪（Nordic Skiing）、越野滑雪、跳台滑雪、自由式滑雪、冬季两项滑雪、雪上滑板滑雪等。每大项又分众多小项，全国比赛、冬奥会中几十枚耀眼的金牌激励人们去拼搏、去分享。纯竞技滑雪具有鲜明的竞争性、专项性，相关条件要求严格，非一般人所能具备和适应。旅游滑雪是出于娱乐、健身的目的，受人为因素制约程度很轻，男女老幼均可在雪场上轻松、愉快地滑行，饱享滑雪运动的无穷乐趣。由于具有惊险、优美、自如、动感强、魅力大、可参与面广的特点，故高山滑雪被人们视为滑雪运动的精华和象征，更是旅游滑雪的首选和主体项目。

第一课　滑雪分类

一、越野滑雪

越野滑雪是滑雪运动项目之一。运动员足蹬滑雪板、手持雪杖滑行于旷野雪原。因为起源于北欧，所以是北欧滑雪的一种。1924 年第 1 届冬季奥运会即已将之列为正式比赛项目。越野滑雪是最古老的冬季运动。在挪威境内北极圈附近，曾发现 4 000 年以前的一块石刻，上面刻有两人滑雪的图形。越野滑雪是借助滑雪用具，运用登山、滑降、转弯、滑行等基本技术，滑行于山丘雪原的运动项目。设男子 1.6 千米传统式、男子 1.6 千米团体、男子 15+15 千米追逐、女子 7.5+7.5 千米追逐、男子个人竞速赛、女子个人竞速赛、男子团体竞速赛、女子团体竞速赛、男子 4×10 千米接力赛、女子 4×5 千米接力赛、男子 15 千米间隔出发、女子 10 千米间隔出发、男子 50 千米集体出发、女子 30 千米集体出发、女子 1.2 千米传统式，比赛线路是上坡、下坡和平地各约占 1/3。为有利于发挥速度，应避免坡度过长、过陡和急转弯地段。

二、高山滑雪

高山滑雪是特定的地理环境产生特定的求生方式，经常处于冰天雪地的北欧早在 5 000 多年前就已经开始有滑雪运动了。与其他起源于欧洲的冰上运动类似，它也是由原始狩猎演变而来并逐渐成为一种交通方式在北欧流行开来。

1. 高山速降

要求运动员从山顶按规定线路穿过用旗插成的门形向下滑行，是竞速滑雪比赛项目。线路长 2 000 米以上，坡度 5°～35°，平均 20°，起点到终点高度男子为 500～700 米。线路两旁插一定数量的旗杆作为各种门形。男子比赛插红色旗，女子比赛插红蓝两色旗。旗门间距为 4～8 米，上下旗门间距一般为 30 米左右，以滑降两次的时间计算成绩，决定名次。技术动作有直滑降、斜滑降、乙形滑降、起伏地滑降、犁式滑降和半犁式滑降等。身体姿势分高、中、低三种。

2. 山地小回转滑雪

要求运动员从高山上滑下时不断穿过门形和障碍物，连续转弯高速下滑，是一项竞速滑雪比赛。比赛线路长度男子为 600～700 米，女子为 400～500 米，坡度 30° 以上的段落占比赛全程的四分之一。标高差男子为 140～200 米，女子为 120～180 米。在男子的比赛线路上插有 55～75 个门形，女子比赛线路上插有 45～60 个门形。比赛中在高速转弯通过线路上的各种门形时，需要两脚过门。碰倒旗杆不算犯规，漏门或骑杆过门算犯规，不计成绩。在两条线路上各滑一次，以两次成绩总和评定名次，如第一次犯规则不能滑第二次。比赛前可以从上向下查看线路，但不能乘滑雪板从上向下模拟滑行或穿越门形。

3. 大回转滑雪

运动员要快速从山上向下沿线路连续转弯，穿越各种门形。男子比赛线路长度为1 500～2 000米，女子为1 000米以上。男子线路标高差为300～400米，女子为250～350米。坡度为15°～32°。以两次滑行时间计算成绩。大回转的转弯设计速度为15～20米/秒。

超级大回转比赛按一次滑行成绩决出名次。滑降道落差最大，距离也最长，最高时速达130千米。超级大回转由于旗门数较多，速度稍慢。

三、单板滑雪

单板滑雪是一项以一块滑雪板为工具，在规定的山坡线路上快速回转滑降，或在特设的“U”形场地内凭借滑坡起跳，在空中完成各种高难度动作的雪上竞技项目。

2006年都灵冬季奥运会增设单板滑雪越野赛，比赛场地高度差为100～240米，平均坡度为14°～18°，路线长度为500～900米，赛道宽度约为40米，比赛用时约为40～70秒。比赛沿途分布着雪丘、跳跃点和急转弯，时常发生碰撞，单板滑雪的参赛选手要通过自己的各种技术越过障碍来完成比赛。比赛最后的成绩以到达终点的时间判定。

四、跳台滑雪

跳台滑雪就是运动员脚着特制的滑雪板，沿着跳台的倾斜助滑道下滑。借助速度和弹跳力，使身体跃入空中，使整个身体在空中飞行约4～5秒后，落在山坡上。1972年首届世界跳台滑雪锦标赛在南斯拉夫举行。该项目在1924年第一届冬奥会即被列为比赛项目。根据国际滑雪联合会规定，在冬季奥运会及世界滑雪锦标赛的跳雪比赛中，设有70米级台和90米级台两个跳雪项目。从1964年第九届冬奥会开始统一跳台级别，才分别规定为上述的70米和90米两种。这并不单指跳台高度，还包括跳台助滑道的坡度为35°～40°，以及长度为80～100米。

五、北欧两项

北欧两项（Nordic Combined）起源于北欧，由越野滑雪和跳台滑雪组成，在挪威、瑞典流传很广，成为北欧的传统项目，又称北欧全能。1924年第1届冬季奥运会北欧两项即被列为比赛项目。1988年第15届冬季奥运会开始设团体项目。

第二课　滑雪技巧

一、回转

回转是高山滑雪比赛项目之一，也称回转滑雪或回转障碍。北欧斯堪的那维亚半岛地区冬季雪多，适于开展滑雪运动，但因缺乏阿尔卑斯山脉那样的高山，高山滑雪不够普及和发达，而越野滑雪和跳台滑雪却得到较好的开展，于是出现了既要求越野滑得快，又要求跳雪跳得远的北欧两项比赛项目。这个项目是北欧几个国家的体育强项。

二、大回转

大回转也是高山滑雪比赛项目之一。1952 年第 6 届冬季奥运会开始列为比赛项目。比赛在坡度 5°～32° 的覆雪山坡上进行。线路长度男子为 1 500～2 000 米，女子在 1 000 米以上。起终点高标差：男子 250～400 米；女子 250～350 米。线路上设置多种形式的旗门，组成障碍。运动员从山顶沿线路通过旗门下滑。

三、自由式滑雪

滑雪运动项目之一。主要分为雪上技巧、空中技巧、趣味追逐等。自由式滑雪于 1988 年第 15 届冬季奥运会被列为表演项目。1992 年第 16 届冬季奥运会将自由式滑雪中的雪上技巧（男女）列为正式比赛项目。

1. 雪上技巧

它是在设置一系列雪包的陡坡线路上进行回旋动作、空中动作以及滑降速度的比赛，包括单人雪上技巧和双人雪上技巧。雪上技巧场地长 200～270 米，宽 15～25 米，坡度为 24°～32°。运动员使用的滑雪板男子不短于 1.90 米，女子不短于 1.80 米。以回转动作和空中动作质量分以及计时成绩分相加评定名次，得分多者名次列前。

2. 空中技巧

它始于 20 世纪初。1928 年美国人卡尔顿（John Carleton）成为世界上第一个穿着滑雪板完成雪上空翻动作的运动员。1958 年瑞士滑雪教练费尤雷尔（Art Fyurrer）在滑跳中完成空翻和转体动作。空中技巧运动员使用的滑雪板男子不短于 1.90 米，女子不短于 1.80 米。场地由出发区、助滑坡、过渡区一、跳台、过渡区二、着陆坡和终点区组成。比赛时每人试跳两次。裁判员根据运动员完成动作的质量评定空中动作分和着陆动作分，两者相加再乘以动作难度系数，即为一次试跳的得分，两次试跳得分相加，得分多者名次列前。

3. 趣味追逐

趣味追逐赛分为资格赛、八分之一决赛、四分之一决赛、半决赛和决赛。所有选手分组进行比赛，每一组四个人，其中前两名晋级下一轮，最后的“大决赛”决定第 1 至 4 的排名，“小决赛”决定第 5 至 8 名。

第三课 滑雪基本要领

Step 1：步行

穿上滑雪器最初的动作就是步行。其动作与一般的走路并没有两样，开始时也许不习惯，可先穿上一只滑雪器来回走两趟，而后再两只一起穿上，一步一仗地适应平衡。

Step 2：跌倒

以侧身着地最为安全，亦即以大脚外侧、腰下侧着地，同时举起双雪杖并用力地将两脚伸直，以防不必要的受伤。

Step 3：方向变换

以滑雪器之前端或尾端为圆心，将欲转变方向内侧之滑雪器，向欲转换方向分开成“V”字形，再将外侧雪器靠拢过来。本方向变换仅适合于在平坦的雪面上进行，斜坡上则不适用。

Step 4：登行

最简单的方法就是坐缆车上山。如果没有好的缆车，最方便的做法就是把滑雪器脱掉，扛着滑雪器走上去，若是再懒惰一点，也可以穿着滑雪器往山上走，要领就是让滑雪器与斜坡成 90°，以防滑雪器自动滑下去。

Step 5：平地滑行

两脚平行站立，利用手腕力量将两雪杖向后推动，使身体和两滑雪器同时向前滑行前进。身体重心不可置于后，否则会有身体后倾的情况发生，会导致后坐跌倒。

第二节 游 泳

游泳运动是男女老幼都喜欢的体育项目之一。根据现有史料的考证，国内外较一致的看法是，游泳运动产生于居住在江、河、湖、海一带的古代人。他们为了生存，必然要在水中捕捉水鸟和鱼类做食物，通过观察和模仿鱼类、青蛙等动物在水中游动的动作，逐渐学会了游泳。

第一课 游泳分类

常见游泳姿势一般分为爬泳、蛙泳、仰泳和蝶泳。爬泳速度最快，蛙泳姿势比较优美，蝶泳爆发力最强，仰泳最省体力。

一、爬泳

澳大利亚人韦利士于 1850 年使用了一种双自由泳（手在水面前移）的泳姿，这可以算作爬泳的雏形。1873 年英国泳手约翰·特拉真采用了一种用胸泳腿再配合双手交替前爬的泳式，后来澳大利亚人李察卡尔又根据特拉真及韦利士的泳式，创造了一种“浅打水”的踢腿方法。自此之后，腿的踢法就只有少许的变化。爬泳的完整配合有多种形式。一般常见的是每划水 2 次，打水 6 次，呼吸 1 次。

二、蛙泳

蛙泳是一种模仿青蛙游泳动作的泳姿。蛙泳时，游泳者可以方便观察前方是否有障碍物，避免撞上。18 世纪中期，在欧洲，蛙泳被称为“青蛙泳”。由于蛙泳的速度比较慢，在 20 世纪初期的自由泳比赛中（不规定姿势的自由游泳），蛙泳不如其他姿势快，使得蛙泳技术受到排挤。随后国际泳联规定了泳姿，蛙泳技术才得以发展。

三、仰泳

早期的仰泳只是仰浮在水面上，然后再用胸泳的踢腿仰泳推进。1900年的奥林匹克运动会，开始有游泳运动员使用手部在水面上过头前移的泳式。踩踏式的踢腿方式则是到1912年斯德哥尔摩奥运会才开始出现。

四、蝶泳

蝶泳的划手方法是由德国泳手 Erich Rademacher 首次在1926年蝶泳的胸泳比赛中使用的。当时，他仍使用胸泳的踢腿方式。1952年的奥林匹克运动会之后，国际业余游泳联会（FINA）决定将此泳式与胸泳分开，因而增加了蝶泳，而且还可以采用海豚式的踢腿方法。

第二课　游泳装备

一、游泳衣裤

男性通常穿着泳裤，上身赤裸，也有少数人裸体游泳；女性通常穿泳衣。游泳衣裤必须合身。如果太大，在游泳时容易兜水，加大身体负重和阻力，影响游泳动作。因此游泳衣裤要以穿在身上感到舒适为宜。至于质量，中老年人应选择纯毛或棉毛制品，以深色为宜。年轻人可选择海滩式的尼龙游泳衣裤，颜色以鲜艳的为好，这样可增添美感。

二、泳帽

游泳时应戴泳帽，特别是女性，可以防止头发散乱，水质不好时还可以防止头发变黄。泳帽应选带有松紧的尼龙制品或橡胶制品，不能太大，否则容易脱落。

三、泳镜

如果水质不干净，游泳时细菌很容易进入眼内，以致产生红眼病等。为了预防眼病，需要戴游泳眼镜游泳。对于初学游泳的人来说，戴游泳眼镜还可以纠正在水中睁不开眼睛的毛病。

四、耳塞

在游泳时水流入耳朵是难以避免的。耳朵进水后很不舒服，有时会引起疼痛以致影响听力。为了防止水进入耳朵，应备有耳塞。

五、浮体物品

初学游泳者，最好自备一些浮体物品，如救生圈（衣）、泡沫塑料、浮标、打水板、浮袖等。但自备这些物品时，要时时检查救生衣、圈有无漏气，以防发生事故。

六、浴巾、拖鞋

浴巾和拖鞋是游泳者必备的用品。在游泳的间歇或游完后上岸，用毛巾擦干身体、披上浴巾、穿上拖鞋，既可以保暖、防止感冒，又比较卫生。在冬泳时，更是不可缺少的。

七、鼻夹

游泳时，由于水波常会把水冲入鼻孔，产生呛水、咳嗽，尤其是初学游泳者，为了防止水进入鼻孔，最好准备一个鼻夹，它可强制用嘴吸气，而不用鼻吸气，可以避免呛水。

第三节 轮　滑

轮滑运动是一项融健身、竞技、娱乐、趣味、技巧、休闲于一体的全身运动。它使用的器材便于携带，技术动作富有美感，能全面协调和综合发展人的速度、力量、耐力、灵敏度、柔韧等多种素质，使参与者体魄强健、精力充沛，并达到完善和发展自我的目的。轮滑运动按项目特征的不同，分为休闲健身和竞技轮滑两大类；按参加者表现自我和控制比赛对手方式的不同，又可分为健身轮滑、轮滑技巧表演、速度轮滑、花样轮滑、极限轮滑和轮滑球。

第一课　轮滑运动在我国的发展

我国轮滑运动起步较晚。20 世纪 30 年代初期，轮滑才传入中国，当时只在沿海城市略有所见，并不普及。中华人民共和国成立后，轮滑在我国南方的一些大城市得到较好的推广。我国正式开展此项运动是在 20 世纪 80 年代初期，全国各地以开设辅导班、兴修轮滑场地、举行轮滑表演等形式，大力推广轮滑运动。我国于 1980 年正式成立中国旱冰协会（1987 年更名为中国轮滑协会），同年加入国际轮滑联合会，1986 年加入亚洲轮滑联合会，目前由中国轮滑协会主持管理的运动项目主要包括花样轮滑、速度轮滑、轮滑球和极限轮滑（滑板）四个单项。其中，速度轮滑是最能体现轮滑运动竞技性的项目。目前，我国的花样轮滑在亚洲处于领先地位。

第二课　轮滑器材和装备

当我们想要进行轮滑运动（见图 10-1）锻炼的时候，首先要对这项运动的器材以及装备加以了解。下面将一一做介绍。

图 10-1　轮滑项目

一、轮滑鞋的性能

1. 轮滑鞋的受力滑行性能

轮滑鞋的滑动是受到外力的结果，在不受任何外力的情况下，轮滑鞋不会自动滑行。但在练习过程中，初学者往往会因为自身不自觉的身体姿态的变化而使轮滑鞋受力滑动，造成失去平衡或影响滑行效果。例如：初学者在穿着轮滑鞋站立时，会因身体晃动或失控，致使身体重心投影点移出两脚轮滑鞋的支撑面，造成轮滑鞋向前后滑动或左右翻转。

2. 鞋的定向滑行性能

在轮滑鞋受到外力的情况下，轮滑鞋的滑动是有一定方向性的。也就是说，轮滑鞋滑动的方向只能是沿轮轴的垂直方向向前或向后滑动，而沿着轮轴平行方向是不能滑动的。

二、轮滑鞋的种类

1. 直排花样鞋

休闲轮滑鞋用于一般休闲和健身活动。我们在学习时所用的以及常在公园、校园或自行车道上看到的就是这种鞋。它一般是 4 个轮子排成一线，轮子后方装有制动器，高鞋腰，中等鞋跟。鞋子构造的差异：一般有内套及鞋壳，强调舒适、安全，以符合大众需求为原则，为休闲娱乐而设计，符合人体工程学原理。可根据使用者的需要及喜好更换轮子和轴承。

2. 直排速滑鞋

通常用于专业选手追求速度的速度轮滑竞赛。主要特点是：一般有 4 个大轮子，最多时可装 6 个轮子，排成一线，低鞋腰、低鞋跟，通常不装制动器。鞋子构造的差异：选用很高级的轮子及高精密度的轴承，轮子直径多为 80～100 毫米，且较尖，以减少与地面的摩擦力，为了减低风阻，鞋型设计更符合人体脚型，也较为熨帖。

3. 花样轮滑鞋

花样轮滑鞋用于花样轮滑比赛或表演，其主要特点是：4 个轮子排成两排，前后各两个轮子，且两个轮子间距略宽于脚，脚尖前下方安装制动器，高鞋腰，高鞋跟。鞋子构造的差异：一般鞋体由皮革制成，强调舒适、安全，以便于各种花样动作的完成，为专业花样轮滑运动员及花轮滑动作而设计，并可根据使用者的需要及喜好更换轮子和轴承。

第三课 轮滑入门基础技术

轮滑运动是一项深受人们喜爱的娱乐项目。那么，轮滑初学者如何开始学习轮滑技术呢？让我们由易到难、由浅入深、循序渐进，从基础练习开始进入轮滑世界。

一、跌倒

一般人若未接受适当训练，摔倒时会以最自然的本能反应着地，容易造成下巴、手腕、手肘及臀部严重受伤。安全跌倒法是在摔倒时，以全身力量向前扑倒，透过身上的护具分散跌倒的撞击力，千万不要往后坐或让单一部位承受强大的冲击力。另一个方法是滑倒时放松全身，让身体自然在地上滚动，可缓和突然的撞击力。初学者请记得带护肘、护腕、护膝。骨质疏松患者和曾经摔伤并经复健治疗的人不适宜轮滑运动。

二、原地站立

1. “丁”字站立

脚穿轮滑鞋，扶物成丁字步站立，前脚跟卡住后脚的脚弓，上体稍前倾，双膝自然弯曲，身体重心落在后脚上。然后两脚交换位置，再呈丁字步站立，到站稳为止。

2. “八”字站立

站立时两脚跟靠近，脚尖自然分开，上体稍前倾，双膝自然弯曲，身体重心落在两脚之间。重心平衡后双脚换成平行站立，上体仍前倾，使重心落在两脚之间。

3. 平行站立

两脚平行分开，与肩同宽，脚尖稍内扣，膝部微屈，重心落在两脚之间。

三、移动身体重心练习

1. 原地移动重心练习

(1) 原地左右移动练习。两脚平行站立，上体稍向一侧倾移，逐渐将重心完全转移至一条腿上支撑，待稳定后再向另一侧移动。

(2) 原地抬腿练习。两脚平行站立，上体稍前倾，重心移至左腿，右腿稍抬起、放下；然后以同样的方法练习左腿。练习时要注意放腿时应保持脚下的轮子同时着地。

(3) 原地蹲起练习。两脚平行站立，做下蹲并站起的动作。可先做半蹲，逐渐加大下蹲的幅度，直至快速深蹲并做短时间的静蹲后再站起。练习时要注意在屈伸踝、膝、髋三个关节时的协调配合。

2. 外“八”字脚移动重心练习

两脚成外“八”字站立，重心移至左脚，右脚向前迈一小步，重心随之移至右腿上，然后左脚向前迈进一步，重心随之移至左腿上。反复进行练习，逐渐加快迈步频率和加大迈步距离。注意收脚时应尽量保持脚下的轮子同时着地。

3. 侧向移动重心练习

两脚平行站立，重心向右侧移动，随之左脚向左侧横跨一步，右脚迅速靠拢，待稳定后再进行向右侧的下一步。如此反复进行 5～6 步后再向左侧做相同练习。

4. 横向交叉步练习

两脚平行站立，先将重心移至左腿上并继续向左移动稍超出左腿支撑点，收右腿，右腿向左腿前外侧迈步成双腿交叉姿势，重心随之移至右腿上，成右腿支撑重心，接着收左腿向左侧跨一步，成开始姿势。如此反复进行 5～6 步后再向右侧做相同练习。

四、慢速滑行

1. 单蹬双滑练习

双脚平行站立，稍窄于肩。右脚内刃蹬地，将身体重心送至向前滑行的左腿上，右腿蹬地后迅速收腿，与左腿并拢成双脚平行滑行；当速度减慢时，再用左脚内刃蹬地，将身体重心送至向前滑行的右腿上，左腿蹬地后迅速收腿与右腿并拢。

2. 单蹬单滑练习

双脚平行站立，身体前倾，两臂自然下垂，两腿弯曲。左脚用内侧蹬地，随着蹬地动作结束向前收左腿，把身体重心移向右腿，并成半蹲支撑，右脚先用平刃向前滑出，然后再用内刃蹬地，把身体重心移向左腿，成半蹲支撑，左脚用平刃向前惯性滑行，双脚交替进行。

3. 弯道练习

根据滑行速度和圆弧的半径，向圆心内倾斜，下肢用交叉步滑行，左脚要用外刃，右脚要用内刃。要求两腿半蹲，上体前倾，当左脚用外刃获得稳定平衡时，右脚向左脚的左侧前方迈出大半步，当右脚落地用内刃蹬地时，身体重心从左腿移到右腿，然后左脚迅速从右腿的后方收回，向左侧迈出大半步，用外刃支撑身体重心。可从粗糙地面到光滑地面，从站立姿势到半蹲姿势，从不连续压步到连续压步进行练习。

五、停止

1. 利用地形

在滑行时，可以利用合适的地形来制动，这种方法比较适合初学者。例如：滑行路线两旁有结实的草坪或平坦的坡路，那么直接滑上去就可以利用这些地形来减速了。不过得千万小心速度和重心的突然变化，否则就难免摔倒受伤了。

2. 借助物体

如果要停下来，只要向一些安全的物体（如墙壁）滑去，并用胳膊缓冲一下就可以了。在低速滑行时，这是比较安全的停止方法，但当滑行速度较高时，就不宜使用此方法了。

3. 利用鞋闸

休闲轮滑鞋上有鞋闸，当用它停止时，两只脚都能在地面上，这样有助于保持身体平衡。在停止前，先迈出鞋闸所在的腿（一般是右腿），同时脚尖离地，脚跟下压，重心应该是在两腿之间。

4. 内“八”字和“丁”字停止

在滑行时，两脚尖内扣呈内“八”字形，这时膝关节弯曲、两腿膝盖靠拢，逐渐减速。如果速度太快，也可将两脚交替抬离地面，使滑行速度慢慢降低，直到停止。还有一种“丁”字停止法，是利用拖拽后脚的轮子来制动。

第四节 山地车运动

山地车运动是自行车运动的一种，只是速度会更快一些。山地车运动可以让肢体协调能力变得更好，不像传统的自行车那样缓慢，尤其是在上下坡的时候变得更加容易，会更加刺激。

第一课 山地车运动的分类

近几年自行车运动风靡全国，在街上也常能看到公路车、山地车的骑行活动。如同各种运动分类一样，也可以从山地车的类型出发进行分类：

1. 越野自行车（XC）

绕圈赛专用车，因为扫骑乘时间长，需消耗体能最多，因此在设计时向轻巧方向发展。越野赛中主要是赢在爬坡能力上。为了追求更有效率的姿势，在骑乘时，把手比较低，选择比较窄的车胎。为了取得更快的速度，轮胎中间的胎纹尽量减少，只保留位于外胎边沿的颗粒，以增加转弯抓地能力。这样的山地车通常使用 80～100 毫米的减震前叉或者后减震器，并且重量合适。为达到轻量化的目的，车架和配件通常使用比较轻的材料制造。所以越野自行车也通常比其他自行车更脆弱，前后的减震器使用气压作为介质，这样可以尽可能地减少重量。也有一些型号的越野自行车没有减震，而是使用硬叉，在尽可能减少重量的情况下，也更加依赖车手的技术来对抗复杂的地形。越野自行车的重量通常为 9～14 千克，越野骑行是最普遍的一种自行车骑行运动。平时我们见到的山地车大部分为越野自行车。典型的越野地形一般被认为是爬山多些、下山少些，并且不包括任何特技。

2. 全山地自行车（AM）

全山地自行车车比越野自行车重，一般为 14～16 千克，拥有更长的减震器，通常使用 150 毫米前后减震器，中高端车辆还可以调节减震的行程。来自高端骑行运动厂商开发出的减震器，可以使这种车辆和越野自行车一样上山下山。

3. 自由骑行山地车（FR）

此种车辆和全山地自行车有相似之处，但不强调轻量的要求，而是更加看重减震的效果，是坠山和越野综合版。自由骑行山地车需要更长、更好的减震。八寸或者更长更好的减震都是很正常的配置。其零件设计强度为标准，因此整车重量更高。自由骑行山地车比其他自行车更加万能，然而在爬山或者低速时，由于头管（指自行车车架最前面的管料）

角度问题，整车的灵活性下降。自由骑行山地车车架的角度甚至大于坠山自行车，这样提高了越过小障碍物的能力。自由骑行山地车的重量通常是14～20千克，骑行目的通常是到达某一地区，所以在爬山时效率比较高。一辆坚固的自由骑行山地车虽然价格昂贵，但在爬山时也不能为车手提供舒适的骑行感受。下山时，自由骑行山地车为骑手提供了更好的操控性。自由骑行山地车分两种：多用途登山车和旅游登山车。

4. 坠山自行车（DH）

坠山自行车的重量更高，通常超过20千克，拥有八寸220毫米或者更高的减震器。它们强壮异常，拥有大而高的齿轮、柔软的减震，只是为了下山而设计的，可以在颠簸的弯道中提供足够的抓地力。车头部的角度通常在64°。坠山自行车比赛是山地车科技创新最多的领域，许多制造商都有自己的赞助车手。坠山自行车骑行与名字一样，主要是下山或者坠山，由于时常是高速下山，许多坠山自行车辆只有一个齿盘、一个护盘和岛链。至于脚踏方面，下坡赛的选手需要同时考虑自锁脚踏与能随时移动的脚踏，以利于保持平衡。至于选择什么样的脚踏，要看骑行的环境和需要。

5. 攀爬车

攀爬车是山地自行车的一种，英语称为“Trial”。攀爬车手能够控制它跳到几十厘米高的楼梯或是桌子上，另外做出各式各样的姿势。攀爬车分为两种，一种是大攀车，它的车轮子是26英尺的。另一种是小攀车，车轮子20英尺。无论是大攀车还是小攀车，基本都没有坐垫，由于在做姿势的情况下，赛车手以便调节重心点，全是站着骑自行车的。攀爬车一般也没有减震前叉，仅仅借助车胎来避震。比赛标准规定车子配备有多级别齿盘，可是许多赛车手几乎无须换挡。很多非比赛赛车手应用低速挡，高扭距的单速配备。攀爬车可以说是山地车内较轻的一种车系，净重一般为6～11千克，一般在刹车踏板层面都应用油碟。如今越来越多的年轻人喜爱攀爬车运动，因为这类运动具备一定的观赏价值和表演性。好的攀爬车手都能做出令人目瞪口呆的姿势，无论是跳上高于路面一米多的楼梯，还是跳下一米多的路面。

第二课 山地车装备

山地自行车因为速率较快，所以其装备有很高的技术标准。

一、帽子

人的大脑是人类的CPU，失去它也就失去了一切，而帽子刚好能给予头部适当的安全性。自行车头盔重量较轻，并且材料具备反光性能，在晚间能够扩大自身的可见性。此外，帽子还具有遮光的功效。

二、绑腿

因为山地自行车的传动链条是没有瓦盖的，所以骑自行车时裤脚会蹭到链扣，可能会损坏裤子。这时候我们就需要一个绑腿，它的作用是固定裤脚，使它不碰到链扣，可以降低裤脚过大产生的摩擦阻力。左腿不是必绑的，因为左脚边没有传动链条，能够随意选择绑不绑。

三、前大灯

夜里或是在施工的隧道中骑车时，因为看不清楚正前方的路，会很危险，前大灯则能为你处理这一问题，它不但能够照清实时路况，还能让迎面而来的车子注意到你。此外，有的前大灯还有高速行驶时常用的闪亮数据信号作用。

四、后大灯

后大灯的作用是提醒后方车子，防止它们撞到你。较为普遍的除了单车座位下边带的反光灯以外，也有自制的拍照闪光灯。

五、骑行眼镜

骑行眼镜是不可或缺的物件之一，由于平常骑自行车会碰到大风、强光照等极端情况，这时候有一个骑行眼镜不但能够保护你的眼睛，还可以提升你骑车道上的安全性能。

第五节　高尔夫

相传，苏格兰是高尔夫球的发源地，当时，牧羊人经常用驱羊棍击打石子，比赛谁击得远且准，这就是早期的高尔夫球运动。

19 世纪，高尔夫球传入美国。1922 年，世界上第一次国际性比赛是美国对英国的“沃克杯”高尔夫球对抗赛。高尔夫球于 20 世纪初引入中国。高尔夫球运动在室外广阔的草地上进行，设 9 个或 18 个穴。运动员逐一击球入穴，以击球次数少者为胜。比赛一般分单打和团体两种。

第一课　高尔夫球场

高尔夫球场应满足高尔夫球娱乐活动的特点和技术要求，一般选择交通便利、环境优美、绿色植被充裕茂盛和无污染的地段。需有较开阔的草坪，一般宜利用丘陵缓坡地带设置，占地约 65 000～70 000 平方米，球道处于地面起伏高差 10～20 米为宜。

一、球场

正规球场应划分为 18 个大小不一、形状各异的场地，每块场地均由开球台、球道、果岭和球洞组成。标准球场的总长为 5 943～6 400 米，宽度不定。球场四周应有界线标志，关键地段设置界桩。每个分场地占地 30 000～35 000 平方米。

二、开球台

开球台即开球用的草坪，台上有两个球状标记，相距 4.5 米左右，两个标记之间的连线称为开球线。开球台一般面积为 30～150 平方米，较其周围地表高约 0.3～1.0 米，表面为修剪过的短草，有一定坚硬度且表面平滑。一般每个洞的开球台设两个，分别供男女选手使用。如供正式比赛使用，还需增设第三个开球台。球洞应高出开球台，但不宜超过 20 米。

三、果岭

果岭为球洞所处的区域，其平面多呈近似圆形或椭圆形的自由形状，表面种植优质草坪，并经修剪和碾压密实，略有缓坡起伏，使球能在场地上无阻碍地滚动。

由开球台到果岭和球洞间为平坦球道，其宽度最小为 30 米，一般为 40～50 米，植以剪短的草皮。球道外为粗糙地带。靠近球道为宽 2～3 米的轻度粗糙区，即植有剪短的野草，其外侧为重度粗糙区，即为自然草丛或树林等，其间出球有较大难度。

四、基本器材

高尔夫球的基本器材包括球、球杆和球座。球为胶质材料制作，直径不小于 4.16 厘米，重 45.93 克。击球杆分木杆和铁杆两种，其长度分别有 5 种和 9 种型号。球杆由杆头、杆基、杆把三部分组成，长度为 0.91～1.29 米。场地内可有意设置沙坑、水塘、小溪等形成障碍物地带，以增加击球的趣味和丰富场地的景观。

五、球道

合理布置不同长度的球道。球道长度一般按标准杆数计算，男子为 3～5 杆，女子为 3～6 杆。通常场内设 3 杆洞 4 个，4 杆洞 10 个，5 杆洞 4 个。

第二课　高尔夫比赛规则

高尔夫比赛一般分为单打、双打、1 对 2、循环赛等。比赛时，运动员在开球区依次用球棍击出各自的球，然后走到球的落点处，继续击球，直到把球击入洞内。谁用最少的次数把球击入所有球洞，谁就获得胜利。

虽然高尔夫比赛有许多规则，然而最基本的有以下两点：

(1) 参赛者务必在公平的条件下进行比赛。

(2) 比赛过程中必须能客观地处理对自己有利的状况。

至于其他各项规则，都是基于以上两点基本原则制定的。

第六节 台 球

台球也叫桌球或者弹子球。起源于西欧，至今已有五六百年的发展历史，在长期流传中经过不断的改进丰富，才达到今天较完善的程度。

第一课 台球运动分类

一、英式台球

英式台球包括英式比例台球和斯诺克台球两类，主要流行于英国和欧洲大陆。英式比例台球又称为三球落袋式台球，属基础类型的台球，是世界上正式台球比赛项目之一。英式比例台球出现较早，要求具有较全面的技术打法，目前，世界许多著名斯诺克台球运动员比例式台球的基本功都相当扎实。斯诺克台球更是世界流行的主流台球大赛项目之一，英文“斯诺克”的含义为障碍之意，是从英文“snooker”音译而得名，斯诺克台球不仅自己可以击球入袋得分，也可以有意识地打出让对方无法施展技术的障碍球，从而使对方受阻挨罚。因此，斯诺克台球竞争激烈，趣味无穷。

二、美式台球

美式台球又称美式普尔（Pool），是在法式台球和英式台球之后形成的一种新风格，与英式台球和法式台球并驾齐驱，广泛流行于西半球和亚洲东部。美式台球中诸如 8 球制台球在我国也有广泛的群众基础。美式台球包括 8 球制台球、9 球制台球、芝加哥台球、普尔台球和保龄台球等。

三、中式斯诺克台球

中式斯诺克台球也称为 10 孔台球，起源于中国，与其他台球的最主要区别在于台面中间增加 4 个进球袋及边框，既容易进球，也容易形成“斯诺克”，同时也拥有了更多精彩的运球路线，充分地体现了球手之间连续进攻、巧妙防守及高难度解球的高超技艺，拓展了台球的技术性及艺术性。中式斯诺克体现的是注重全局和排兵布阵，更具娱乐性、挑战性以及智慧元素，有棋球之说。

四、法式台球

法式台球起源于法国，也称开伦台球［又称卡罗姆台球(Carom)］，其含义是连续撞击两个球，即用主球连续触及两个球，这是法式台球最基本的要求。与英式台球、美式台球最主要的区别是没有网袋。卡罗姆台球有多种比赛方式，其中主要是三边卡罗姆式台球。

法式，起源于法国，又被称为开伦台球，后来在日本非常盛行，有“日本撞击式台球”之称，它是国际大赛项目之一。开伦式台球所用的球台没有球袋。它是以球杆击球而得分的一种台球打法，台盘的画线也类似于卡罗姆式台球。

第二课　台球运动规则

一、英式台球规则

先开球一方应以带有点的白球作为自己的主球，对方则以全白球为主球。开球时，台面上只有一个红球放在红球基点上，开球一方可以随便把自己的主球置于开球区内任意一点开球。主球落袋后，则需放回开球区开球。

计分方法为碰红自落得 3 分，碰白自落得 2 分，送红落袋得 2 分，送白落袋得 2 分，连碰双球得 2 分。如果一方打出一杆有分可算的球，即可获得下一杆击球权，直到脱杆为止，由另一方击球。脱杆指主球击出后，未造成得分情况。

当白球送入袋后，要立刻将其从网袋中取出，放在红球基点上，以备再打。当送红球入袋后，也可再取出后拿在手里等待获得击球权时再用。

按规定连续命中 25 杆单球（包括自落、送红、送白）后，必须击出一杆双球，如果没有双球可击时，便失去击球权。

另外，如果在红球基点上连续三次将球送入网袋中，则应将红球移到红球备点上，若红球备点已被白球占据，应将红球移到白球备点上。

规则规定，比赛中凡出现击球不中、球被击出台外、击球直接落袋等，要分别扣罚 1 分、2 分、3 分。但是，扣罚分数并不加给对方。

二、斯诺克规则

斯诺克台球球台内沿长 350 厘米，宽 175 厘米，高 85 厘米。斯诺克共用球 22 颗，其中 15 颗红球、6 颗彩球，1 颗白球（主球）。彩球的颜色及分值：红球 1 分、黄球 2 分、绿球 3 分、棕球 4 分、蓝球 5 分、粉红球 6 分、黑球 7 分。

球台上半圆形区域为开球区，以彩球 2-4-3 为直径。开球前，双方可以通过抛硬币来决定谁先开球。开球一方，可将白球摆在开球区的任何位置，每次击球后，白球停在什么位置，就必须接着由什么位置打起。打球方必须先打入一颗红球后，才能任选一颗有利的彩球打。彩球打进后，需取出重新摆回自己的定位点，接着再打红球，红球打进后再打彩球，如此反复，红球全部入袋后，必须按照从低分值球到高分值球的顺序打彩球，此时打进的彩球，不需再拿出来，直至所有彩球入袋，台面上剩下白球，比赛宣告结束。

斯诺克规则规定，未遵守下列规则，属犯规行为，当处罚分。

（1）打红球时，如果白球未能撞到任何红球，则要罚 4 分；如果误撞了彩球，则按照该彩球的分数罚分，但是最少罚 4 分。即，如果撞了黑球罚 7 分，撞了黄球罚 4 分。

（2）打彩球时，如果未能打到要打的彩球，则按照此彩球的分数罚分。如果误撞了更高分的彩球，按照高分罚分，最少罚 4 分。因此进红球后，打彩球前，如果要打的彩球不能明显看出来，则必须声明击打的是哪个球，否则自动罚 7 分。

（3）如果误将白球击入袋，最少罚 4 分，或者按照白球进袋前最先碰到的最高分数球罚分。白球入袋后，接着打的一方可将白球摆在开球区的任何位置击球；罚分不从受罚方的分中扣减，而是加入对方的得分中。

第三课　台球运动常用术语

死角球：当角袋边缘挡住了主球，使主球不能直接击打台面上的目标球，被称为死角球。

活球：在斯诺克台球中，运动员可以合法打一个彩色球（没有红球情况下）入袋，这颗彩球叫活球。

手桥：用于架住球杆和调整杆头瞄准方法的手，称为手桥。

主球：在比赛中经常被杆击打的球，它是白色的并且无号码。

手中球置在开球线后：在美式台球中，主球被放在开球线与顶岸之间的任何地方。

岸：一种用织物包住的橡胶制品在球台内边沿上，并和它外部周围的木质物一起构成。

双击：在一次击球中，主球被杆头两次击打，称为双击。

侧旋球：通过球杆头部击打主球的左右侧，产生侧旋球。

缩球击法：主球被击下击点时，会产生下旋，当主球全击目标球后，便会向后方缩回。

跟进球击法：当主球被击上部时，会产生向前旋转，当主球全击目标球，主球便会向前滚动。

随势出杆：随势出杆是球杆击打主球后，球杆穿过原来主球所占位置范围继续运行的路线。

力度：力量通过球杆打击主球，并导致球在旋转、反射角、分离角等方向产生变化。

自由球：在斯诺克台球比赛中，因犯规所导致的主球被做成障碍球，没犯规方队员可指定任何一个球作为自由球来打，打指定自由球入袋后，计活球分值，将自由球和活球同时打入袋，只计活球分值。彩球作为自由球被击入袋中，应把彩球放回置球点上。自由球不能做障碍球，否则犯规。但当剩下粉球和黑球时除外。

冻结：一个球与其他球或台边相贴。

滑杆：球杆打主球时，由于打滑导致失误。通常由于没有打在主球击点安全区内，或由于杆头没有打滑粉所致。

自然侧旋：一个适度的侧旋的主球，便于有一个所需的行进路线。

自然上旋：主球不带着侧旋的运动。

落袋：在斯诺克台球中，一个目标球进袋称为“落袋”。

抢局：预先确定的决定比赛胜负所必需赢的局数。比如比赛定为 21 局 11 胜制，便可称为抢 11 避。当一方赢得比赛的 11 局后，比赛便结束。

杆架：一种由木与铜制成的架杆器具。

障碍球：在斯诺克台球比赛中，障碍球是指主球不能以直线球去击打一个活球，其线路被非活球阻挡。

失机：当运动员正常击球，但没有击球入袋或得分，即为“失机”。

扎杆：将球杆斜向或几乎与台面垂直直击主球，称为“扎杆”。

定位球：当主球撞击目标球后，主球停在原目标球的位置上不动。

贴球：台面上球完全静止后，主球与其他球相贴，即为贴球。

学思践行

以体育智，以体育心

第十一章 民间体育

导论

民间体育是指在民间广泛流传的，具有鲜明的民族风俗和地方特色的传统体育形式。我国民间体育内容丰富、形式多样，地方特色浓厚，简便易行，如跳绳、丢沙包、拔河、踢毽子、抽陀螺等都颇具特色，是历史悠久的民间体育形式，受到广大人民群众的欢迎和喜爱。

第一节 跳 绳

跳绳运动在我国历史上有不同的名称，唐朝称“透索”，宋朝称“跳索”，明朝称“白索”，清朝称“绳飞”，民国以后称“跳绳”。它是指单人、双人或多人使用一条、两条或数条绳索做环摆运动，单人、双人或多人在其间做各种跳跃动作的体育运动项目。

第一课 普通跳绳

一、绳子介绍

跳绳这项运动少不了节奏、平衡、速度三要素。跳 30 分钟以上时，会在较大程度上受到跳绳本身的影响。如果跳绳的重量或长度不合适，就不容易坚持跳较长的时间，而且对手腕也会产生不良影响。所以在跳之前，应该选择适合自己的跳绳。

首先是材质。市面上销售的跳绳有橡胶的、棉线的、尼龙的、塑料的等，如果是刚开始练习跳绳，那么可以选择跳的时候不易卷曲的、清澈透明的实心塑料跳绳。

其次是粗细。跳绳的粗细程度应随着用途的改变而改变，以前不常跳绳的人群，最好选择直径为4.5～5毫米的，要领是选择较细而且有一定重量的。

最后是重量。对初学者来说，跳绳要有一定的重量才容易挥动。但如果过重，跳的过程中受到的空气阻力会变大，身体就吃不消了。可轻轻试跳10下左右，如感觉手腕太过用力，就应考虑换一条轻一点的。

二、场地介绍

软硬适中的草坪、木质地板、塑胶场地较好，灰尘多或有沙砾的场地及凹凸不平的水泥地应避免。

三、跳绳的技法

1. 简单跳绳法

准备动作：双脚并拢，进行弹跳练习2～3分钟（弹跳高度为3～5厘米）。

开始跳绳，注意手腕做弧形摆动。初学者可先跳10～20次，休息1分钟后，再跳10～20次。非初学者可先跳30次，休息1分钟后，再跳30次。

2. 单脚屈膝跳

右腿屈膝，向前抬起。踮起脚尖，单脚跳10～15次，换左腿重复上述动作。休息30秒，每侧各做2轮。

3. 分腿合腿跳

先做跳绳准备运动（活动手腕、脚腕），然后跳绳，跳跃时双脚分开，着地时双脚并拢，重复动作15次。

4. 双臂交叉跳

先做跳绳准备运动，然后双臂交叉跳绳。当绳子在空中时，交叉双臂，当跳过交叉的绳子之后，双臂反向恢复原状。

5. 双人跳绳

（1）采取并排站立的姿势。每人用外侧的一只手握住绳柄。先开始练习简易跳绳法，两人同时用双脚跳绳，然后练习同时用单脚跳绳。

（2）采取一前一后的站立姿势。身高者站在后面，并挥动跳绳。

四、跳绳的注意事项

（1）跳绳之前最好活动一下全身，尤其是相关的部位，如肩膀、手臂、手腕、脚踝，避免扭伤、挫伤。开始跳绳后，速度由慢到快、循序渐进。

（2）跳绳者应穿质地软、重量轻的高帮鞋，避免脚踝受伤。

（3）绳子软硬、粗细适中。初学者通常宜用硬绳，熟练后可改为软绳。

（4）跳绳的时间一般不受限制，不过要避开饭前和饭后半小时之内。

(5) 胖人宜采用双脚同时起落。同时，上跃也不要太高，以免关节因过于负重而受伤。

第二课　花样跳绳

花样跳绳是指参与者通过各种方式跳过一根或多根绳子的运动。花样跳绳是在传统跳绳的基础上融合舞蹈、技巧、武术、街舞和音乐等多种运动及艺术形式，将速度与力量、难度与花样结合，逐步发展成集健身、娱乐、竞技、表演等多种功能于一体的体育运动项目。

一、花样跳绳的内容分类

花样跳绳包含12大类，60多套绳路，300多种跳法，适宜于广场集体表演。花样跳绳12大类为：绳操、绳舞、绳拳、绳技、绳阵、趣味跳、跳长绳、跳双绳、多绳交叉跳、跳绳的行进动作、跳绳接力赛和跳绳拉力赛。一般常见演练者多为“初级八套绳路”（适用于初学和广场演练），即四个基本功、跳绳八节操、跳绳舞、行进跳绳和绳阵、健美跳绳操、老年健身绳舞、跳长绳、跳双绳以及绳舞操。“初级八套绳路”常配以《跳绳歌》乐曲进行。

二、花样跳绳运动的基本动作分类

花样跳绳运动根据不同的分类标准有不同的分类方法。

1. 根据绳子的长短划分

(1) 短绳类，适合1～2人练习，绳子长短根据跳绳者身高决定，一般不超过3米；

(2) 中长绳类，适合3～5人练习，两人摇绳，1～3人在绳中跳跃，一般长度为5米左右；

(3) 长绳类，适合多人练习，长度根据同时在绳中跳跃人数决定，一般为7米左右。

2. 根据参与跳绳人数划分

(1) 个人跳绳；(2) 双人跳绳；(3) 四人跳绳；(4) 多人跳绳（5人及以上）。

3. 根据跳绳时使用绳子的数量划分

可以将花样跳绳分为单绳类、双绳类和多绳类（至少使用3根绳子）。

4. 根据跳绳技术特点和动作结构划分

(1) 个人花样。个人花样是指一名跳绳者运用一根个人绳，按照跳绳运动的基本规律，合理运用身体姿势的变化或人绳之间的配合，做出各种各样的花样动作，全面展示个人跳绳的技巧性和艺术性。按照动作结构及动作特点，结合国际跳绳比赛个人花样的评分标准，个人花样分为基本花样、交叉花样、多摇跳花样、力量型花样和抛接绳花样5个类别。

(2) 朋友跳。在跳绳运动中，两人以任何方式协同跳一根绳，称为朋友跳，又叫作两人一绳花样跳。朋友跳动作多样，极具娱乐性和动性，特别适合家庭、同事、同学、朋友等跳绳爱好者进行练习。

(3) 车轮跳。车轮跳，又名中国轮，它是一种两人或两人以上相互配合轮流跳绳的新方法，由于是轮流跳绳，从侧面看就像车轮在转动，故得其名。

(4) 交互绳。世界跳绳联盟比赛规则中这样描述交互绳：两名摇绳者分别握住两根绳子的末端，两根绳子向相同或相反方向依次打地，同时跳绳者在绳子中做出各种技巧，跳绳者和摇绳者可以相互转换。

(5) 长绳花样。长绳是花样跳绳中所需绳具及人数最多的项目，一根或多根短绳与一根或多根长绳的组合，绳中有绳，变化万千，精彩纷呈，是表演赛中最精彩的一部分。长绳跳属于集体项目，要求参加者动作协调统一、齐心协力，考验跳绳者之间的相互协作精神。跳长绳对于摇绳者的技术要求较高，如摇绳者技术水平高，跳绳者会比较轻松。因此，要求摇绳人注意力集中，注意摇绳的速度、节奏，主动配合跳绳者。长绳花样可以分为单长绳花样、多长绳花样、长短绳花样。

三、花样跳绳运动的特点

1. 简便易行

花样跳绳简便易行的特点主要体现在对场地、器材、实施条件的便利性和经济性上。花样跳绳项目不受场地的限制，只要是地面平整、无安全隐患的空间，就可以成为花样跳绳的练习场地。花样跳绳器材简单便宜、小巧便携，一根绳子就能展示出所有令人眼花缭乱的花样。花样跳绳活动灵活多样，不受人数、性别及年龄的限制，是一项适合儿童、青少年、中年、老年参与的大众体育运动项目。

2. 花样繁多

在个人花样、朋友跳、车轮跳、交互绳等各类花样跳绳中都有近百种跳法，每种跳法又可以生出更多的跳法。花样跳绳创意无穷，练习者可根据自身特点选择练习适合自己的动作，激发自己的创编灵感，创造出新的花样。

3. 安全性高

花样跳绳运动量可大可小，锻炼强度也可自由掌握。花样跳绳中没有直接的身体对抗，器材简单安全，跳绳者可以根据自身能力完成不同难度的花样动作，即使动作失败也不容易受伤，强度小的跳绳还可以用来作为其他项目的热身活动。

第二节　丢沙包

丢沙包是我国经典的儿童集体游戏之一。20 世纪 80 年代至 20 世纪 90 年代极为风靡，但进入 21 世纪后，随着经济发展和娱乐方式的增多，丢沙包这种游戏已经淡出孩子们的视线，但是还是常见的活动。用碎布及针线缝成、用细沙塞满的沙包是用来做武器“投杀”对方的。在规定场地内前后各一名投手用沙包投击对方，被击中者就罚下场，若被对方接住，则此人可以增加“一条命”，或者让一个本已“阵亡”的战友重新上场。

一、丢沙包游戏分类

1. 长距离丢沙包

游戏的人数要在三人以上。在一个大约是羽毛球场大小的地区中游戏，其中的两个人站在场地的两端，为丢沙包的人，两人互相传接。其余的人在场地中可任意跑动，躲避两个人的沙包传接。被打到则算死掉一次。相反，被场中的人接到沙包一次，就可以得到一命（游戏者可以任意规定场地中者接到沙包所得到的命的数量）。接沙包可以分单手接或双手接，单手接沙包和双手接沙包所得到的命数量不同，此数量可由游戏者规定。场地中者接到沙包后，可以“保命”或“点地”。保命即保存着一条命。点地就是不保存一条命，但须在场地中点一下地，再向场外扔出。

夹包。夹包是指场地中者在接到沙包后，沙包滑掉，但又被场地中者夹住，没掉地。场地中者所得到的这一条命不算。

场地中者被打中后，可与其队友交换，当所有人都被打中后，则两队交换。

2. 绕圈式丢沙包

其他规则与前者相同，只是场地中者要沿着场地中画好的螺旋状轨道跑动，且向出发时所向的方向跑动，当跑到场地中央的方阵时，即为“达垒”，在方阵中被沙包打到不算。然后，场地中者向出发地点反向跑回，跑回起点后，则算成功。场地中者在出发时可跨一到七步不定。在这期间，两方的人都不可投掷沙包。

二、丢沙包游戏的好处

（1）不仅能锻炼小肌肉，还能训练手眼的协调，培养敏捷的反应能力，能够训练个体的敏捷性。

（2）有利于人体骨骼、肌肉的生长发育，改善血液系统、呼吸系统、消化系统的机能状况，提高人体的适应能力和抵抗能力。

（3）有利于调节人的情绪紧张，改善心理状态，激发人的积极性、创造性和主动性。

学思践行

脚踏实地，追求卓越

参考文献

1. 于素梅．《体育与健康》教学改革指导纲要（试行）[M]. 北京：教育科学出版社，2021.

2. 尹军，武文强．高职体育与健康 [M]. 北京：人民邮电出版社，2022.

3. 王颖．体育与健康 [M] .2 版．北京：高等教育出版社，2020.

4. 蔡聪彬，刘桂燕．大学生体育与健康教程 [M]. 福建：厦门大学出版社，2022.

5. 王伶，杨海东，陈松．现代大学体育与健康教程 [M]. 北京：冶金工业出版社，2022.